WESTEND

Peter Zudeick

»Ich bejahe diese Frage mit Ja«

Die famosen Leistungen unserer Damen
und Herren Politiker

W E S T E N D

Mehr über unsere Autoren und Bücher:
www.westendverlag.de

Die Deutsche Nationalbibliothek verzeichnet diese Publikation in der
Deutschen Nationalbibliografie; detaillierte bibliografische Daten sind im
Internet über http://dnb.d-nb.de abrufbar.

ISBN 978-3-938060-68-1
© Westend Verlag, Frankfurt/Main 2011
Satz: Fotosatz Amann, Aichstetten
Druck und Bindung: CPI – Clausen & Bosse, Leck
Printed in Germany

Inhalt

Wie alles begann

Mit Franz Josef Strauß hat alles angefangen. Sein Satz »Lieber ein kalter Krieger als ein warmer Bruder« hat mich ergriffen. Buchstäblich. Hat mich von Tiefe und Schönheit der politischen Sprache derart überzeugt, dass ich davon nicht mehr loskam. Herbert Wehner kam dazu: »Sie, Herr, sind doch so klug, dass Sie sich auf die Verkehrsdebatten beschränken sollten.« Ja! Ernst Bloch hat so was »beiläufige Treffer ins Schwarze« genannt. Als mich die frühere FDP- und nachmalige SPD-Finanzexpertin Ingrid Matthäus-Maier über die merkwürdigen Zusammenhänge von Körperteilen des Nichtkörperlichen informierte, war ich schon hoffnungslos angefixt: »Die öffentliche Hand ist bis über die Halskrause verschuldet.« Göttlich! Zumal immer klarer wurde, dass die Dinge, die hinter diesen Worten steckten, also die Politik hinter der Sprache, mindestens so entzückend sein mussten. Was mit Sätzen wie »Ich habe meine Schädeldecke in den Ring gelegt« (Björn Engholm) immer wieder aufs Glücklichste bestätigt wurde. Helmut Kohl war dann das i-Tüpfelchen. Oder Sahnehäubchen. Passt ja beides gut zu Figur und Statur. »Ich bejahe diese Frage mit Ja«, dieser fundamental-philosophische Kohl-Satz hat mich endgültig süchtig gemacht. Seither kann ich nicht mehr anders. Ich muss ihnen lauschen, den Damen und Herren Politikern, das ist eine Art Zwangshandlung, ein Dauerlauschangriff.

Dem kam eine zuhöchst glückliche Fügung entgegen. Am 1. Oktober 1982 wurde Helmut Kohl Bundeskanzler, am 1. Oktober 1982 kam ich als Rundfunkkorrespondent nach Bonn. Ohne dieses schicksalhafte Zusammentreffen ist die weitere Entwicklung der Republik nicht zu verstehen. Seither haben Helmut Kohl und seine Mitstreiter, Gegner, Kritiker, Nachfolger, Nachahmer die Art von Politik gemacht, die dieses Land auszeichnet: konfus, skurril, bizarr, aber immer lustig. Und ich habe den unschätzbaren Unterhaltungswert dieses Tuns stets mit dem gebührenden Ernst beobachtet: nämlich satirisch. Die großen historischen Ereignisse wie die schier endlose Regentschaft des Helmut Kohl, das merkwürdige Gastspiel des Basta-Kanzlers, die unheimliche Karriere der Affärengewinnlerin Merkel, die deutsche Einheit, der Umzug nach Berlin, die Verhüllung des Reichstags, die Zersäbelung des Bundesadlers sind mir ebenso ans Herz gewachsen wie die kleinen Putzigkeiten des – nicht nur politischen – Alltags. Und vor allem und immer wieder: die famosen Leistungen unserer Vortänzer zur Neuinterpretation und Bereicherung der deutschen Sprache – jenseits aller Grammatik, versteht sich.

»Drum ist hier, was sie getrieben, abgemalt und aufgeschrieben.« So schließt Wilhelm Busch das Vorwort zu *Max und Moritz*. Mit dem Abmalen hab' ich es nicht so. Aber aufgeschrieben habe ich die schönsten Streiche unserer geliebten Obrigkeit nebst angeschlossener Volksvertretung. Auf dass die Mit- und Nachwelt sich daran ergötze und daraus lerne.

»Wir lieben das Leben, und wir lieben die Lebensfreude« – Die Ära Kohl

Eine Ära ist ein Zeitalter, das durch ein bedeutendes Ereignis gekennzeichnet ist. Eine Entdeckung, eine Erfindung. Etwas, das das Leben der Menschen in dieser Zeit nachhaltig beeinflusst. Das kann auch die Leistung eines Politikers sein. Oder die Tatsache, dass ein Land sich einen bestimmten Politiker leistet oder ihn sich leisten kann. Was wiederum etwas zu tun haben kann oder muss mit dem Ursprung des Wortes »Ära«: Es kommt vom lateinischen »aes«, das Erz, Kupfer, Geld bedeutet. Die Ära Kohl hat natürlich nicht erst mit seiner Kanzlerschaft angefangen. Sie reicht viel weiter zurück, in seine Zeit als Ministerpräsident von Rheinland-Pfalz und als Oppositionsführer im Bundestag zu Bonn am Rhein. Und sie reicht selbstredend weit über das Ende von Kohls Kanzlerschaft hinaus. Aber für die meisten Deutschen beginnt die Kohl-Ära eben doch im Oktober 1982, mit der Gründung der Kohl-Republik. Dass die von einigen Zeitgenossen in Anlehnung an das pfälzische Wort für Geld »Bimbes-Republik« genannt wurde, ist erstens gemein und gehört zweitens nicht hierher. Hier sollen die Dinge notiert werden, die dem Autor in der Ära Kohl bemerkenswert erschienen. Ob sie nun zur großen Politik gehören oder nicht.

Goldene Achtziger

Auch wenn sie vorher anfing und viel länger dauerte: Die Ära Kohl, das sind die achtziger Jahre. Ziemlich exakt von 1982 bis 1989. Im Oktober 82 wurde Kohl erstmals Kanzler, im Oktober 89 war allen klar, dass er am Ende war. Dann kam allerdings die deutsche Einheit und brachte alles durcheinander. Was die Erinnerung an die goldenen Achtziger durchaus nicht trüben kann.

Wolfgangsee – mehr muss man über die Achtziger im Prinzip nicht sagen. Da steckt alles drin. Gemütlichkeit, Verlässlichkeit, Herzenswärme. Die alte Republik, in der noch alles in Ordnung war. Jahr für Jahr fuhr unser aller Helmut Kohl, mein Helmut Kohl, mein Lieblingskanzler, sommers an den Wolfgangsee. Immer an den nämlichen Ort. Immer maßlos übergewichtig, denn immer war er zuvor an Ostern in Bad Gastein fasten gewesen, hatte dortselbst immer drei Gramm ab- und hinterher anderthalb Zentner zugenommen. Danach konntest du die Uhr stellen. Weil der Deutsche als solcher nämlich beständig und berechenbar ist. Als Bundeskanzler sowieso. Und Gerhard Schröder? Der schaffte es als Kanzler nicht mal, zweimal hintereinander nach Italien zu fahren.

Ach ja, die goldenen achtziger Jahre. Auch die Feindbilder stimmten. Der CSU-Vorsitzende und bayerische Ministerpräsident hieß Franz Josef Strauß und war von Beruf Reaktionär. »Lieber ein kalter Krieger als ein warmer Bruder«, hat er mal gesagt. Da stimmten die Werte des christlichen Abendlandes noch. Sein noch reaktionärerer Staatskanzlei-Chef war von Beruf weiß-blond und hieß Edmund Stoiber. Der war dann lange Jahre der letzte Sozialdemokrat Deutschlands. Muss ich noch mehr sagen?

Ronald Reagan und Margaret Thatcher: Ein ziemlich schlechter Schauspieler als Präsidentendarsteller und die typische englische Hausfrau, die rumkreischt und dir die Handtasche auf'n Kopp haut – das waren die Führungsfiguren des freien Westens. Alles stimmte damals, in diesen wunderbaren Zeiten. Der Russe stand jeden Morgen mit irgendwelchen Panzern in irgendwelchen deutschen Vorgärten rum, wir kannten jede Rakete mit Vornamen – ob Pershing oder Cruise Missile oder SS 20, 21 oder wie auch immer, wir waren auf Du und Du mit landgestützten, seegestützten, Luft-Luft- und Boden-Luft- und Boden-Boden- und Unter-Wasser-Raketen-Systemen, mit Doppelbeschluss und Null-Lösung und Doppel-Null-Lösung – und Hans-Dietrich Genschers Hängebäckchen waren die fleischgewordene vertrauensbildende Maßnahme.

Gorleben, Brokdorf, Startbahn West, Wackersdorf – die gesellschaftlichen Kämpfe fanden im Grünen statt, aber die Renten waren sicher, Norbert Blüm auch. Dann kamen die Grünen in den Bundestag, ziemlich ungekämmt, ziemlich bunt, mit Blumen – nein, nicht im

Haar, sondern im Topf. Waltraud Schoppe plädierte in ihrer ersten Bundestagsrede dafür, dass auch im Hohen Hause über Sexualität gesprochen werden solle, und zwar über die Sexualität von Politikern, Joschka Fischer nannte Helmut Kohl »zwei Zentner fleischgewordene Ignoranz« – und auf der Regierungsbank saßen der Oggersheimer und Gerhard Stoltenberg, der Kühle aus dem Norden, und verstanden die Welt nicht. Gerade deshalb war sie so wunderbar in Ordnung. »Geh doch nach drüben«, kriegten die zu hören, denen im goldenen Westen was nicht passte – auch das ist verloren, vorbei, verweht, es gibt kein Hüben mehr und kein Drüben, nichts, woran man sich halten könnte. Und dann noch als Nachfolger Kohls einen Schröder, der sich angeblich die Haare nicht färbte und sommers nicht an den Wolfgangsee fuhr. Das ist die Wurzel allen Übels.

Kohls Sprache

Als Helmut Kohl zehn Jahre Kanzler war, da wurde allerorten gefeiert, die Republik hallte wider vom Gedröhne der Würdigungen, die mit weihevoll-belegter Stimme vorgetragen wurden – und hinter all dem Geschwätz lauerte allgemeine Ratlosigkeit angesichts der Frage, was denn nun wirklich den Erfolg dieses Mannes ausmacht. Dabei ist die Antwort so einfach. Es ist Helmut Kohls Beitrag zur Entwicklung des Humors. Die Münchner Faschingsgesellschaft Narhalla hat das schon früh erkannt und Helmut Kohl 1984, da war er erst zwei Jahre im Amt, den Karl-Valentin-Orden »für besondere Verdienste um den Humor« verliehen. Wobei offenbleibt, ob der Preisträger freiwillig oder unfreiwillig humorig ist. Jedenfalls steht das in allerengstem Zusammenhang mit Helmut Kohls Beitrag zum Gedeihen der deutschen Sprache. Zuvörderst zur Volkstümlichkeit derselben.

Wenn Kohl um Worte ringt, dann stupst der Mann auf der Straße seine Frau an und sagt: »Genau. Das hab ich auch schon immer sagen wollen.« Er hat halt nie die richtigen Worte gefunden. Kohl findet sie. Wenn sich dem Kanzler eine Frage aufdrängt, dann sagt er: »Man kann doch nicht glauben, dass das die Frage nicht geradezu herausschleudert.« Sie verstehen, was ich meine? Es ist die volksnahe Plastizität seiner Sprache, die seinen Erfolg ausmacht. Als er noch Oppositionsführer war, prägte er den nicht minder gedankenschwangeren Satz: »Sie, Herr Bundeskanzler (gemeint war Helmut Schmidt), Sie werden keine Kluft in uns hineinrufen.« Man muss lange dem Klang dieser Worte nachlauschen, bis man in den Tiefsinn derselben abstürzt.

Am besten gelingen dem Kanzler diese Kabinetts-Stückchen im vertrauten Kreise, wo keine Kameras und Mikrofone lauern, wo er sozusagen unter sich ist. Im Ortsverein zum Beispiel. »Ich möchte auf die Damen einen Trinkspruch ausbringen, auf die Mütter, ohne die es keine Enkel gibt« – da ist sie, diese vertrackte Doppelbödigkeit von Sprache, mit der Helmut Kohl so virtuos spielt. Gepaart mit einer feinen Beobachtungsgabe, wenn es um den Zustand der eigenen Partei geht: »Es ist ganz und gar unerträglich, dass es Ortsvereine gibt, in denen keine einzige Frau zu beobachten ist.« Welcher Schärfe des Blickes und der Zunge bedarf es doch, bis man zu solchen Formulierungen kommt.

Besonders der Zeitgeist hat es dem Oggersheimer mit seiner ganzen Macht angetan: »Der Wind des Zeitgeistes ist nicht der Wind der Bevölkerung«, heißt es da, oder: »Ich bin nicht gewählt worden, um mich dem blanken Zeitgeist des Opportunismus zu beugen.« Auch spricht unser aller Kanzler gelegentlich von einem, »der außer Verdacht steht, dass er auf einer linken Welle durch die Horizonte schwimmt«, oder, noch griffiger: »Geht es denn nun wirklich an, dass wir nur an den Tellerrand des morgigen Tages denken?« Wer wüsste da eine Antwort. Wo doch schon das Denken an den Tellerrand des heutigen Tages so anstrengend ist.

Wie sagt man seinem Volke, dass jemand, der sich exponiert, vielen Angriffen ausgesetzt ist? Nein, nicht so. Kohl sagt das so: »Wer als Kirchturm auf dem Dach sitzt, den umwehen viele Winde.« Darauf muss man erst einmal kommen, genauso wie auf die Erleuchtung, dass »Befruchtung keine Einbahnstraße« ist.

Jedes Sprachbild eine neue Entdeckung: »Wir werden den Weg mittragen« – wer einmal versucht hat, einen Weg zu tragen, der weiß, welch sprachliche und gedankliche Wucht hinter einem solchen Satz steht. »Ist das eine Frage an das Gesamtklima?« Auf diese bemerkenswerte Kohl-Frage wäre kein Kachelmann gekommen.

Und die Auskunft »Wir sind mitten in Verhandlungen, das heißt, deshalb sind gar keine Verhandlungen« müsste all die überbezahlten Lohnschreiber in Presse, Funk und Fernsehen in Schamesröte tauchen: Keiner hat den Kern von Politik je so prägnant auf den Begriff gebracht. Klar, denn »die kriechen nur auf der Landserperspektive herum«, anders als der Weltstaatsmann Kohl, der nur Verachtung hat für die, »die Hosenflattern kriegen, weil dies oder jenes ausgestoßen wird«.

Volksnähe, sprachliche Eleganz, staatsmännische Weisheit, valentineske Verschwurbelung – dies alles kulminiert zu großer Sprachgewalt in den Worten des Vorsitzenden. Und wer das nicht einsieht, für den ist eben »das Handtuch der Geschichte zerschnitten«. Wer gar glaubt, sich über ihn lustig machen zu können, der ist gerade an den Richtigen gekommen. »Wer den Streit will und daraus den Krach macht, der soll nur kommen«, spricht der Kanzler. Der nicht zu Unrecht immer betont hat, bei allem menschlichen Streben sei entscheidend, »was hinten herauskommt«. Helmut Kohl ist der lebende und regierende Beweis für die Richtigkeit dieser These.

Amnesia politica

Untersuchungen, Studien, Umfragen. Mein Lieblingsthema. Immer und immer wieder machen sie mir viel Freude, die Damen und Herren Wissenschaftler. Vor allem wenn sie akribisch Vorgänge untersuchen, die jeder kennt. Mit Ergebnissen, die jeder weiß. An deren Ende man sich nur noch fragt, wo auf der nach unten unbegrenzten Kalauerskala dieser Quark nun wieder anzusiedeln ist.

Gedächtnisverlust durch Geschlechterverkehr – eine meiner Lieblingsgeschichten. Wer's allzu doll treibt, dem geht zwischenzeitlich das Licht in der Birne aus. Haben Forscher am Johns-Hopkins-Krankenhaus in Baltimore/USA herausgefunden. Die hatten zum Beispiel den Fall eines alten Herren, der nach dem Geschlechterverkehr sich an gar nichts mehr erinnern konnte und meinte, er habe einen Schlaganfall erlitten. Ja, gut, sag ich da. Wenn der Herr Gatte 72 oder gar 75 Jahre alt ist, dann vergisst der sich und alles drum herum schon bei der Beschäftigung mit der Spielzeugeisenbahn, erst recht bei Betätigungen geschlechtlicher Art.

Dass einer an einen Schlaganfall glaubte – liebe Freunde, jetzt mal im Ernst. Könnte man in solchen Fällen einen Blick auf die Partnerin werfen statt aufs Gedächtnisvermögen des alten Herrn? Und das mit dem hohen Blutdruck im Gehirn: Möglicherweise sind die Damen und Herren Wissenschaftler da in der Lokalisierung ein wenig unsicher, aber hoher Blutdruck stimmt. Also Belastung. Physisch und psychisch. Was für eine Neuigkeit. Da muss man Erklärungen für Amnesie doch nicht so weit herholen. Auch nicht die, dass ein Patient nicht einmal mehr den Namen des US-Präsidenten habe nennen können. Wollen die uns veräppeln? Wo doch jeder weiß, wie schwer es ist, sich in solchen Hochbelastungsphasen wie dem körperlichen Akt zwischen den Geschlechtern an den Namen des gerade zuhandenen Partners zu erinnern. Das hat schon so manche Beziehung jäh entkörperlicht, um es mal vorsichtig auszudrücken.

Klar, was die Jungs vorhatten: Possen wollten sie treiben, Satire in wissenschaftlicher Verkleidung. Aber sie wurden erwischt. Spätestens als sie meinten, auch ein gewisser Herr Clinton, damals noch US-Präsident, habe unter diesem Phänomen gelitten. Weil ein »vorübergehender Druck im Gehirn« beim Geschlechtsakt dazu führe, dass man sich an einzelne Ereignisse nicht mehr erinnert. Also »Sex-Amnesie«. Bloß exkulpiert das von mir aus die halbe Menschheit, ausgerechnet Herrn Clinton aber nicht. Denn der hatte ja gar keinen Sex, wie er ausdrücklich und wiederholt zu Protokoll gegeben hat. Da war ja lediglich eine gewisse Frau Lewinsky an ihm zugange. Unschicklich, das hat er schließlich zugegeben, aber nicht in Form eines Geschlechtsaktes. Also das war eher ein müder Kalauer der Damen und Herren Forscher.

Wie ich auf Amnesie komme? Weil die richtige und wahre und überhaupt gar nicht im Zusammenhang mit Sex auftretende Amnesie im Leben unserer Politiker eine zentrale Rolle spielt, wenn nicht die entscheidende. Heiner Geißler hat das als erster entdeckt und das Ganze auf den Begriff »Blackout« gebracht. Helmut Kohl hatte 1984 im Flick-Untersuchungsausschuss bestritten, dass er von Eberhard von Brauchitsch 55000 Mark in bar erhalten habe. Hat er aber. Trotzdem hat die Justiz ihn damals laufenlassen, weil Kohl sich eben nicht erinnern konnte. Und Geißler nannte das einen »Blackout«. Kohl muss damals im Kanzleramt getobt haben, dass die Wände wackelten.

»Ich weiß von der Sache nichts« – diese klassisch gewordene Formulierung Kohls gilt grundsätzlich und immer: Ob 1984 oder bei Kohls Spendenaffäre fünfzehn Jahre später – keiner weiß was. Und sollte er was gewusst haben, hat er's vergessen. Der unübertroffene und uneinholbare Klassiker auf diesem Gebiet ist Friedrich Zimmermann. Der hatte 1959 im bayerischen Spielbanken-Prozess nachweislich die Unwahrheit gesagt, was ihm ein Verfahren wegen Meineids einbrachte. Er wurde freigesprochen. Ein Gutachter hatte ihm eine »Überfunktion der Schilddrüse« bescheinigt, die zu »Unterzuckerung des Blutes und deshalb zu verminderter geistiger Leistungsfähigkeit« geführt habe. Mit diesem Jagdschein konnte Zimmermann lange Jahre Bundestagsabgeordneter und zweimal Minister sein.

Ob man das nun »Blackout« nennt oder »von allen guten Geistern verlassen«: Das Phänomen des totalen oder partiellen Gedächtnisschwundes in der Politik – auch »amnesia politica« geheißen – ist völlig normal und jedem geläufig. Im Volksmund heißt derlei schlicht »Vergesslichkeit«. Wobei es falsch wäre, diese Amnesie als Berufskrankheit von Politikern zu bezeichnen. Wenn ein Politiker sich nicht erinnern kann, ist das nicht etwa ein Unglücksfall oder ein Mangel, der zu beheben wäre. Erinnerungsschwäche ist ein kollektiver Unbewusstseinszustand der politischen Klasse, gleichsam ein konstitutives Element der Selbstdefinition eines ganzen Berufsstandes: Ein Politiker ist nur dann wirklich Politiker, wenn er sich grundsätzlich nicht erinnern kann. Wie könnte er sonst zum Beispiel Wahlkampf machen, allerlei schöne Dinge versprechen und dann, sollte das Volk ihn tatsächlich wählen, mit der Erinnerung an seine Versprechen weiterleben? Er muss von allen guten Geistern verlassen sein, wenn er seinen Beruf ordentlich ausüben will.

Das Zweitwichtigste an der politischen Vergesslichkeit ist die Vergesslichkeit der Wähler. Sie korreliert mit der Vergesslichkeit der Politiker aufs feinste, ja, die Erinnerungsschwäche der Politiker ist ohne die der Wähler überhaupt nicht denkbar. Das eine funktioniert nur auf der Basis des anderen. Und es funktioniert vortrefflich. Wenn man sich auf etwas verlassen kann, dann darauf.

Oder wissen Sie noch, wie das mit dem Björn Engholm war? Na?

Irgendwie entfallen, das Ganze. Der war SPD-Vorsitzender und Kanzlerkandidat und großer Saubermann, bis herauskam, dass Schweinereien der CDU gegen ihn mit Hilfe eines gewissen Herrn Pfeiffer dem sauberen Herrn Engholm viel früher bekannt waren, als er hat zugeben wollen. Das hatte er mitten im Wahlkampf einfach mal so vergessen. Das funktioniert nach dem Prinzip: Politiker wissen grundsätzlich nichts, es sei denn, man weist es ihnen nach. Dann nehmen sie sich ihre Gedächtnislücke. Herbert Wehner hat das auf die unvergessene Formel gebracht:»Ich weiß nichts, und Sie wissen nichts.«

Das bezog sich zwar auf das Verhältnis von Politikern und Journalisten, kann aber auf das von Politikern und Publikum mühelos ausgedehnt werden.»Wer noch einmal ein Gewehr in die Hand nimmt, dem soll die Hand abfaulen.« Diesen Ausspruch tat Franz Josef Strauß 1949, und Konrad Adenauer erklärte im selben Jahr, er sei»grundsätzlich gegen eine Wiederbewaffnung der Bundesrepublik und folglich auch gegen die Schaffung einer neuen Wehrmacht.«1952 waren diese Sätze in die Politiker-Gedächtnislücke abgestürzt.

Selbstredend hat ein Politiker nie mit irgendwas was zu tun. Wolfgang Schäuble hatte natürlich mit Kohls Spendenaffäre überhaupt nichts zu tun. Als dann klar wurde, dass das nicht stimmen konnte, hieß es:»Ich habe nichts zu verbergen.« Ja, wie auch, wenn man grundsätzlich nichts weiß? Insofern ist auch jede Kritik an Gedächtnislücken reichlich albern. Kurt Georg Kiesinger, Hans Filbinger, Karl Carstens – ihnen allen war entfallen, welche Rolle sie im Nazi-Reich gespielt hatten. So ähnlich funktioniert das ja auch mit der DDR: Entweder waren alle Widerstandskämpfer oder aber zumindest heimliche Liebhaber der westlichen Demokratie – immer bis zum Beweis des Gegenteils.

Demgegenüber sind die Erinnerungsschwächen im politischen Alltag kaum noch erwähnenswert. Natürlich konnte sich Lothar Späth an seine Luxusreisen auf Kosten der Industrie nicht erinnern, auch Max Streibl waren seine Amigo-Connections völlig entfallen, jedenfalls so lange, bis sie ihm eindeutig nachgewiesen wurden. Niedersachsens Gerhard Glogowski wusste gar nicht mehr, dass er geheiratet hatte, deshalb war ihm das Freibier bei seiner Hochzeitsfeier entfallen wie auch Segeltörns auf Kosten anderer. Johannes Rau konnte sich nur an dienstliche Flugtermine erinnern, was nur durch akrobatische

Interpretation des Begriffs »dienstlich« zu halten war. Auch NRW-Finanzminister Heinz Schleußer wusste von Privatflügen mit Freundin nichts. Gar nichts. Bis sie ihm nachgewiesen wurden.

Das ist dann natürlich Pech. Aber ehrenrührig ist so was nicht. Es ist Politik.

Romeos und Julias

Das Lebenselixier der Ära Kohl war der Ost-West-Konflikt. Oder die »Systemauseinandersetzung«, wie besonders schlaue Menschen zu sprechen belieben. Als die zu Ende war, wurde es langweilig. Vorher aber war's schön. Vor allem dann, wenn mal wieder Ost-Spione in Bonn entlarvt wurden. Noch schöner: Spioninnen.

Waren das noch Zeiten, als die Romantik der Vorzimmerspionage die Phantasie der deutschen Menschen aufs zauberhafteste bewegte und anregte. Das Muster war aber auch zu schön, um wahr zu sein: Der Romeo von der Stasi macht sich an die verhärmte Sekretärin ran, wärmt Herz und Schoß der meist späten Dame und bringt sie dazu, aus Liebe und/oder Wollust das Vaterland, das heilige, zu verraten. Welch ein Stoff für Kitschromane!

Im Sommer 1985 flogen die enttarnten Sekretärinnen in Bonn besonders tief: Sonja Lüneburg, Ursula Richter, Magarete Höke, Herta-Astrid Willner verabschiedeten sich kurz hintereinander und in aller Stille von ihren Arbeitsplätzen im Wirtschaftsministerium, beim Bund der Vertriebenen, im Bundespräsidialamt, im Bundeskanzleramt. In einem Fall war ein Aufzugsmonteur der Romeo, in einem anderen ein Bürobote – das Leben schreibt eben den schrecklichsten Romanschund selbst, da brauchen wir uns gar nichts einfallen zu lassen. An dieser geballten Ladung von Sekretärinnen-Absetzbewegungen war im Sommer 1985 die Flucht des hochrangigen Verfassungsschützers Hansjoachim Tiedge in die DDR schuld. Der gute Mann hatte noch schnell ein paar Mädels in Bonn gewarnt, bevor er sich selbst davonmachte.

Gleichwohl konnten die Stasi-Romeos schon 1985 auf eine ertragreiche Tätigkeit zurückblicken, deren tatsächliche Wirksamkeit wir natürlich nur ahnen können, weil wir immer nur davon erfahren, wenn eine Vorzimmerspionin auffliegt: Und das waren einige. Angefangen bei Erika Schneider, die in den Fünfzigern bei Verteidigungsminister Strauß spionierte, über Rosalie Kunze, Liselotte Krolopp, Leonore Sütterlin, die beiden Letzteren schnüffelten im Auswärtigen Amt, bis zu Irene Schultz, Helga Berger, Renate Lutze, Dagmar Kahlig-Schaeffer und Ingrid Garbe – es kommt schon was zusammen. Und die genannten Damen waren in Ministerien oder Kanzleramt Chefsekretärinnen oder Vergleichbares, hatten also Zugang zu ganz schrecklichen Geheimnissen wie Kabinettstagesordnungen oder NATO-Tagungsprotokollen. Die kleinen Chargen nennen wir hier gar nicht erst.

Vorbei, die schönen Zeiten, wehmütig blicken wir zurück in die Ära des Kalten Kriegs, als die Romeos noch richtig was zu tun hatten, und wir können nur hoffen, dass noch ein paar wirklich zu Herzen gehende Geschichten hochkommen. Da macht uns eine Doktorarbeit Mut, die zwei Stasi-Obristen zu DDR-Zeiten geschrieben haben und in denen Fehler bei Anwerbungen von Spionen beschrieben werden. Ein Fall: 1959 versucht MfS-Agent »Astor«, die Sekretärin eines Adenauer-Referenten im Kanzleramt – Deckname »Gudrun« – mittels »intimer Handlungen« zum Vaterlandsverrat zu verleiten. Nach einigen Anlaufschwierigkeiten ist der Balzversuch erfolgreich, aber dann kriegt's »Astor« auf der Lunge und muss in der DDR behandelt werden.

Ein Ersatz-Romeo will da weitermachen, wo »Astor« aufgehört hat, aber »Gudrun«» gibt sich zickig und verweigert »intime Handlungen«. Schlussfolgerung der Doktoranden: »In der Praxis erweist sich die menschliche Natur fast immer als stärker.« Von dem Stoff brauchen wir mehr, und wir appellieren an alte Stasi-Recken von der Abteilung »Romeo«, ihre Lebenserinnerungen alsbald auf den gesamtdeutschen Buchmarkt zu werfen. Das Publikum lechzt danach.

Kaninchenzüchter

Gelegentlich lohnt es sich für den hauptstädtischen Korrespondenten durchaus, eher abseitige Informationsquellen zu nutzen. Üblicherweise gehört die Zeitschrift »Deutscher Kleintierzüchter« – Ausgabe Kanin-

chen – nicht zur Tageslektüre. Aber im Jahre des Herrn 1988 war es ein Glücksgriff, darin zu blättern. Denn dem offiziellen Organ des Zentralverbandes deutscher Kaninchenzüchter (ZDK) und einem Bericht seines Sonderkorrespondenten A. Rudolph war es zu danken, dass wir einen kleinen Einblick in das bekamen, was unserem Bundeskanzler wirklich am Herzen liegt.

Helmut Kohl hat es sich nicht nehmen lassen, dem Ehrenpräsidenten des ZDK, Walter Kölz, das Bundesverdienstkreuz 1. Klasse persönlich zu überreichen, das ja prinzipiell der Bundespräsident verleiht. Aber da in diesem Fall der Bundeskanzler den Kaninchenzüchter-Präsidenten empfohlen hatte, durfte er selbst.

Und wie er das nun machte und wie Sonderberichterstatter Rudolph das erzählt, also das hat so was Herziges, einfach zum Liebhaben. »Es ist nicht alltäglich, als Kleintierzüchter die Stätten zu erleben, an denen die Politik gemacht wird«, raunt es da vielversprechend, aber dann beruhigt uns der Berichterstatter gleich wieder: Das alles fand in völlig entspannter Atmosphäre statt, in fast familiärem Rahmen. Na logisch, ist doch auch unser aller Kanzler, der da tätig wird.

Und nachdem der Walter Kölz seine Brosche am Revers hatte, wurde es noch gemütlicher. »Locker und ungezwungen bat Dr. Kohl noch zu einem Umtrunk und einem Gespräch«, erfährt der Kaninchenzüchter aus seiner Hauspostille, und weiter: »Da keine Scheu vorhanden war, konnten alle Probleme aufgezählt werden, die der Kleintierzucht zu schaffen machen.« Ich hab das immer geahnt, dass unser aller Kanzler ein Ohr fürs Kaninchen hat, und jetzt weiß ich auch, warum. Zitat: »Insider wissen es längst: der Kanzler und auch sein Sohn waren als echte Züchter einmal in unseren Reihen. Sogar die Vereinsnummer war noch bekannt.«

Na, das musste doch endlich mal raus. Bisher hatten wir ja immer geglaubt, des Kanzlers Liebe zu Kleingetier beschränke sich auf die Fische in seinem Büro-Aquarium, und nun wissen wir, dass er ein echter deutscher Züchter ist – oder immerhin war. Da wird einem doch richtig warm ums Herz, wird einem da doch. Und natürlich konnte der Kanzler sich mit dem bundesverdienstgekreuzten Oberkaninchenzüchter trefflich über die politischen Dimensionen des Kaninchens in seiner Eigenschaft als Zuchttier unterhalten. Über den Einsatz der organisierten Zucht im Rahmen der Entwicklungshilfe zum Beispiel oder die Frage der Gemeinnützigkeit – ja darf das denn noch eine Frage sein.

Schließlich verheimlicht uns der Berichterstatter auch nicht, dass unser aller Kohl noch aus dem »Nähkästchen« plauderte und freimütig bekundete, »dass er bei seinen Wanderungen zur Verblüffung der Begleitung dem Hinweis auf eine Kaninchenausstellung dankbare Folge geleistet hat«. Ach, wie isses doch zu und zu schön.

Aber zum Abschluss richtet der Kleintierzüchter-Korrespondent auch ein ernstes Wort an uns: Er bekundet seinen Respekt für des Kanzlers freimütiges Bekenntnis zur Kleintierzucht und merkt an: »Bewusst wurde darauf verzichtet, die Presse in vollem Umfang einzuschalten. Leider herrscht dort nicht das Verständnis wie in unserer Fachpresse. Schließlich hätte die Auszeichnung auch dazu benutzt werden können, um den Kanzler anzugreifen.« Also nein, Herr Rudolph, das glaube ich nun nicht, dass Menschen so gehässig sein können und den Kanzler wegen so was – obwohl, naja, könnte schon was dran sein, die lauern ja nur darauf, dem Helmut Kohl was am Zeug zu flicken, besonders wenn es um Zeugnisse tiefster Menschlichkeit und edlen Bürgersinns geht.

Aber immerhin: Große Aufmerksamkeit der Presse wird sicherlich demnächst beiden zuteil. Dem deutschen Kanzler und dem deutschen Kaninchen. Helmut Kohl hat nämlich zugesagt, die nächste Bundes-Rammlerschau zu besuchen.

Und das wollen wir doch alle nicht versäumen.

Metaphernunfälle

Die besonders unglückliche Liebe vieler Politiker zur deutschen Sprache zeitigt, seit Helmut Kohl König von Deutschland war, immer wieder spektakuläre Ergebnisse. Was beim Mitleiden an diesem Spitzenunglück allerdings verloren zu gehen droht, ist der Blick fürs alltägliche Elend. Auch der gemeine Volksvertreter, auch der simple Parteiarbeiter liebt die teutsche Zunge, nur eben so ungelenk, dass es einen immer wieder dauert.

Liebstes Objekt der öffentlich Radebrechenden ist das Bild, gar die Metapher. Da wimmelt es nur so von Spitzen von Eisbergen, wenn irgendwas aufgedeckt worden ist, da bläst jede Art von Wind gnadenlos in alle möglichen Gesichter, grad wie's kommt, da landet immerzu irgendjemand auf dem Müllhaufen der Geschichte, eine Deponie, die wegen Überfüllung längst geschlossen sein müsste. Und die politische Sackgasse ist ein derart übervölkerter Weg, dass der Verkehrsminister da mal eingreifen müsste. »Wege aus der abfallpolitischen Sackgasse energisch beschreiten«, fordert in bewährter sozialdemokratischer Geradlinigkeit die Volksvertreterin Dr. Liesel Hartenstein, während ihr Fraktionskollege Albrecht Müller lakonisch-verzweifelt feststellt: »Europa steckt in einer Sackgasse.« Um Himmels willen, Herr Müller, hoffentlich nicht in der, die Dr. Thomas Goppel, bayerischer Staatsminister für Bundes- und Europaangelegenheiten ausgemacht hat. Er sieht die EG nämlich auf Schlingerkurs in der Jugoslawienkrise und stellt erschüttert fest, »dass die 12 Europastaaten das europäische Schiff in eine Sackgasse gefahren haben«. Haben die denn mal beim Schiffahrtsamt angefragt, ob Sackgassen auf See überhaupt zulässig sind? Das muss doch erst mal geklärt werden.

Derweil ärgern wir uns mit Goppels Parteifreund Ernst Hinsken, seines Zeichens Volks- und CSU-Vertreter in Bonn, über den Ärger mit den Waffenexporten. Hinsken, der deutschen Sprache besonders mächtig, pirscht sich an eine metaphorische Höchstleistung heran, indem er vorsorglich feststellt, dass der Irak nicht nur aus deutschen Quellen Know-how bezogen hat, »sondern hier haben auch andere Wasser gesprudelt«. Wörtlich so. Und von der Anmut dieses Bildes halb wahnsinnig geworden, legt Ernst Hinsken nach, lässt Schutt und Sack ein Gleiches sein, und fordert, dass wegen einiger schwarzer Schafe »nicht die gesamte Branche in Schutt und Asche gehen« muss.

Bliebe noch zu vermelden, dass Björn Engholm dem Schauspieler und Chansonnier Yves Montand zum 70. Geburtstag, nicht ohne darauf hinzuweisen, dass dieser ein runder sei, nebst allerlei Glück auch die alte künstlerische Kreativität und politische Sensibilität wünscht. Das ist gemein: Wir wissen ja alle, dass der Montand erstens in die Jahre und zweitens auf reaktionäre Abwege gekommen ist. Ihn aber so barsch daran zu erinnern, hätte ja nun auch nicht sein müssen, Herr Engholm. Oder haben Sie sich nur verformuliert?

Pillenknick

Konrad Adenauer hatte in den fünfziger Jahren noch gemeint: Kinder kriegen die Leute immer. Kinder der Adenauer-Ära wie Helmut Kohl haben an diesen Satz mit Inbrunst geglaubt. Freilich war schon den späten achtziger Jahren anzusehen, dass da was schiefläuft. Wegen eines Ereignisses, das man allerdings für singulär und daher beherrschbar hielt: des Pillenknicks.

Das ist irgendwie dumm gelaufen, und hätten die Politiker sich damals nicht von der Pharma-Industrie wie üblich Honig ums Maul schmieren lassen, ginge es uns jetzt viel besser. Denn eins ist doch klar: Das mit der Pille hat zum einen der immensen Verbreitung der Unzucht auch in einfachen Bevölkerungsschichten Vorschub geleistet, und zu diesem moralischen Pillenknick kam zum anderen der demographische, der uns ungleich schlimmer trifft. Weil seit Mitte der siebziger Jahre die Bereitschaft zur Empfängnis medikamentös massiv zurückgedrängt wurde, stimmt unsere Pyramide nicht mehr. Denn der Mensch als Massenerscheinung muss unten breit und oben spitz sein, will sagen: Viele Junge müssen durch Erwerbsarbeit die Rente von wenigen Alten finanzieren. Weil aber nun zwischendurch mindestens eine Generation zu mickrig ausgefallen ist, hat bald jeder Erwerbstätige seinen eigenen Rentner zu ernähren, hinkünftig anderthalb bis zwei.

Und das macht den Finanzpolitikern eine Menge Kopfzerbrechen. Am liebsten möchten sie natürlich Gebärprämien aussetzen, damit die Pyramide wieder in Schwung kommt, aber das schmeckt denn doch zu sehr nach Mutterkreuz und Ähnlichem – das also nicht. Aber irgendwie muss Nachwuchs ran, damit die Alten weiter finanziert werden können. Schließlich haben die für ihre Rente ja in die Rentenversicherung einbezahlt, glauben also einen Anspruch aufs Altwerden zu haben. Man kann ihnen ja nicht frühzeitiges Ableben zur Entlastung der Rentenkassen verordnen.

Ein weiteres Problem: Selbst wenn die deutsche Mutter jetzt wie verrückt mit dem Gebären anfängt, hilft das nicht allzu viel, weil das den Staat Kindergeld kostet und Kindergartenplätze und Mutterschaftsgeld und Rückkehrrecht für Mütter auf den Arbeitsplatz und all das, was im Rahmen des verschärften Abtreibungsrechts versprochen worden ist. Das ist aber nicht finanzierbar, weil der Staat für allerlei andere wichtige Dinge wie Kampfflugzeuge und Staatsbauten viel Geld ausgeben muss. Wenn also mehr Kinder in die Welt gesetzt werden sollen, dann nur um Gotteslohn, sonst ist Vater Staat mit der Mutterschaft überfordert.

Für die Familienpolitiker wäre das beste Modell demnach die Rückkehr zu einer Art bäuerlicher Großfamilie: Viele Kinder und Eltern und Großeltern und Urgroßeltern und unverheiratete Schwestern und Schwäger in einem Haushalt, in dem jeder für jeden sorgt. Wem das zu unsicher ist, kann sich privat zusatzversichern. Das fördert die private Versicherungswirtschaft und entlastet das Sozialsystem, das dann im Prinzip völlig abgeschafft werden könnte.

Weil aber niemand wagt, so was Radikales vorzuschlagen, geht man nach dem Motto vor: Die jetzige und die nächste Rentnergeneration kriegen wir noch durch, dann aber muss unser Sozialsystem gründlich reformiert sein, weil nämlich spätestens dann der Pillenknick erbarmungslos zuschlägt: Ums Jahr 2010 herum wären diejenigen, die – sagen wir mal zwischen 1975 und 1985 – nicht geboren wurden, 35 bis 45 Jahre alt, also die Hauptträger der Sozial- und Rentenversicherung. Da ist dann aber nichts außer einem Knick. Also müssen wir bis zum Jahr 2010 entweder die Rentner abschaffen oder unser Sozialsystem. Das haben Arbeitgeberchef Murmann und sein Kollege Stihl vom DIHT begriffen, jetzt müssen ihnen bloß noch die Politiker folgen. Aber das kriegen wir auch noch hin.

Ach ja, man könnte natürlich auch all das Geld, das der Staat Jahr für Jahr verschwendet – siehe die jährlichen Berichte des Bundesrechnungshofs – in einen großen Sparstrumpf stecken und damit das Sozialsystem finanzieren. Aber die Lösung ist zu simpel, das machen wir lieber nicht.

Abenteuer

Immer mal wieder sorgte Helmut Kohl in seiner langen Amtszeit für Überraschungen. Auch und gerade auf dem Gebiet der Sprache, die bekanntlich zu seinen großen Stärken gehörte. Als er einmal zu Jugend-

lichen über das »Abenteuer eures Lebens« sprach, kam der Beobachter
doch sehr ins Grübeln.

Nun bin ich doch ein wenig durcheinander. Bislang habe ich gedacht, dass ich die Sprache meines Kanzlers ganz gut verstehe. Schließlich kenne ich ihn schon lange genug. Vor allem die feine Ironie, zu der unser aller Oggersheimer wie kaum ein anderer fähig ist, vermeinte ich zu erkennen, wann immer sie über uns kam. Zumal derlei ziemlich berechenbar ist, denn wenn Helmut Kohl eines ferne ist, dann die Überforderung seiner Mitmenschen und Untertanen. Weshalb er einen bestimmten Satz von Sprüchen draufhat, die er nicht ohne Not variiert, sowenig wie er den Satz selbst – also die Anzahl – verändert. Selbst im langfristigen Mittel sind signifikante Abweichungen nicht festzustellen. Eine der wenigen Ausnahmen: »Ich schleppe mich nur noch mühsam ans Rednerpult und wanke anschließend erschöpft an meinen Platz zurück« – das ist in den letzten paar Jahren, seit immer wieder von Kanzlerdämmerung gesprochen wird, zu einem Standard geworden. Ansonsten gelten die alten Socken: »Die Hunde bellen, und die Karawane zieht weiter«. – »Ich bin nicht als Schönwetterkanzler gewählt worden, sondern als Kanzler der Bundesrepublik Deutschland.« – »Wir lieben das Leben, und wie lieben die Lebensfreude, und wir lassen sie uns trotz aller Probleme, die wir zugegebenermaßen haben, nicht vergällen.« Na, und so weiter. In diese Reihe gehört auch die Aufforderung an andere Menschen, sich ihres Lebens zu erfreuen und dasselbe gefälligst aufregend zu finden. Dahinein möchte auch der Satz passen: »Denkt nicht an eure Pensionierung, sondern an das Abenteuer des Lebens.« Das wäre mein Helmut Kohl: »Abenteuer des Lebens«, so ganz allgemein und überhaupt, in der Sprache von Tier- und Naturfilmen, in der Sprache von erbaulichen Vorträgen in muffigen Gemeindesälen – so was mag er. Aber er hat gesagt: »Abenteuer eures Lebens.« Und das krieg' ich nicht geregelt.

Alles mag er sein, mein Kanzler: ein Generalist, der von politischen Inhalten keine Ahnung hat, ein Traumtänzer, der von »blühenden Landschaften« schwadroniert, ein Pathos-Kasper, der immerzu den »Mantel der Gechichte« wehen sieht und hört – mag alles sein. Aber ein Zyniker ist er nicht. Und da er weiß, dass das Abenteuerliche im Leben von Jugendlichen, zumal denen im Osten, überwiegend in einer Art Achterbahn besteht, kann er nicht gesagt haben »eures Lebens«. Denn das hieße: Schlechte Schulausbildung, weil zu wenig Lehrer, schlecht motivierte oder klugscheißend übermotivierte Lehrer, keine Lehrstellen, keine Arbeitsplätze, keine Stütze – ziemlich abenteuerlich, wenn man eine Geisterbahn fürs Abenteuer hält. »Abenteuer eures Lebens« – das kann er nicht gesagt haben. Und wenn er's gesagt hat, kann er's nicht gemeint haben. Das wäre freilich nicht so ganz ungewöhnlich. Und insofern könnte es dann doch wieder mein Kanzler gewesen sein. Ein Abenteurer der Sprache, der seinesgleichen sucht. Und nie findet.

Freizeitblüm

Als die goldenen Achtziger vorüber waren und Helmut Kohl als Kanzler der Einheit ins goldene Buch der Geschichte eingetragen zu werden sich anschickte, da war es mit der Gemütlichkeit vorbei. Das hatten freilich nicht alle Untertanen verstanden, weshalb der Regent gelegentlich unwirsch werden und das Volk gemahnen musste, sich nicht in einem »kollektiven Freizeitpark« einrichten zu wollen. Der große Erfolg dieser Aktion animierte andere Politiker, an demselben teilzuhaben. Arbeitsminister Norbert Blüm zum Beispiel. Der allerdings über ein ganz anderes Vokabular verfügt und zum Beispiel von »Glück ohne Anstrengung« sprach – ein Begriff, der über zwanzig Jahre später leicht abgewandelt einem Vizekanzler namens Westerwelle viel mediale Aufmerksamkeit bescherte.

Norbert Blüm ist nicht doof, das werden nicht einmal seine Gegner behaupten. Wenn Nobbi so was Ähnliches sagen will wie sein dicker Kanzler, als dieser vom »kollektiven Freizeitpark« schwadronierte, dann klingt das anders: »Die wohltemperierte Gesellschaft glücklicher Idioten ist machbar.« Das hat er genau so gesagt. Allein: Was mag der Meister damit gemeint haben? Wohltemperiert macht im Zusammenhang mit Wein, Cognac und Klaviermusik einen Sinn, aber was ist eine wohltemperierte Gesellschaft? Möglicherweise eine, die ihre Freizeit nutzt wie die Politiker das tun. Norbert Blüm ist zum Beispiel zurzeit unterwegs in Indien, dort besichtigt er arme Kinder und lässt sich dabei fotografieren. Ist er auf diese Weise ein glücklicher Idiot? Oder sind seine Parlamentarierkollegen gemeint, die sich in der vorösterlichen Zeit auf Steuerzahlers Kosten in Brasilien oder Oman oder Sri Lanka weiterbilden?

Das kann nicht sein, denn unser Norbert hat von »glücklichen Idioten« im Zusammenhang mit einer Warnung vor dem »Hang zur Hängemattenfreizeit« gesprochen, und da kann er die Damen und Herren Volksvertreter nicht gemeint haben, denn die schlafen erstens nicht in Hängematten, sondern in Luxushotels, und sie reisen zweitens im Dienste des Vaterlands, verrichten also Schwerstarbeit. Nix mit Freizeit. Also weiter: »Die Traurigkeit der Wohlstandsgesellschaft besteht in der erfolglosen Suche nach einem Glück ohne Anstrengung« – das hat er auch gesagt, der Arbeits- und Sozialminister. Und da kommen wir der Sache doch schon näher. Glück geht nicht ohne Anstrengung, meint er, und da er uns dies alles anlässlich der Fitness- und Freizeitmesse in Essen kundtat, ist sowieso alles klar: Die Fitness-Freizeit ist gefragt, »Sport ist eine Schule des Lebens«, das war des Herrn Ministers Quintessenz. Kaum hatte er dieselbe verkündet, schon setzte er sich an ein Kraftgerät und tat was für seinen gedrungenen Körper.

Das ist des Rätsels Lösung: Der Mensch, ob weiblich, männlich, Transvestit, Hermaphrodit, ist dann ein glücklicher Idiot, wenn er in chromblitzenden Muckibuden dumpf vor sich hinschwitzt. Und das meint der gute Norbert durchaus positiv. Als klassisch Gebildeter weiß er schließlich, dass »Idiot« ursprünglich das Eigene, Einzelne, das Fürsichsein bezeichnet und nur von Idioten mit Blödmann übersetzt wird. Das ist es: Die wohltemperierte Gesellschaft ist die der sportlichen Eigenbrötler, die ihren Körper anschwellen lassen und auf diese Weise durch Anstrengung das Glück im Winkel des Fitness-Studios finden. Und wir liegen durchaus richtig mit der Vermutung, dass Norbert Blüm mit dem Gedanken spielt, sein Ministeramt aufzugeben und im Dienste der Fitness-Industrie für das Glück der aktiven Freizeit die Trommel zu rühren. Die Jungs zahlen einfach mehr.

Trau keinem

Auch der Kampf gegen den Terror wurde in der Ära Kohl mit besonderer Sorgfalt und der nötigen Inbrunst gekämpft. Freilich war der Terror dieser Zeit noch hausgemacht, der Feind stand links, kam aus Deutschland und hatte merkwürdige Angewohnheiten. Er mietete in gutbürgerlicher Verkleidung Wohnungen und zahlte Miete, gelegentlich sogar im Voraus, er fuhr – verkleidet als Frau um die dreißig alleine im Auto über Grenzübergänge, und schließlich setzte er dem frevelhaften Tun die Krone auf, indem er am Kiosk mehrere Zeitungen gleichzeitig kaufte. Aber das Bundeskriminalamt hielt Wacht und verbreitete Merkblätter, um Bürger auf das merkwürdige Verhalten von Terroristen aufmerksam zu machen.

Das Leben wird schwerer für unsereins – wie blind und gutgläubig läuft man doch durch die Gegend, gewöhnt sich Verhaltensweisen an, die man für ganz und gar normal, ja für durchaus bieder hält, und die sich dann als typisch terroristisch herausstellen. Das ist mir schon ein paarmal so gegangen: Als vor ein paar Jahren die Warnung an Wohnungsvermieter erging vor Mietern, die sich ganz normal verhalten, nicht randalieren, womöglich auch noch die Miete bezahlen – da bin ich schon herzlich erschrocken. Denn ich wusste bis dahin nicht, dass ich in meinem tiefsten Inneren ein Terrorist bin, ohne dass das richtig aus mir herausbricht. Die dunkelsten Zonen des Unterbewusstseins schaffen sich nämlich heimlich Raum, etwa beim stinkbürgerlichen Anmieten einer Wohnung.

Seit ich das weiß, mache ich immer einen Mordsputz, wenn ich eine Wohnung mieten will: Wenn die Tür aufgeht, reiße ich die linke Faust hoch und brülle:»Hoch der revolutionäre anti-imperialistische Kampf in den Metropolen«, lasse eine Zwille aus meiner autonom-schwarzen Windjackentasche lugen – und kriege die Wohnung natürlich sofort. Denn der Bürger Wohnungsvermieter hat längst geschnallt, was für einer ich bin.

Aber man muss sich ja immer auf Neues einstellen: Eine ganze Zeit habe ich gebraucht, um an Grenzübergängen nicht mehr aufzufallen, weil die Grenzer auf Anraten des BKA plötzlich einen Kieker auf verdächtig alleinfahrende Frauen hatten. Aber seit ich regelmäßig zum Friseur gehe, mich selten rasiere und mir auch die Pumps abgewöhnt habe, geht das so gerade.

Und jetzt kommt die Nummer mit den Zeitungen: Da war ich nun wirklich baff, was für einen Streich mir mein krypto-terroristisches Bewusstsein da wieder gespielt hat. Das muss man sich mal vorstellen: Seit Jahren tätige ich täglich diese»auffallenden Zeitungskäufe«, all diese Kampfblätter wie *FAZ, Frankfurter Rundschau, Süddeutsche,* auch *Capital* und *Wirtschaftswoche* schon mal, von regionalen Tageszeitungen ganz zu schweigen. Nur die *Wehrtechnik* habe ich noch nie am Kiosk gekauft, da konnte ich jetzt aufatmen, die habe ich abonniert. Und die ganze Zeit habe ich nicht gewusst, welche verbrecherischen Absichten hinter diesem schändlichen Tun stecken.

Ganz klar: Ab sofort kaufe ich nur noch den *Schwarzen Faden* und andere Anarcho-Blätter, laufe mit RAF-Rundbriefen unter dem Arm rum, vielleicht kombiniert mit der *Bäckerblume* oder *Wild und Hund* – sonst fällt eines Tages irgendein Kioskbesitzer über mich her und beißt mich zu Tode. Oder gar – das kann in Bonn schnell passieren – irgendein Politiker, der auf Zimmermanns Rat zur Selbstbewaffnung gegriffen hat, sieht, wie ich am Kiosk gegenüber dem Bundestag die *Süddeutsche* kaufe, zieht seinen Püster und schießt mich über den Haufen. Und er hätte ja recht, alles was recht ist.

Denn ich mag es ja gar nicht sagen: Gelegentlich benutze ich heimtückisch öffentliche Verkehrsmittel, trinke mal billigen Kaffee in einem dieser Großröstereien-Ausschänke, auch nehme ich hin und wieder ein Bier an einem bürgerlichen Tresen zu mir: Ich werde damit aufhören müssen. Alles konspirativ, alles gefährlich.

Das Leben wird schwierig, Brüder und Schwestern. Früher hieß es mal: Trau keinem über dreißig, dann trau keinem unter achtzig, und jetzt: Trau keinem. Auf keinen Fall dir selbst.

Adenauer-Buche

Das Palais Schaumburg in Bonn war seit 1949 erster Dienstsitz des Bundeskanzlers, bis Helmut Schmidt 1976 in die Düsternis des neuen Kanzleramts umzog. Allerdings wurde das Palais weiter zu Repräsentationszwecken genutzt, vor allem sein weitläufiger Park. Von 1979 an wurden hier die sogenannten Kanzlerbäume gepflanzt: Ein Blauglockenbaum für Adenauer, ein Mammutbaum für Erhard, ein Spitzahorn für Kiesinger, ein Ginkgo für Brandt, eine Trauerweide für Schmidt, eine blutblättrige Rotbuche für Kohl, eine Eiche für Schröder. Adenauers Baum aber war eigentlich eine mächtige Buche, annähernd 130 Jahre alt. 1992 wurde sie gefällt.

Natürlich ist das Ganze nichts weiter als eine miese Verschwörung der Enkelgeneration gegen den »Alten«: Die Adenauer-Buche im Garten des Kanzleramtes war ein gar zu sichtbares Symbol für all das, was heutige Politiker nicht sind: knorrig, ausgreifend, platzbeherrschend und unerschütterlich in sich ruhend zugleich. Vor zwei Jahren kam zum ersten Mal die Schreckensnachricht: Die Adenauer-Buche kränkelt. Ein Pilz, ein sogenannter Riesenporling, mache sich todbringend am Wurzelwerk des Monuments zu schaffen. Und was tat der selbsternannte Adenauer-Enkel Kohl? Das, was er am besten kann: Nichts.

Denn er hatte schon längst vorgesorgt. Er hat den Baum nicht nur bewusst nicht gerettet – kein Zufall, dass die Todessäge in Abwesenheit des Kanzlers ansetzte –, nein, wir Insider wissen: Helmut Kohl selbst hat Konrad Adenauer umgebracht. Baummäßig gesehen. Der Enkel duldet keine Platzhirsche neben sich, nicht einmal, wenn die Hirsche Bäume sind. Gerade fünf Jahre ist es nämlich her, dass Kohl seinen Kanzlerbaum – eine Blutbuche, welch ein Omen! – in den Park pflanzen ließ, und zwar viel zu nahe an den Adenauer-Baum, wie Kundige schon damals warnten. Der Adenauer bekam keine Luft mehr, weil der Kohl ihm unterirdisch an die Wurzeln ging. Das ist wie obenrum: Wo der Dicke aus Oggersheim mit seiner ganzen Masse hinlangt, da wächst kein Gras mehr. Haben Sie mal einen Stuhl oder Sessel gesehen, von dem Kohl sich gerade erhoben hat? Verwüstungen, sage ich, nichts als Verwüstungen.

Und wo Kohls Blutbuche sich unterirdisch ausbreitet, da ist für nichts anderes mehr Platz. Die anderen werden über kurz oder lang auch ersticken: Der Mammutbaum Erhards, Kiesingers Ahorn, Brandts Ginkgo, Helmut Schmidts Trauerweide. Dann werden die Großen dieser Welt nur noch unter einem Baum im Kanzlergarten lustwandeln – der Blutbuche Kohls nämlich, das ist der Sinn der ganzen Holzerei. Und das ist noch nicht das Schlimmste. Das Holz der gefällten Adenauer-Buche wird jetzt kleingehackt und stückweise verkauft wie die Berliner Mauer, Hölzchen für Hölzchen original Adenauer-Buche mit Zertifikat, Luxus-Ausführung in Kunstharz eingegossen. Die Nobel-Staatsherberge Petersberg bekommt einen Sondersatz Zahnstocher aus Adenauers Holz. Das Symbol der alten West-Republik auf der Pirsch nach Speiseresten zwischen den Zähnen von François Mitterrand, George Bush und Boris Jelzin – welch eine Vorstellung.

Kohls Meniskus

Helmut Kohl brauchte seine Rituale. Dazu gehörte der Sommerurlaub am Wolfgangsee, dazu gehörte die Fastenkur in den Osterferien. Jahr für Jahr zwei Wochen lang trockene Brötchen und Kräutertees. Was nichts brachte und außerdem ungesund ist. Nur: Dicksein ist auch nicht der Bringer. Das zeigte sich nur zu bald. Heute sitzt Kohl überwiegend im Rollstuhl, aber schon Anfang 1995 hatte er die erste Knieoperation: Ein Meniskus hatte die Last nicht mehr ertragen.

Das wurde aber auch wirklich Zeit: Allzu lange hat unser Dicker aus Oggersheim diese Sache mit seinem Wackelknie hinausgezögert und uns dieserhalb um die schönsten Dinge des politischen Lebens gebracht. Beim Bundespresseball war er nicht dabei, dem Ball der Sportpresse blieb er gleichfalls fern, den After-Dinner-Dance im Weißen Haus hat er gemieden – das hätten wir alle noch verschmerzt. Aber dass auch SAT 1 unter Kohls kaputtem Knie leiden muss, das geht nun wirklich nicht.»Zur Sache Kanzler«, diese Sternstunde des deutschen Verbeugungs- und Kriecherjournalismus, konnte 1995 noch nicht stattfinden, weil der Dicke sein rechtes Knie nicht lange belasten kann. Ich meine, mich hätte es nicht gestört, wenn er die Sendung im Liegen durchgestanden hätte – haben Sie den Wortwitz gemerkt: Im Liegen durchgestanden, das hat doch was, nicht gemerkt, wie? Na, ist auch egal. Also Kohl liegt eine Stunde bei SAT 1 auf der Ottomane, und damit die Kleiderordnung stimmt, kriechen Heinz Klaus Mertes und die anderen sogenannten Journalisten vor ihm rum im Staube des Studios. Das hätte eine gewisse Symbolkraft gehabt. Nun denn, man kann nicht alles haben.

Was noch schlimmer ist: Beinahe hätte der olle Kohl es sich auch noch mit den Narren verscherzt. Weil er nämlich unters Messer musste, durfte der Oggersheimer nicht strapaziert werden, und deshalb wurde der Karnevalsempfang beim Kanzler ungewöhnlich klein gehalten. Ausgerechnet von den Bonner Obernarren waren neben Prinz und Prinzessin nur zwei Frohsinnsfunktionäre vom Festausschuss zugelassen, der darob natürlich tobte, denn das Prinzenpaar hat allein vier Adjutanten, dazu kommt der ganze Hofstaat, und die Riesen-Bagage durfte nicht mit, sondern musste zu Hause fröhlich sein.

So geht das nicht, Herr Kohl! So sägt man unaufhaltsam am eigenen Stuhle, falls der nicht ohnehin unter der eigenen Masse zusammenbricht wie der Meniskus. Da der Kanzler weder Fußball noch Tennis noch Squash spielt, noch Ski läuft, also sein Knie nicht mit schnellen Drehbewegungen belästigt – schöne Vorstellung übrigens: schnelle Drehbewegungen beim Obelix aus Oggersheim –, bleibt als Ursache für den jaulenden Knorpel nur noch der ständige Druck von oben: 135 Kilo, dafür ist kein Meniskus ausgelegt.

Schade nur, dass wir die Operation nicht live im Fernsehen miterleben können wie damals die Darmkrebsgeschichte bei Ronald Reagan – das wäre doch mal eine schöne Aufgabe für SAT1 gewesen, aber da hat Heinz Klaus Mertes schändlich versagt. Der Kanzler selbst will zugucken, hört man aus seiner Umgebung. Er ist nämlich sehr neugierig, und deshalb will er keine Vollnarkose, sondern eine örtliche Betäubung, damit er alles mitverfolgen kann. Ich frage mich nur, wie! In normaler Rückenlage kann Kohl seine Knie gar nicht sehen, der dicke Bauch ist im Weg. Also wird doch irgendwie 'ne Video-Kamera dabei sein müssen, die das Ganze für Kohl auf einen Bildschirm überträgt, und das lässt hoffen, dass wir irgendwann doch noch in den Genuss dieses Weltereignisses kommen.

Besserverdienende

Damit nicht der falsche Eindruck entsteht, in der Ära Kohl hätte es nur Kohl gegeben oder es wäre nur um ihn gegangen, soll auch mal an die mitregierende FDP erinnert werden. Die in dieser Zeit noch mit Pünktchen verziert war und sich F.D.P. schrieb. Man erinnert sich: Die Partei der Besserverdienenden. Dummerweise versuchte sie vor den Wahlen 1994, dieses Image loszuwerden.

Natürlich sind die blöden Sozis mal wieder an allem schuld: Die haben schließlich mit dieser entsetzlichen Begriffsverwirrung in Sachen Besserverdienende angefangen, und nun müssen die anderen darunter leiden, dass die Sozis nichts vom Geld verstehen. Wir erinnern uns: Die SPD hatte einen Solidaritätszuschlag für alle Besserverdienenden angekündigt, und bei näherem Hinsehen stellte sich heraus, dass nach Rudolf Scharpings Milchbubenrechnung alle Leute mit mehr als 5000 Mark im Monat zu den Besserverdienenden hätten gezählt werden müssen. Das löste logischerweise einen Sturm der Entrüstung bei den tatsächlich Besserverdienenden aus, die nun wirklich Besseres verdient haben, als mit der Kundschaft der Sozis in einen Topf geworfen zu werfen. Und die selbsternannte Stellvertreterin der Besserverdienenden auf Erden, die FDP, warf sich natürlich sofort mutig in die Brust und für ihre Klientel in die Bresche.

Zwar hatten die Sozis schnell ausgerechnet, dass sie sich verrechnet hatten, und schon war das mit den Besserverdienenden gar nicht mehr so dramatisch, aber der Liberale an sich sagt sich: Wehre den Anfängen, jetzt muss mal Tacheles geredet werden. Und nun geschah etwas Merkwürdiges – und ich bitte die geneigte Leserin und den geneigten Leser genauestens hinzuschauen. Die FDP schrieb in ihren Programmentwurf für den Rostocker Parteitag einen Satz, der so richtig ist, dass man ihn noch mal sorgfältig durchbuchstabieren muss: »Wir sind die Partei der Leistungsträger und der ›Besserverdienenden‹ von heute und morgen, denn wir wollen möglichst vielen die Chance geben, ›Besserverdienende‹ zu werden.« Es ist über zwanzig Jahre her, dass die FDP so konkrete Aussagen in ein Wahlprogramm geschrieben hat, nämlich in den Freiburger Thesen anno 1972 – damals ging es zwar eher um Linksliberales, aber das ist schon sehr lange passé. Jetzt geht es darum, ein paar Pflöcke in Sachen Wirtschaftsliberalismus nach Manchester-Art einzurammen, und da war dieses Ding mit den Besserverdienenden genau das Richtige.

Und dann dieser klägliche Rückzug. Die Freien Demokraten, so jammerte FDP-Generalsekretär Werner Hoyer, würden nun als exklusiver Klub für die oberen Zehntausend diffamiert, und um dem entgegenzutreten, kaute man auf dieser fabelhaften Besserverdienenden-Programmatik herum, bis sie völlig zerbissen und zermatscht war: Jetzt redet man ganz butterweich von der FDP als Anwalt derjenigen, »die sich durch den sozialdemokratischen Kampfbegriff des ›Besserverdienenden‹ diffamiert und in ihrer Leistungskraft herabgewürdigt fühlen«. So gerät man ohne Not aus der Offensive in die Defensive, eine klägliche Vorstellung in Blau-Gelb.

Dabei wäre es doch gerade darum gegangen, das mit den oberen Zehntausend aufzunehmen und offensiv zu vertreten. Man muss die

Zahl Zehntausend ja nicht auf Einzelpersonen beziehen. Die oberen Zehntausend, das sind 10000 Familien, Sippen, Clans, die über achtzig Prozent der dicken Kohle in diesem Lande absahnen und nun wirklich mit Fug und Recht den Titel »Besserverdienende« verdienen. Rechnen wir mal pro Einheit zehn Leute, sagen wir ein Dutzend, dann wären das 120000 Besserverdienende und damit 120000 FDP-Wähler. Das sind genau zwei Prozent bei der nächsten Bundestagswahl, und damit stimmt die Rechnung. Oder glaubt jemand, die FDP hätte was Besseres verdient?

Händedruck

Auch wenn wir viel über Sprache sprechen: Eigentlich sind es ja doch die Gesten der Weltenlenker, die den Gang der Dinge entscheidend beeinflussen. Von der Mimik ganz zu schweigen. Der Händedruck zum Beispiel erlangt gelegentlich historische Qualität. Bei Helmut Kohl im Prinzip immer.

Wir lassen die wirklich historischen Händedrücke hier mal weg: Den zwischen Grotewohl und Pieck, der die Zwangsvereinigung von KPD und Ost-SPD besiegelte und zum Emblem der SED wurde; oder den zwischen Adenauer und de Gaulle, ein richtiger Männerhändedruck, während Kohl und Mitterrand in Verdun so merkwürdig Händchen hielten; oder den zwischen Kohl und Honecker und Kohl und Modrow und Kohl und de Maizière – in dieser Reihenfolge und Rangfolge; oder den zwischen Kennedy und Chruschtschow und Hitler und Hindenburg und Caesar und Asterix – oder bring' ich da jetzt was durcheinander?

Wie auch immer – das alles soll uns jetzt nicht interessieren. Wir wollen uns dem politischen Alltag zuwenden und der Bedeutung des Händedrucks für denselben. Und siehe da: Diese Bedeutung ist noch nie so richtig gewürdigt worden. Dabei verbringen unsere Damen und Herren Politiker mit dem Drücken oder Schütteln andererleuts Hände einen Großteil ihrer Zeit. Das geht beim einfachen Abgeordneten los, der unentwegt Delegationen, Besuchergruppen, Lobbyisten empfangen und Hände drücken muss, das steigert sich bei Funktionsträgern wie parlamentarischen Geschäftsführern oder Fraktionsvorsitzenden schon ungemein, das erreicht bei richtig wichtigen Leuten wie der Bundestagspräsidentin oder dem Bundespräsidenten, der fast nichts anderes tut, ungeahnte Ausmaße – und bei Mitgliedern der Bundesregierung wird es endgültig zur Hauptbeschäftigung. Denn man darf ja nicht die Ämterkumulation dieser Damen und Herren außer Acht lassen: Einer wie der Theo Waigel ist Minister und Parteivorsitzender und Bundestagsabgeordneter in einer Person, dazu kommt die Mitgliedschaft in unzähligen Gremien – das Händeschütteln wird da zum vollwertigen Politikersatz.

Die Krönung »vons Janze« ist dann der Bundeskanzler, nicht nur bei historischen Anlässen, auch im politischen Alltag: Der hat zum Händedrücken sogar einen eigenen Salon. Ja, Freunde, das ist kein Witz, das erfinde ich nicht, das ist so. Im Kanzleramt gibt es das Heckel-Zimmer, so genannt, weil da ein Bild des Malers Erich Heckel hängt, das ist reserviert für Kohls Handgreiflichkeiten. Wenn Besucher im Kanzleramt sind – und es sind unentwegt irgendwelche Besucher im Kanzleramt –, dann werden die ins Heckel-Zimmer geschleppt, die Fotografen lungern da schon in Haufen rum, und dann geht das Ritual los: Kohl stürmt herein, seinen Gast im Schlepptau, mit rudernden Gesten dirigiert er sich und den Gast an die Stelle, an der am besten fotografiert werden kann, und dann geht der immer gleiche Dialog los. Kohl: »Jetzt wollen mr mal Shehkhends machen« – Kohl übt nämlich seit Jahren heimlich Englisch, und bei Shakehands fühlt er sich verhältnismäßig sicher –, dann quetscht er die Gastpfote mit seiner klodeckelgroßen Tatze, der so Gedrückte stöhnt »Aua«, natürlich in der jeweiligen Landessprache.

Das hält Kohl für einen Kommunikationsversuch, antwortet »Jetzt lächeln mr noch mal schön für die Tagesschau«, dann lässt er das gequetschte Gasthändchen los, der Erlöste sinkt halb ohnmächtig zusammen, aber Kohl hat ihn schon im Arm und ruckelt an ihm rum, weil die Fotografen noch eine andere Einstellung haben wollen. »Wie wollters denn nu?«, fragt er, und »Noch mal Shehkhends?«, der Gast wimmert und schüttelt verzweifelt den Kopf, Kohl meint, er habe einen Witz verpasst und lacht so pflichtgemäß wie herzlich, dann kommt der Satz: »So, habt ihr jetzt alles?«, die Fotografenmeute will aber mehr, also noch mal Pose, noch ein Händedruck, der Gast blutet aus mehreren Wunden, Kohl läuft zu Hochform auf: »Nu hört mal auf zu knipsen, ihr habt schon so viel Bilder von mir, was macht ihr denn damit«, und das Scherzen mit den Knipsern will gar kein Ende nehmen. Nach einer Weile ist dann aber wirklich Schluss, Kohl klemmt sich das völlig erschöpfte Händedruck-Opfer unter den Arm und stapft von dannen. So schön kann Politik sein.

Regierungskrise

Die Ära Kohl war eine Ära der Krisen. Von Beginn seiner ersten Kanzlerschaft an hatte der Oggersheimer mit schwierigen Koalitionspartnern zu tun, mit einer stets renitenten CSU, einer überwiegend zickigen FDP, von den CDU-Parteifreunden ganz zu schweigen. Er hat's äußerlich gelassen hingenommen, all die Jahre. Gleichwohl: Das Wort »Regierungskrise« hat er nicht wirklich gemocht.

Helmut Kohl wird den Apothekern, die ansonsten nicht eben zur klassischen CDU-Klientel gehören, auf ewig dankbar sein. Denn die Apotheker haben dafür gesorgt, dass die Regierungskrise endgültig beendet ist. Im Bonner Kunstmuseum, gleich neben der Bundeskunsthalle und mit dieser dem Parlaments- und Regierungsviertel genau gegenüber gelegen, erfreute sich die Regierungskrise eine ganze Weile großer Beliebtheit. Selbst Kabinettsmitglieder vermochten derselben allerlei Gutes abzugewinnen, nämlich wenn sie morgens vor der Arbeit im Museumscafé ein stärkendes Frühstück einnehmen wollten und auf der Speisekarte besagte »Regierungskrise« entdeckten: Bestehend aus einem Espresso, einem Tomatensaft und einer Aspirintablette.

Nun mag man denken, das Ganze sei dem Bundeskanzler persönlich ein Dorn im Auge gewesen, und er habe für die Abschaffung dieser segensreichen Einrichtung gesorgt – mitnichten. Sondern: Der Apothekerverband wurde tätig, er zeigte den Betreiber des Cafès an – wegen unbefugten Verkaufes von Arzneimitteln. Ein Vertreter des Bonner Gesundheitsamtes erschien daraufhin im Museumscafé und sorgte mit energischem persönlichen Einsatz dafür, dass die »Regierungskrise« aus sämtlichen Speisekarten gestrichen wurde.

Eine saftige Geldbuße drohte, sollte der Betreiber des Cafés rückfällig werden.

Dem war das Ganze freilich zu dumm. Er verzichtete kurzentschlossen auf die »Regierungskrise« und bot stattdessen die »Gesundheitsreform« an. Und zwar in zwei Varianten. Variante eins mit dem Untertitel »Kasse« enthält ein trockenes Brötchen und ein Glas Wasser, Variante zwei – Untertitel »privat« – ist ein üppiges Frühstück mit Ei und Wurst und Käse und allem drum und dran. Wie man hört, lässt Gesundheitsminister Seehofer derzeit prüfen, ob diese Art von Gesundheitsreform verordnungspflichtig ist. Jedenfalls sieht man seit geraumer Zeit Beamte seines Ministeriums bei emsiger Prüfarbeit – vor allem an Variante zwei.

Allerdings hat der Minister wegen der hohen Spesen inzwischen angeordnet, dass die behördliche Untersuchung nur noch bis zur Sommerpause dauert. Danach beginnt die Auswertungsphase, das wird einige Zeit in Anspruch nehmen, und dann haben wir auch bald Bundestagswahl – und danach, so hofft der Wirt, kann er für die jetzt noch amtierende Bundesregierung wieder sein Krisenfrühstück anbieten. Dann unter dem Titel »Katerfrühstück«.

Rücktrittsvirus

1993 war ein in der an Merkwürdigkeiten nicht eben armen Ära Kohl besonders merkwürdiges Jahr. Ein Jahr der Rücktritte. Es erwischte Minister und Staatssekretäre, Oppositionsführer und Ministerpräsidenten. Woran das wohl gelegen haben mag. Fragt sich der besorgte Beobachter Ende des Jahres.

Das muss ein Virus sein oder ein neues Gesellschaftsspiel, auf jeden Fall aber eine bestimmte Form von Epidemie, anders kann man sich die Rücktrittswelle im ablaufenden Jahr nicht erklären. Zwar hat es Erscheinungsformen dieser Epidemie auch schon vorher gegeben – ich sage nur Genscher, Hasselfeldt, Schwarz-Schilling –, aber so anfällig wie 1993 waren Politiker noch nie. Günther Krause mit seiner Putzfrau und dem Umzug und dem Grundstück und dem Auto für den Filius, Björn Engholms Schubladengeschichte, Max Streibls Amigos,

die Einkaufswagenchips von Jürgen Möllemann, das bisschen Bereicherung bei Franz Steinkühler, noch weniger bei Heide Pfarr, ganz
wenig politische Unfähigkeit von Rudolf Seiters, schließlich total normale Anspruchsmentalität bei Werner Münch und seinem Kabinett
nebst dem einen oder anderen Staatssekretär und nur etwas Munddurchfall bei Steffen Heitmann – da kommt was zusammen, wenn
man den Virus genau betrachtet. Er führt wie bei Tollwut zu Rück-
trittswut, und das kann einem demokratischen Gemeinwesen nicht
gut tun. Schon deshalb nicht, weil die Damen und Herren übergangs-
geld- und pensionsberechtigt sind, uns also mächtig auf der Tasche
liegen, anstatt tapfer im Amt zu bleiben und für ihr Geld was zu tun.

Und diese lächerlichen Anlässe: Das hat man früher nicht gekannt,
da konnte kommen, was wollte, die Kameraden haben die Stellung
gehalten. Franz Josef Strauß zum Beispiel, der hat sich nicht mal
durch eine Kette kleinerer und mittlerer Affären von seiner Karriere
abhalten lassen. Erst als es zum Äußersten kam – also bei der *Spiegel*-
Affäre –, ist er mal kurz ins Glied zurückgetreten, aber dann wieder
mit Vollgas zurück auf den Parcours. Und denken Sie nur mal an Man-
fred Wörner: Was der mit General Kießling gemacht hat, würde einem
heutigen Minister glatt für drei Rücktritte reichen. Aber nein: Treu
und fest hat er seinen Mann gestanden, bis in Brüssel was bei der
NATO frei wurde. Oder Helmut Kohl selbst: Ja, du liebe Zeit, was hätte
der schon zurücktreten müssen, wenn man die 93er Maßstäbe mal
anlegt.

Das Ganze ist wohl eine Generationenfrage. Diese Weicheier, die
wegen jedem Mist ihr Amt aufgeben, sind offenbar aus einem Baujahr,
wo auf Verschleiß gebaut wurde. Man muss sich nur mal Oskar Lafontaine anschauen: Dessen Ruhegeldaffäre ist doch mindestens so
schön wie das Theater in Sachsen-Anhalt. Aber Oskar weicht der Verantwortung nicht aus, sondern bleibt da, wo das Schicksal ihn hingestellt hat. Als die Debatte um Möllemanns Einkaufswagen losging, da
hat Lambsdorff gesagt: Wenn man solche Maßstäbe anlegen wollte,
dann würden ganze Kabinette entvölkert. Genauso ist es in Sachsen-
Dingsbums gekommen. Der Otto Graf kennt sich halt aus.

Das Schlimmste sind die Begründungen der Rücktrittswütigen: Sie
könnten ihrer Familie die öffentlichen Kampagnen nicht mehr zumuten. Ja, wo sind wir denn? Im Mädchenpensionat oder wo? Dem deut-

schen Bundeskanzler und allen Länderregierungschefs und Amtsleitern und Rundfunkintendanten und Fußballklubpräsidenten ist dringend anzuraten, ihr Führungspersonal künftig ein bisschen genauer zu durchleuchten. Wichtigstes Merkmal: Affärenbelastbarkeit. Das ging doch früher schließlich auch. Und als wichtigste Sofortmaßnahme: Rücktrittssperre 1994. Bis zur Bundestagswahl will ich keinen mehr zurücktreten sehen. Und dann hat sich das Problem für die meisten ja sowieso erledigt.

Politische Kommunikation

Die Ära Helmut Kohl war auch eine Ära der politischen Duelle: Kohl gegen Strauß, Kohl gegen Schäuble, Kohl gegen Stoiber. Obwohl Edmund Stoiber nicht das Format von Strauß und nicht die Leidensfähigkeit von Schäuble hatte. Aber was politische Kommunikation anbelangt, so konnte man von der Paarung Kohl-Stoiber eine Menge lernen.

Nicht dass politische Kommunikation unmöglich wäre, das sieht nur gelegentlich so aus. Manchmal funktioniert sie sogar hervorragend. »Denken Sie an Ihre Redezeit«, sagt der Bundestagspräsident zu einer Kollegin, als diese im Bundestag redet. »Wie viel habe ich denn noch«, fragt die Dame. Der Präsident: »Nichts mehr!« Das würde auch der kritischste Kommunikationswissenschaftler ohne Zögern als Beispiel höchst gelungener Kommunikation durchgehen lassen. Klare Ansprache, klare Rückfrage, klarer Bescheid. Nur: So was funktioniert ganz selten in der Politik, weil politische Kommunikation eben das Schwierigste ist, was man sich denken kann, weil die Partner so schwierig sind. Am schwierigsten bei der Extremkategorie politischer Gegnerschaft, also bei Parteifreunden. Diese Bilder von Helmut Kohl und Edmund Stoiber, die beim Bayerischen Unternehmertag im Juli in München ziemlich wortreich nicht miteinander sprachen. Vorher hatten sie ohne persönliche Berührung wochenlang kommuniziert, das geht viel besser. Stoiber stichelt gegen Waigel, gegen Kohl, kündigt Widerstand gegen die Regierung im Bundesrat an, lässt das Gespenst von Wildbad-Kreuth wieder durch die Gegend flattern, Kohl droht, dass er dem Stoiber bald eins drübergeben wird – und in München spricht der Stoiber Edmund ein freundliches Grußwort, und Helmut Kohl redet über den Euro, als verlese er einen Text von Stoiber.

Bei der Begrüßung schauen beide – händeschüttelnd und munter Freundlichkeiten plappernd – scharf aneinander vorbei und verhakeln sich beim abrupten Voneinanderwegdrehen fast mit den Ellbogen. Wenn wir bereit wären, Körpersprache als politische Kommunikation durchgehen zu lassen, dann wäre auch Verständigung leicht zu erzielen. Nämlich darüber, dass man einander hasst wie die Pest. Da das aber nicht sein darf, lässt man außerdem die Wort-Sprache sprechen, und die kann Kommunikation leider nicht herstellen. Wenigstens nicht in der Politik.

Beim Umgang des Kanzlers mit Journalisten zeigt sich das aufs allerfeinste. Da pflegt Kohl das Gespräch grundsätzlich zu verweigern. »Ich bin kein Thema für Sie«, ist eine seiner liebsten Redensarten. Mit Kohl zu sprechen heißt für einen Journalisten: Eine Frage stellen und sich dann einen Vortrag von mindestens einer halben Stunde anhören. Aber das Gelingen von Interviews ist fürs Gelingen von politischer Kommunikation sowieso nicht von zentraler Bedeutung.

Im Bundestag geht's auf diesem Gebiet gelegentlich mit erfrischender Offenheit zu. »Der Worte sind genug gewechselt, die Diskussion ist zu Ende«, meinte zum Beispiel Norbert Blüm zu Beginn einer Rentendebatte. Warum dann überhaupt noch geredet wird, wäre die Frage aller Fragen. Aber die ist ganz leicht zu beantworten: In rund 90 Prozent der Fälle gibt es im Bundestag tatsächlich nichts mehr zu reden, die Inhalte sind in den Ausschüssen längst ausgekaspert, alles ist entschieden, im Plenum findet nur noch der Showdown fürs Publikum statt. Das fühlt sich halt gelegentlich veräppelt, wenn die Akteure so tun, als hätten sie sich richtig in der Wolle, und nachher gehen sie fröhlich einen trinken. Ja, eben. Menschlich funktioniert fast jede Art von Kommunikation, nur politisch nicht so leicht.

Unehelich

Anfang Januar 2009 erschütterte ein unerhörtes Ereignis Frankreich und die Welt: Die unverheiratete französische Justizministerin Rachida Dati bekommt ein Kind und will den Vater ihres Kindes nicht nennen. Ein uneheliches Kind in der hohen Politik. Unglaublich! Undenkbar! Quatsch. Schon acht Jahre vorher war Ségolène Royal, damals Umweltministerin, Mutter geworden. Unverheiratet. Und in Deutschland fragte man sich besorgt, ob solch unsittliches Tun möglicherweise auch bei uns Platz greifen könnte. Hier ist die Antwort.

Damit das mal von vornherein klar ist: Bei uns kann so was gar nicht passieren. Das ist wie bei Tschernobyl und solchen Sachen: Bei uns sind nicht nur die Atomkraftwerke viel sicherer, sondern die Verhältnisse überhaupt. Da herrscht Zucht und Ordnung. Ministerinnen mit unehelichen Kindern, das geht bei uns nicht, weil wir da eine Sicherung eingebaut haben, familienpolitisch gesehen. Gerda Hasselfeldt, Gesundheitsministerin: verheiratet, zwei Kinder. Hannelore Rönsch, Familienministerin: verheiratet, ein Kind. Irmgard Schwaetzer, Bauministerin: verheiratet, kein Kind. Also das ist alles in trockenen Tüchern, da passiert nichts mehr, und wenn doch, dann ist für die Ehrbarkeit des Nachwuchses gesorgt.

Wäre gesorgt. Wenn da nicht die Dame aus dem Osten wäre. Ich hab's ja immer gesagt: Diese doofe deutsche Einheit bringt uns nur Scherereien. Frau Angela Merkel, im Kabinett des Herrn Kohl zuständig für Frauen und Jugend, ist evangelisch und geschieden, also doppelt anfällig für Tätlichkeiten wider die allgemeine Sittlichkeit. Da könnt was passieren – obwohl unser dicker Kanzler ja im Prinzip seine Hand da drauf hat, ganz buchstäblich. Haben Sie das Foto gesehen? Die Nacht des § 218, Mammutdiskussion im Bundestag, auf der Regierungsbank nebeneinander Helmut Kohl und Angela Merkel, und der Oggersheimer hat das dicke Patschhändchen auf dem Pfötchen der Frau Ministerin, also das war so was von putzig.

Bloß: Der Kanzler kann ja nicht immer und überall sein, und wenn es dann mal passiert ist, wird's aber ganz schön eng. Angela Merkel, unverheiratet, also nach ordentlich christlichem Weltbild gar keine richtige Frau, schwanger am Kabinettstisch und auf der Regierungsbank im Bundestag – können wir uns das vorstellen? Wir können natürlich nicht. Aber wir müssen. Denn wenn die Leidenschaft mal zuschlagen sollte und der animalische Trieb nicht mehr aufzuhalten ist, dann gibt es kein Entrinnen.

Denn diese Bundesregierung im Allgemeinen und die CDU im Besonderen und die Frauenministerin ganz speziell ist vor allem anderen kinderfreundlich. Also Abtreibung zum Beispiel käme auf gar keinen Fall in Frage. Wenn also die Frau Ministerin schwanger wird und auf die Schnelle keinen vors Standesamt bekommt, dann haben wir den Salat.

Und Freunde, ich sage euch: Das wäre keine Katastrophe, sondern eine ganz große Chance. Angela Merkel mit einem unehelichen Kind – das wäre doch ein wahnsinnig positives Signal für die Bevölkerung: Die Bundesregierung redet nicht nur vom Ja zum Kind, sie praktiziert dieses Ja auch. Das wär' viel mehr wert als hundert schöne Reden im Bundestag.

Und damit die Gleichberechtigung nicht auf der Strecke bleibt, müssen die Männer kräftig mittun. Alle Politiker bekennen sich öffentlich zu ihren unehelichen Kindern, bringen sie auch zu Plenarsitzungen in den Bundestag mit – Platz genug ist da ja immer, und die Wiederwahl ist unseren Regierenden 1994 sicher. Also wenn ich Wahlkampfmanager der Union wäre – das wär' mein Rezept für 1994. Und weil es bekanntlich auf den Kanzler ankommt, muss auch der Helmut Kohl noch mal ran und ein Uneheliches produzieren – für seine Partei und das Vaterland muss man sich halt auch mal krummlegen, da hilft nichts.

Kohl tritt an

Schon 1994 hatte Kohl versprochen: Einmal noch, dann nicht mehr. Mit anderen Worten: Wenn ich diese Wahlen gewinne, dann mache ich Platz für einen Nachfolger. Wer das sein könnte, darüber wurde viel spekuliert und gemunkelt, und am Ende sollte es Wolfgang Schäuble sein. Auch weil Kohl das angeblich so wollte. Drei Jahre später war keine Rede mehr davon. Im Jahr vor den 98er Wahlen erklärte der Oggersheimer: Ich trete noch einmal an. Das ist dann aber wirklich das letzte Mal. Eine Begründung: »Wenn die Dinosaurier wieder in sind bei den Jungen, dann lasst uns doch mit Dinosauriern auch in die Schlacht ziehen, warum eigentlich nicht?«

Ach, ist das alles aufregend. Helmut Kohl tritt wieder an, was für 'ne Sensation. Jetzt rödeln sie wieder alle, die fetten Schlagzeilen für morgen werden gesetzt, Interviews geführt, Reaktionen eingeholt, Kommentare geschrieben – es ist was los im Staate Dumpfbacke. Der dicke König hat gesprochen, und alle sind aus dem Häuschen. Nur zur Erinnerung: Es hat zu keiner Sekunde einen ernsthaften Zweifel daran geben können, dass der Kanzler Kanzlerkandidat werden will. Hätte er jetzt gesagt, ich trete nicht an, hätte er die Wahl verlorengegeben.

Das ganze Spielchen war nichts weiter als eine nette Inszenierung von allerlei Schlaumeiern und Kaffeesatzlesern: Eine kleine Anmerkung von Wolfgang Schäuble, dass er möglicherweise der Versuchung der Kanzlerschaft nicht widerstehen könne, ein paar freche Sprüche von CDU-Nachwuchspolitikern, allerlei Zoff in der Koalition – schon sahen die Spökenkieker eine Kanzlerdämmerung. Dass die ganze Union sich kurz nach diesem Hinterhoftheater als Bettelorden aufführte und – von Rita Süssmuth bis zu Theo Waigel – den Kanzler inständig anflehte: »Mach's noch einmal, Helmut«, wurde vorsorglich nicht zur Kenntnis genommen.

Dabei musste spätestens Anfang Februar jedem klar sein: Der Spuk ist vorbei, Kohl macht's noch mal. »Erst speckt er ab, dann tritt er an« – wenigstens dieses eine Mal hätte man der *Bild am Sonntag* eine Schlagzeile glauben können. Nur: Dann hätten viele unserer Damen und Herren Kollegen viele Zeitungen und Magazine und Rundfunksendungen nicht mit ziseliertem Blödsinn vollsabbern können.

In Wahrheit ist das alles ein Geschwätzbeschaffungsprogramm. Politiker und Journalisten, sozusagen im Wortschwall verschlungen, erklären jeden Fliegenschiss zum historischen Ereignis, das jedem, der darüber spricht, automatisch den Atem der Geschichte einhaucht. So kann der Oggersheimer seiner Neigung zur Selbststilisierung noch ein bisschen mehr frönen dadurch, dass er sein Wort zur Kandidatur hinausschiebt, womit dann auch die Frage selbst zu einer wahnsinnig wichtigen stilisiert wird, und alle, die darüber reden dürfen, können vor lauter Wichtigkeit kaum noch geradeaus schauen. »Kohl bläht, aber ernährt seinen Mann«, pflegt Helmut Kohl zu sagen. Das ist richtiger, als er es meinen kann.

Kohl bleibt

Am 27. September 1998 war es dann so weit: Die Ära Kohl war zu Ende. Nein: Die Kanzlerschaft Helmut Kohls war zu Ende. Die Ära ging und geht weiter. Die große Frage war: Wie wird er das wegstecken? So nach sechzehn Jahren einfach aus dem Kanzleramt rausgeschmissen zu werden. Und aus dem Kanzlerbungalow, der Wohnung der Bundeskanzler. Um suizidale Reaktionen zu vermeiden, kam Nachfolger Gerhard Schröder auf eine einfache Lösung: Er ließ den Vorgänger noch ein Weilchen im Bungalow wohnen.

Ja, hatte denn irgendjemand geglaubt, wir würden ihn auf die Straße setzen? Das kann man weder ihm noch uns noch der Straße antun. Stellen Sie sich das mal vor: Der dicke Oggersheimer schlurft, mählich abmagernd, durchs Bonner Parlamentsviertel, bedrängt Passanten mit Sätzen wie »Eh, hasse ma'n Kanzleramt« oder hockt sich in irgendeine Ecke und verdient ein paar Groschen, indem er die Kochbücher seiner Frau signiert. Das musste nun wirklich vermieden werden.

Denn eins ist klar: Nach Hause darf er nicht. Das hat Frau Hannelore sich strengstens verbeten. Von wegen im Einfamilienhaus in Oggersheim mal richtig aufräumen, Keller und Dachboden auf der Suche nach der Briefmarken- und/oder Muschelsammlung durcheinanderbringen, den Garten umpflügen und jeden Nachmittag nach Deidesheim juckeln und einen guten Roten zum Saumagen schlürfen.

Nichts da, hat Frau Hanneloren gesagt. Bleib du mal in Bonn, bis die eine Verwendung für dich gefunden haben. Als Kommissar in Brüssel oder Platzanweiser im Erlebnispark im ehemaligen Regierungsbunker in Dernau an der Ahr. Und da traf es sich, dass Helmut Kohl damals gut zu Helmut Schmidt gewesen war. Der durfte 1982 auch noch eine ganze Weile im Kanzlerbungalow wohnen bleiben, als er nicht mehr Kanzler war, so lange, bis Frau Loki das Reihenhäuschen in Hamburg von Silberdisteln und anderen seltenen Pflanzen geräumt hatte. Deshalb fühlte Gerhard Schröder sich jetzt verpflichtet, seinerseits dem Helmut Kohl Herberge zu gewähren.

Und das geht ja auch, wenn man sich ein bisschen einschränkt. Frau Doris bleibt sowieso in der netten, kleinen Etagenwohnung in Hannover und zieht im nächsten Sommer gleich in den Kanzlerpalast nach

Berlin um. Die will gar nicht in den Bungalow zu Bonn am Rhein. Schröder wohnt zurzeit in der niedersächsischen Landesvertretung, da sind auch seine Kumpels aus Hannover untergebracht, das ist sowieso gemütlicher. Also braucht er Kanzlers Wohn- und Schlafzimmer im Bungalow schon mal gar nicht, Arbeitszimmer sowieso nicht, weil er nicht zu arbeiten gedenkt – Quatsch, weil er das im Kanzleramt hat. Esszimmer, Salon und abhörsicherer Konferenzraum – mehr Privates ist für Gerhard Schröder nicht nötig.

Also keine Probleme. Ja, gut, möglicherweise wird es im Badezimmer im Bungalow hin und wieder Gedränge geben, aber das lässt sich doch alles regeln, wenn man sich mit den Arbeitszeiten ein bisschen aufeinander einstellt. Und wenn der Helmut dem Gerhard gelegentlich die Pausenbrote macht, bricht auch keinem von beiden ein Zacken aus der Krone. Und natürlich wird man sich manchmal in der Küche des Bungalows begegnen, wenn Gerhard sich 'ne Currywurst warmmacht und Helmut heimlich die siebte Portion Karamellpudding verputzt, also so 'ne Art Bratkartoffelverhältnis zwischen den beiden könnte sich schon anbahnen. Vielleicht kann man hin und wieder Christiane Herzog zum Kochen einladen, die macht dann einen deftigen Eintopf, und dann kommt Roman auch noch vorbei, und es geht ein ordentlicher Ruck durch den Kanzlerbungalow, wenn die Skatkarten ausgepackt und ein paar Flaschen Bier geköpft werden. Aber Roman spielt – glaub ich – keinen Skat. Nur Schafskopf. Und das beherrschen die beiden anderen auch aus dem Effeff.

Kohl leidet

Das Ende seiner Kanzlerschaft verkraftete Kohl eine Weile ganz gut. Er war durchaus nicht verzweifelt, lief durch die Gegend und erklärte, es gehe ihm gut, er müsse unentwegt andere trösten, alte Fahrensleute, die den Machtverlust nicht so gut verschmerzen könnten wie er. Seine Begründung war gedanklich wie sprachlich prägnant wie immer: »Ich bin ja jetzt ein Stück weg von der Distanz und sehr viel näher.« Von wem und an wem auch immer. Auch sein Umgang mit Journalisten, der in der Schlussphase seiner Kanzlerschaft doch ziemlich angestrengt war, wurde wieder gelassen und getränkt von dem, was Helmut Kohl unter Humor versteht: »*Es ist für mich ein bewegender Augenblick*«, *erklärte er beim ersten Auftritt vor der Bundespressekonferenz nach der Wahl,* »*dass ich nach meinem Rücktritt als Bundeskanzler der Bundesrepublik Deutschland wieder bei Ihnen sein kann.*« *Für viele etwas überraschend, dass er zurückgetreten war und nicht abgewählt wurde. Aber man lernt eben nie aus. Zu Herzen gehend auch dieser Satz:* »*Es bleibt auch die Dankbarkeit für Bonn und das Bonner Umfeld, für diese wunderbare Landschaft hier am Rhein, die sich im besten Sinne des Wortes um unsere Republik verdient gemacht hat.*« *Dummerweise hat die Landschaft am Rhein für diese Verdienste kein Bundesverdienstkreuz bekommen, was wohl auch daran lag, dass Helmut Kohl sich bald um diese Dinge nicht mehr kümmern konnte: Ende 1999 war es dann wieder vorbei mit Kohls Gelassenheit: Die Parteispendenaffäre machte alles zunichte. Respektive der Umgang der bösen Journalisten mit dem, was Kohls Feinde Affäre nannten. Von da an war Kohl in erster Linie eine Leidensfigur.*

Naja, Freunde, so neu ist die Rolle ja nicht: Helmut, der Schmerzensreiche, so kennen wir ihn doch. Man könnte auch Heulsuse sagen. Der flennt doch nun wirklich bei jedem Anlass, hat unentwegt einen Kloß im Hals, knödelt bei jeder sich bietenden Gelegenheit mit tränenerstickter Stimme irgendwas Erhabenes in die Mikrofone. Und trotzdem haben wir ihm immer Unrecht getan. Weil wir geglaubt haben, dass er ständig von seiner eigenen geschichtlichen Größe gerührt ist, dass ihn unentwegt das Gefühl übermannt, einen neben sich stehen zu haben. Sein eigenes Denkmal nämlich. Das ist aber gar nicht richtig, wie wir jetzt wissen.

Tatsächlich leidet Helmut Kohl unter Dauerverfolgung. »Einst gefeiert, jetzt gejagt von den politischen Gegnern, von Teilen der Medien, den parteiinternen Kritikern, zum Teil sogar von ehemaligen Freunden.« Dieser wunderschöne Satz ist leider nicht von mir, sondern der leidende Helmut selbst hat ihn aufgeschrieben. Schöner kann man's nicht sagen. »Man frage mich bitte nicht, wie das auszuhalten ist.« Hat er auch noch geschrieben. Das muss man ihn auch nicht fragen. Wir wissen's ja. Er hält es nicht aus. Dieser unglaubliche Leidensdruck führt zu einem ständigen inneren Weinen, er ist mit Leid gleichsam angefüllt bis oben hin wie ein Tränensack. Und immer wenn man ihn anstupst, ergießt es sich, fließt es aus ihm heraus. Das Leid.

Dabei ist die eben zitierte dramatische Schilderung seines Leidensdrucks noch unvollständig. Denn irgendwie waren immer schon alle gegen ihn. Kurt Biedenkopf, Heiner Geißler, Rita Süssmuth, Franz Josef Strauß sowieso – er war zeit seines Lebens ein Verfolgter, ein Ausgestoßener. Und jetzt erst recht. Wo sich auch noch die Treudoofen von ihm abwenden, Norbert Blüm zum Beispiel. Denen er vertraut, auf die er gesetzt hat. Wolfgang Schäuble zum Beispiel. Angela Merkel. Die ein Komplott gegen ihn geschmiedet haben. »Ich komme mir manchmal vor wie ein Aussätziger, den man wegen seiner gefährlichen ansteckenden Krankheit fürchtet und meidet.« Sagt der Schmerzensreiche. Wörtlich. Das kann man ja nicht erfinden.

Kann so einer überhaupt noch eines anderen Menschen sicher sein? So ein Verlassener, Entrechteter, verächtlich Gemachter? Was ist mit Frau Hannelore? Hat die vielleicht auch schon das Messer gewetzt hinter seinem Rücken? Oder Juliane Weber, die Vertraute? Plant auch sie schon den Verrat? So zermartert er sein Gehirn und leidet, leidet, leidet. Weil er ja überhaupt nicht weiß, weshalb alle so gemein zu ihm sind. Ja, er hat einen Fehler gemacht und sich für denselben entschuldigt. Ende der Durchsage. Wieso wollen sie ihn trotzdem alle am Pranger sehen? Ein Rätsel. »Es könnte einem übel werden.« Zitat Helmut Kohl.

Aber Freunde, nicht vergessen, Hölderlin. »In Hölderlin war ich immer gut«, hat der Leidende mal gesagt, also kennt er auch den Satz: »Wo Gefahr ist, wächst das Rettende auch.« Wo aber ist Rettung? Im Glauben, wo sonst. In der Bergpredigt. »Selig sind, die Verfolgung leiden«, heißt es da. Also Helmut: Kopf hoch. Oder vielmehr: Kopf runter, immer schön leiden, leiden, leiden. Dann ist die ewige Seligkeit dein. Und wer kann das von sich schon behaupten in diesen gottlosen Zeiten.

Kohl sammelt

Frühjahr 2000: Die CDU muss zahlen. 41,3 Millionen Mark Geldbuße wegen falscher Rechenschaftsberichte. Und allerlei CDU-Politiker, die sich früher schleimend um Kohl geschart hatten, wagen es jetzt, ihn zu kriti-

sieren. Und was macht Helmut Kohl? Er denkt zwar nicht daran, die Spender zu nennen, die ihm die illegalen Spenden haben zukommen lassen. Aber er will das Geld aufbringen, das die Partei wegen seiner Verfehlungen zahlen muss. Kohl sammelt.

Hut ab. Das hätt' ich den Jungens wirklich nicht zugetraut. Diese Brutalität, mit der jetzt Konsequenzen aus dem Affärentheater gezogen werden. Donnerwetter. Roland Koch fordert, dass Verstöße gegen das Parteiengesetz künftig bestraft werden. Also das hat den so gewurmt, dass er einen Rechenschaftsbericht fälschen kann, ohne dass er belangt wird. So geht das nicht weiter, sagt er, künftig muss das behandelt werden wie Bilanzfälschung. Ehrlich. So hat er das gesagt. Sein Justizminister Christean Wagner geht noch weiter. Er will ganz unten anfangen und fordert die rigorose Bestrafung auch kleinster Regelwidrigkeiten. Schwarzfahren und Schuleschwänzen zum Beispiel. Damit aus kleinkriminellen Jugendlichen nicht lauter Ministerpräsidenten werden. Peter Müller, Ministerpräsident des Saarlands, unterstützt den Herrn Wagner und erklärt: »Ein kleiner Verstoß setzt eine Spirale der Kriminalität in Gang.« Wie wahr.

Und jetzt Helmut Kohl. Geht mit der Sammelbüchse oder dem Klingelbeutel – je nachdem – durch die Lande, um den Schaden wiedergutzumachen, den er angerichtet hat. Isser nicht süß. Da wird er gebeutelt und verleumdet und geschmäht, wird verfolgt und angespuckt und von alten Freunden links liegengelassen. Und was tut er. Er zieht sich mitnichten in den Schmollwinkel zurück, sondern übt tätige Reue. Und jetzt will ich kein Gemeckere hören. Von wegen schon wieder Spendensammeln. Wie soll der Dicke die Kohle denn sonst zusammenkriegen. Soll er auf Markplätzen mit Bananen jonglieren oder Elefanten dressieren oder mit 'nem Bären tanzen? Er tut genau das, was er kann, was anderes hat er doch nicht gelernt: Er geht zu seinen Kumpels, deren Namen er nicht nennen dürfen will, sagt denen, ich hab' Probleme, da müsst ihr mir raushelfen – und schon rollt der Bimbes an.

Obwohl – so einfach ist das nun auch wieder nicht in diesen schweren Zeiten. Sechs Millionen bis zum CDU-Parteitag im April, da hat er sich was vorgenommen. Drei Millionen soll er schon zusammen haben – das glaub ich jetzt nicht. Man hat ihn nämlich gesehen. Vorige

Woche in Berlin auf dem Gendarmenmarkt, Anfang dieser Woche in Oggersheim am Rathaus, gestern noch vor dem alten Kanzleramt in Bonn – ja gut, immer verkleidet als deutscher Michel, aber man kennt ja die Statur. Freunde, der geht tatsächlich mit der Sammelbüchse durch die Gegend, der muss hart arbeiten und sich erniedrigen.

Und dann muss ich nun wirklich mal sagen: Parteifreunde können ganz schöne Schweine sein. Peter Müller, Saarlands Ministerpräsident, ist nämlich nicht nur für hartes Durchgreifen bei Schwarzfahren und Schuleschwänzen, er will auch ein Bettelverbot in Innenstädten durchsetzen. Das muss man sich mal vorstellen. Dreht dem armen Helmut Kohl, der unter schrecklichen Anstrengungen und Entbehrungen sich wieder ehrlich machen will, einfach die Luft ab. Gut, dass dieser Müller nur im Saarland was zu sagen hat. Den Restdeutschen rufe ich zu: Wenn ihr den deutschen Michel Helmut Kohl in euren Innenstädten seht, geht auf ihn zu, spendet reichlich, und wenn es nur ein gutes Wort ist – es ist für einen wirklich guten Zweck.

Kohls Stuhl

Wie auch immer Kohl und seine Partei mit der Spendenaffäre umgehen: Er ist immer noch CDU-Bundestagsabgeordneter. Weshalb alle Welt, naja beinahe, rätselt, was er denn nun machen wird, nachdem er eine Weile dem parlamentarischen Getriebe ferngeblieben war, um Geld zu sammeln. Anlass: eine Feierstunde im Bundestag zum zehnten Jahrestag der ersten freien Volkskammerwahl. Wird er sich einfach wieder auf seinen Stuhl im Hohen Hause setzen? Als wäre nichts gewesen?

Schön, dass wir keine anderen Sorgen haben. Wie gebannt, ja aufgewühlt starrt die ganze Nation, die sich sonst dringend mit Pamela Andersons Busen und Harald Schmidts Akne beschäftigen muss, auf den Heiligen Stuhl. Nicht auf den in Rom. Nein, Kohls Sitz im Deutschen Bundestage im Reichstag zu Berlin steht im Mittelpunkt des atemlosen Interesses. Tagelang durften wir in Presse, Funk und Fernsehen verfolgen, wie die hohen Reichsbetagten das Problem zu lösen gedächten. Wird man den dicken Oggersheimer in die Hinterbank verbannen, ihn gar in einen Glaskasten setzen – schließlich hatte ein Unionsabgeordneter »Tumulte« vorhergesagt, falls Kohl das Plenum noch einmal betreten sollte. Wird man ihm einen Schleudersitz basteln oder den Stuhl so schmal halten, dass er kaum rein-, auf keinen Fall aber wieder rauskäme? So dass er am Ende der heutigen Feierstunde von Feuerwehrleuten aus seinem Parlamentssitz geschweißt oder geflamm-werft werden müsste und hinkünftig auf die Besetzung desselben frei-willig verzichtete? Oder soll man Kohls Stuhl so konstruieren, dass der Herr Ex-Kanzler und Ex-Vorsitzende und Ex-Ehrenvorsitzende nur nach hinten schauen kann? Oder zur Seite, dem Nebenmann oder der Nebenfrau voll ins Gesicht? Wer soll probesitzen, wer wird das noch wollen für eine persona non gratinata oder wie der Lateiner sonst zu sprechen pflegt? Was machen wir mit Schäuble, der in die zweite Reihe muss und wegen des Rollstuhls den Platz von zwei Normalsit-zen beansprucht – nämlich von Kohl und Waigel, den Kumpels, die gerne beieinandersitzen. Ja, Freunde, das ist alles erörtert worden in der Unionsfraktion, im Bundestagspräsidium, im Ältestenrat, in Ossis Bar.

Ob die nun gefundene Lösung eine weise ist: Wir werden sehen. Kohl in der dritten Reihe, direkt hinter Schäuble – ich weiß nicht. Für die Fernsehkameraleute und die Fotografen ist das einfach. Statt auf Lothar de Maizière, den völlig nebensächlichen Festredner beim Bun-destagsdankgebet für die freie Volkskammer, werden alle Kameras auf Kohl gerichtet sein. Wird er thronen wie ein Buddha in seiner dritten Reihe? Fett und glänzend wie eine Speckschwarte, satt vor Selbstzufriedenheit? Wird er Bonbons lutschen oder Schokolade knabbern, wie das so seine Art ist, wenn er nicht gerade Zettel schreibt und verteilt oder zerreißt oder mit den Nachbarn schwätzt? Wird Wolfgang Schäuble, Kohl im Nacken, zusammengekauert da-sitzen, graugesichtig, krummen Rückens, innerlich zerfressen vor Wut und Ingrimm über den Dicken dahinten, immer in ängstlicher Erwartung, dass der plötzlich mit seiner Klodeckelpranke dem zar-ten Badener auf die Schulter patscht und raunzt: Gell, Wolfgang, wie in alten Zeiten?

Tja, dem allem fiebern wir jetzt entgegen und hoffen, dass es für alle gut ausgehen möge. Dass vor allem Lothar de Maizière, auf den keiner achten wird, achten kann, die Prozedur ohne Suizidattacke überlebt. Schön, dass wir keine anderen Sorgen haben.

Kohls Auftritte

Der Kanzler der Einheit muss in der Folgezeit allerlei über sich ergehen lassen. Die Gehässigkeit seiner Parteifreunde, noch gehässigere Journalisten, am Ende sogar einen Bundestagsuntersuchungsausschuss. Aber er übersteht alles souverän. Er spielt schließlich in einer anderen Liga – der großen Historie.

Warum versteht ihn eigentlich keiner? Warum wollen die alle nicht begreifen, was den größten Kanzler aller Zeiten umtreibt? Wobei es ja gar nicht alle sind, sondern nur eine Bande von Verschwörern. Linke, Neidhammel, Journalisten. Wir haben es ja mit einer höchst merkwürdigen Schlachtordnung zu tun: Die Großen dieser Welt erweisen dem Allergrößten ihre Reverenz. Der Herr Clinton, der Herr Putin, der Herr Chirac, der Herr, na, dieser Chinese halt – wer auch immer in Berlin vorbeischaut, muss auch dem Oggersheimer die dicke Pfote schütteln, weil derselbe eine historische Institution geworden ist. Was juckt denn die Präsidenten und Staatschefs dieser Welt, ob ein gewisser Helmut Kohl gelogen, betrogen, Recht gebeugt, Gesetze gebrochen hat. Das ist innerdeutscher Kleinkram. Und, mit Verlaub, so sieht das deutsche Volk das schließlich auch. Hundert Prozent.

Nur diese Bande von Verschwörern will den Mantel der Geschichte, in den Helmut der Große sich seit 1989 hüllt, mit Kot bespritzen. Was die nicht begreifen: Ein großer Staatsmann muss über den Gesetzen stehen. Wenn der Panzergeschäfte oder Ölkonzernverkäufe und dergleichen durchziehen will, dann kann er sich doch nicht an irgendeine Geschäftsordnung halten. Das wird gemacht, und zwar ohne Aktenvermerke, weshalb auch gar keine Akten verschwunden sein können, weil nie welche da waren, und wenn doch, haben die Sozis sie geklaut. Die Welt des Helmut Kohl ist ziemlich einfach, daraus erwächst ja auch seine Größe. Größe kommt zuallererst von großer geistiger Schlichtheit.

Ganz schlicht geht es in Kohls Welt zu: Politik ist Machtgewinn und Machterhalt. Beides geht nur mit Einfluss, Einfluss geht nur mit Geld. Also muss ein derart überdimensional großer Staatsmann wie Helmut Kohl schwarze Kassen haben, um seine Truppen bei Laune zu halten, die ihn an die Macht befördert haben und ihm den Machterhalt garantieren. Wer das nicht einsieht, ist ein Kleingeist. Und dass man auf diesem Wege eben auch mal Gesetze brechen muss, ist doch logisch. Wie man sich darüber aufregen kann, das ist einem Staatsmann von der Größe Helmut Kohls völlig unerfindlich.

Der schönste Einblick in die Reinheit dieser Denkungsart wurde dem Publikum im Untersuchungsausschuss zuteil. Da fragt irgend so 'n Sozi, ob Kohl denn jedem Bürger das Recht zubillige, sein Ehrenwort über Recht und Verfassung zu stellen. Da tobt der große Staatsmann los: »Sie reden hier als einer, der die Verfassung mit Füßen getreten hat.« Was er damit meint? Verrat an der deutschen Einheit. Wer Sozi ist, hat die deutsche Einheit nicht gewollt, weil nur Helmut Kohl sie gewollt hat.

Dass die deutsche Einheit gekommen ist, ist allein Helmut Kohls Verdienst, das macht ihn zu einem Staatsmann von geschichtlichem Rang. Was anderes hat er ja auch nicht vorzuweisen. Weshalb alle anderen, vor allem aber alle Sozis und Grüne und Journalisten und sonstige Verschwörer, auf immer und ewig das Recht verwirkt haben, mit Helmut Kohl über Recht und Gesetz und Verfassung zu reden. So sieht's aus im Kopf des Oggersheimers. Da herrscht eben Ordnung.

Und weil das so ist, muss er sich gegen das ganze Verschwörerpack wehren, muss den Verdacht aussprechen, dass Schröder und andere Ganoven Akten aus dem Kanzleramt entfernt haben, um ihm einen Strick draus zu drehen, dass alle diese Dunkelmänner angetreten sind, die Lichtgestalt Kohl zu vernichten, seinen Namen aus dem Buch der Geschichte zu tilgen, sein Lebenswerk auszulöschen. So sieht Helmut Kohl sich und die Welt. Und nun mal im Ernst, Brüder und Schwestern – kann man das anders sehen?

Vier Spender

Er will die Namen der Spender nicht nennen, weil er ihnen sein Wort gegeben hat. Das ist Helmut Kohls Position. Er hat sich strafbar gemacht, nun ja, er macht sich weiter strafbar, nun ja. Aber das Wort eines Kanzlers und CDU-Vorsitzenden wiegt nun mal schwerer als Recht und Gesetz. Damit die Meute seiner Kritiker aber was zu kauen hat, lässt Kohl im Sommer 2000 wenigstens ein Häppchen Wahrheit heraus: Es waren vier Spender.

Ja, warum denn nicht gleich so? Macht der so 'n Theater wegen vier Hanseln. Jetzt ist die Lösung leicht: Deutsche Bank, Bertelsmann, Springer, Leo Kirch. Das große Rätselraten hat ein Ende. Oder ist vielleicht Elf Aquitaine dabei oder Thyssen oder die Familie Schickedanz? Naja, das werden wir auch noch rauskriegen. Das ist ja letztlich ganz ehrenwert, dass der olle Kohl weitere Fragen nach der Identität der Spender ablehnt, weil er sie nicht »an den Galgen liefern« will. Ja, so ist das nämlich hierzulande: Wer der Demokratie was Gutes tut, wird aufgehängt. Und da hat unser Dicker als eine Art idealtypischer Vorsitzender von Deutschland so was wie eine Fürsorgepflicht.

Ja, und jetzt? Wenn wir wissen, wer's war? Was haben wir dann davon? Gut, das war Steuerhinterziehung. Die Damen und Herren Retter des Vaterlandes müssen mit strafrechtlichen Konsequenzen rechnen. Oder auch nicht. Denn eben diesen Damen und Herren stehen die ausgefuchstesten und abgebrühtesten Juristen der Republik zur Verfügung. Und wenn nicht, werden dieselben wie die Schmeißfliegen ankommen, um des Falles habhaft zu werden und dann ganz schrecklich darunter zu leiden, dass die bösen Medien ihnen auf die Pelle rücken. Dann wird es irgendwas mit Verjährung oder geringer Schuld oder noch geringerem öffentlichen Interesse geben, irgendein besonders ums Wohl des Gemeinwesens besorgter Staatsanwalt wird sich finden, der das Ganze gegen ein fettes Bußgeld einstellt. Und was haben wir davon? Nicht mal Genugtuung.

Und Kohl? Dadurch, dass er uns beziehungsweise seinen Fraktionsspezis wenigstens die Zahl der Spender genannt hat, ist sein eigener Rechtsbruch ja wohl nicht aus der Welt. Jaja, denken wir, denken Sie. Juristen denken da anders. Die sind politisch so unabhängig, dass sie jeden Purzelbaum schlagen, um einen derart überdimensional großen Staatsmann nicht vors Gericht stellen zu müssen. Also werden sie mit irgendeiner typisch juristischen Hirnverrenkung einen Weg finden, Kohls Zahlenspiele als tätige Reue zu interpretieren und das Ermittlungsverfahren gegen ihn einzustellen.

Und was haben wir davon? Nichts! Das ganze schöne Spiel ist dann aus. Denn das muss man doch mal sehen: Dieser geniale Herr aus Oggersheim in der Pfalz hat seit vorigem November ein deutschlandweites Ratespiel inszeniert, das jede Moorhuhnjagd und jeden Big Brother und jede Fußballeuropameisterschaft medial mühelos in den

Schatten stellt. Da ist Spannung drin und moralische Empörung und politische Dramatik, das ist eine Mischung aus Soap Opera und Shakespeare-Drama, die ihresgleichen sucht. Und das soll nun alles vorbei sein? Bloß weil Kohls Viererbande entlarvt wird. Nein, Freunde, so weit darf es nicht kommen. Schluss mit weiteren Enthüllungen. Wir appellieren in aller Schärfe: Helmut, lass dich nicht weiter weichklopfen, bleib' standhaft, erhalte uns in diesen trüben Zeiten den einzig kollektiven Zeitvertreib, der noch lohnt: Die Jagd nach den Kohl-Spendern. Auf dass wir sie niemals, niemals erhaschen. Denn allein darin liegt der Reiz der Jagd.

»Kohlrabien oder Ossinesien?« –
Die deutsche Einheit

Einerseits gehört die deutsche Einheit ohne Zweifel zur Ära Kohl, andererseits geht sie weit darüber hinaus. Weshalb sie ein eigenes Kapitel verdient hat. Auch deswegen, weil der Autor schon drei Monate nach dem Mauerfall vom anhaltenden »Einigvaterland«-Gedröhne so zermürbt war, dass er mit wehenden Fahnen ins Lager der Einheitsfanatiker überlief. Mit dem Schlachtruf: »Ich will endlich vereinigt werden.«

Ich will vereinigt werden

Nur wer für die deutsche Einheit ist, ist ein guter Deutscher, wer dagegen ist, ist ein Vaterlandsverräter. Vor allem Helmut Kohl und die Seinen (Künstlername »Kohl and the Gang«) hatten diese Sprachregelung schon bald nach der Mauerdurchlöcherung durchgesetzt. Differenzierungen und Schattierungen waren verboten. Auf »Einheit ja, aber nicht so« stand die Todesstrafe. Weshalb auch hartnäckige Zweifler sich bald in ihr großdeutsches Schicksal ergaben.

Ich will endlich vereinigt werden. Zugegeben, bislang war ich skeptisch gegenüber all diesen deutsch-deutschen Gefühlswallungen, zumal dieselben meist mit dem blödsinnigen Wiedervereinigungsgerede verbunden waren, was mich zuhöchst irritierte: Wie kann etwas wiedervereinigt werden, was nie eins war? Doch schreiben wir Gedanken- und Sprachlosigkeiten dieser Art dem Überschwang des neudeutschen Glücksgefühls zu.

Lassen wir auch alle kleinmütigen Bedenken hinter uns, die mit der Vorstellung eines »Deutschland einig Vaterland« nach den Regeln des westdeutschen Spätkapitalismus notwendig verbunden sein müssen, mit der Vorstellung, dass plötzlich dieser Kapitalismus gesiegt haben soll, bloß weil jener Sozialismus nicht funktioniert. Schieben wir das Bauchgrimmen beiseite, das uns angesichts der These befiel, dass Bananen und Marlboro und Designer-Jeans und GTI der Inbegriff eines angeblich siegreichen Gesellschaftssystems seien. Und vergessen wir den Bierdunst, den aufzusteigen wir wähnten, als man im Bundestag und vor dem Schöneberger Rathaus gesamtdeutsch besoffen das Deutschlandlied krächzte – immerhin noch die dritte Strophe. Nein, das alles muss man abschütteln, das alles ist überzüchtetes Feinstgefühl, dem anschwallenden Großen und Ganzen durchaus unangemessen. Ich will endlich vereinigt werden. Und zwar jetzt, sofort, ohne Zögern, ohne Widerrede, unwiderruflich. Damit ich das Thema endlich vom Hals habe. Ich bin das ganze Vorvereinigungstheater leid, es ermüdet mich tödlich. Es gibt nichts anderes mehr, jeden Tag in den Zeitungen, in der Glotze, im Radio – nur noch eins: Deutschland. Das ödet. Sämtliche journalistischen Kriterien sind außer Kraft gesetzt, es herrscht ein nachrichtlicher Ausnahmezustand, der kaum noch zu ertragen ist. Mag in dieser oder jener Republik oder gar in der Welt passieren, was will: Wenn in Ostberlin mal wieder ein Regenwurm öffentlich gebadet hat, muss das auf die Seite eins, der Freiheit eine Bresche, hurra.

Ich will es nicht mehr hören und lesen, das Gewese um die Pferdezüchter in Ost und West, die sich nunmehr zusammentun wollen, um die Gebirgsvereine, die Krabbenzüchter, die Regionalverbände der Bananen-Krummbieger hüben und drüben, die Theken-Fußballmannschaften von »Gut Schluck« Köln-Nippes und »HO-Gaststätte« Köpschenbroda, um all die Kleinbürgerei und Kleingeisterei im deutschdeutschen Taumel. Erschreckendste Nachricht dieser Art: Die Karnevalsvereine und -verbände Deutschland Ost und West wollen zur Weiterverbreitung deutschen Frohsinns künftig gesamtdeutsch schunkeln. Nun ist es genug. Und deshalb muss flugs vereinigt werden. Ich fordere hiermit die bundesdeutsche Wirtschaft auf, den Laden drüben fix zu übernehmen, noch vor den Volkskammerwahlen, damit auch gar nichts mehr schieflaufen kann.

Ich will nicht jeden Tag einen neuen Stapel von törichtem Politikergebrabbel auf Umweltpapier gedruckt auf meinem Schreibtisch haben, keine Vorschläge mehr, wie noch mehr Symbolhandlungen das Deutsch-Deutsche in Deutschland vertiefen könnten, will nie wieder lesen, dass auch der Volksvertreter Ulrich Irmer von der Freien Demokratischen Partei sich Gedanken gemacht hat. Er will nämlich die Interparlamentarische Union zur Herbsttagung in Berlin sehen, mit feierlicher Eröffnung in Westberlin, feierlichem Abschluss in Ostberlin. Oder umgekehrt, meint der Herr Abgeordnete. Zitternd leere ich Tag für Tag mein Fach im Bonner Pressehaus, weil ich auf die Mitteilung der Grünen warte, die ein deutsch-deutsches Krötenwanderungs-Symposion diesseits und jenseits der Elbe bei Schnackenburg planen. Nein, dies alles muss ein Ende haben.

Erst recht die ständigen Jubelfeste, weil schon wieder ein Stück Mauer abgebrochen wird, schon wieder ein Stück Brandenburger Tor mehr zu sehen ist. Es muss endlich Schluss sein mit diesen Gemütsdeutschen, die sich besinnungslos saufen und buchstäblich zu Tode freuen an Deutschland – das hat dieses Land doch wirklich nicht verdient.

Und deshalb fordere ich abermals: Vereinigung sofort und ohne Bedingungen.

Spätestens zu Ostern muss wieder Normalität eingekehrt sein. Ich will wieder über steuerhinterziehende Spitzenpolitiker berichten, über Bonner Bauskandale, Schmiergeldgeschichten, Waffenexporte, Postenschiebereien, Durchstechereien, über den normalen politischen Alltags also. Dafür nehme ich sogar ein vereintes Deutschland in Kauf.

Vorfreude

Es wurde dann, wie jeder inzwischen weiß, auch richtig schön. Und ein Jahr nach der Maueröffnung konnte ganz Deutschland die deutsche Einheit feiern – am 3. Oktober 1990. Die Vorfreude hätte mindestens so groß sein können wie die auf Weihnachten. Wären da nicht die ewigen Spaßverderber und Miesmacher gewesen.

Da soll man sich noch freuen auf den historischsten aller historischen Tage in diesen unseren historischen Zeiten. Zweimal werden wir noch wach, heißa, dann ist Einheitstach, und die Vorfreude wird einem gründlich vergällt. »Bäume statt Böller«, fordert in erprobter Miese-petrigkeit der Naturschutzbund Deutschland – ja was soll denn das, wenn's in der Nacht zum 3. Oktober nicht kracht, wann denn dann überhaupt noch? Und auch der Peter-Michael Diestel in Ostberlin, der tapfere Verhinderer von Bürgerkrieg und Stasi-Aufklärung, hat das Böllern schon verboten, weil man ja nie wissen kann, ob nicht ein Autonomer behufs und mittels eines Krachers die Grundfesten des Systems erschüttern will. Welches System? Naja, das gerade geltende. Da sind wir flexibel.

Und die Grünen ärgern mich auch schon wieder, weil sie morgen, anstatt sich mit mir auf die Vereinigung meines Vaterlandes mit die-sem Gebilde da drüben zu freuen, diesen Nestbeschmutzer Günter Grass in einer Fraktionssondersitzung im Reichstag eine Rede auf das »Ende der Bundesrepublik« halten lassen, ja was soll denn das? Kommt gar keine Freude auf. Und die Soldaten beider deutscher Staa-ten rufen sie dazu auf, den Kriegsdienst zu verweigern und die Armee zu verlassen. Die arme Armee. Ja was sollen wir denn anfangen mit Großdeutschland ohne Armee? Kann man sich doch gar nicht mehr drauf freuen.

Da lob ich mir den Reservistenverband, der gelobt hat, »mit sehr viel Besonnenheit und Fingerspitzengefühl auf jene jungen Menschen zuzugehen, die in absehbarer Zeit in den neu gebildeten Ländern der ehemaligen DDR als Reservisten aus der Bundeswehr ausscheiden und sie zur freiwilligen Mitarbeit anzuregen«. Wörtlich so. Versteht zwar kein Mensch, geht aber mächtig zu Herzen. Das macht doch wie-der Mut, und richtig freuen kann ich mich dann auch wieder, wenn ich die vielfältigen Aktivitäten der CDU-Bundesgeschäftsstelle ver-folge, die sich ja nun wirklich allerliebst um das großdeutsche Jubel-fest kümmert.

In einem Rundbrief an alle Kreisverbände und andere Untergliede-rungen haben die Jungs und Mädels aus dem Adenauer-Haus detail-liert aufgeschrieben, wie man sich richtig freut. Mit schwarzrotgolde-nen Luftballons zum Beispiel, mit gesamtdeutschen Bratwürsten (wie wär's mal mit 'ner Thüringer), mit ebensolchen Gesängen – es muss ja nicht immer das Original Naabtalduo sein, das Kombinat Schwarze Pumpe aus Cottbus ist auch nicht ohne, und an ein Festzelt sollen die Basischristen auch denken, weil es ja auch am Jubeltage regnen könnte.

Der Knaller ist aber das Transparent. 225 Quadratmeter groß an der Südfassade des Adenauer-Hauses mit der Aufschrift »Wir freuen uns«, mit drei Ausrufezeichen. Begründung für die Aufhängung desselben: »Mit diesem Transparent will die CDU-Bundesgeschäftsstelle ihrer Freude über die Wiedervereinigung Deutschlands und den Tag der Deutschen Einheit am 3. Oktober Ausdruck verleihen.« Zitat Ende. Darauf wäre ich zwar nicht gekommen, aber dafür freu ich mich jetzt um so doller. Bis zum 5. Oktober. Dann wird der Lappen nämlich wieder abgehängt.

Kopfgeburten

Am 20. Juni 1991 beschließt der Deutsche Bundestag nach kurios-skurriler Debatte, die als »Sternstunde des Parlaments« in die Annalen der Bundesgeschwätzführer eingehen wird, den Umzug von Parlament und Regierung nach Berlin. Vier Monate später herrscht heillose Verwirrung darüber, wie dieser Umzug denn nun vonstattengehen soll. Eine Reihe von Modellen konkurriert miteinander, fast täglich kommen neue und selbstredend stets geniale Vorstellungen dazu. Was vor allem am Kern dieses Beschlusses liegt: Aufteilung der Regierungsfunktionen auf Bonn und Berlin, Erhalt von mehr als der Hälfte der Arbeitsplätze in Bonn. Sie haben also beschlossen: Wir ziehen in die Hauptstadt Berlin um, bleiben aber in Bonn. So was ist nicht ganz einfach umzusetzen.

Kein Grund zur Aufregung, liebe Leute, absolut kein Grund zur Aufregung. Was beim neuen »Mischmodell« und anderen netten Überlegungen zum Umzug Bonns nach Berlin wie Chaos aussieht, ist gar keins, sondern nichts weiter als die Fortsetzung des Bundestagsbeschlusses vom 20. Juni 1991 mit anderen Mitteln. Wie bitte? Ja, wenn Sie den schon chaotisch nennen wollen, bitte schön, das ist Ihre Sache. Aber eigentlich ist das ganz einfach: Damals wurde beschlossen, dass über die Hälfte der Arbeitsplätze in Bonn bleiben und dass nur der »Kernbereich« der Regierungsfunktionen nach Berlin verlagert wird. Was können denn die Volksvertreter dafür, dass kein Mensch weiß, was der Kernbereich des Regierens ist, dass also weder sie selbst damals wussten, was sie taten, als sie derlei beschlossen, noch dass offenbar die Regierenden wissen, was der Kern ihres Tuns ist.

Weil das so ist, sind etliche Kommissionen eingesetzt worden, um das herauszufinden. Eine beim Bundestag, eine beim Bundesrat, eine im Wohnungsbauministerium, eine bei der Stadt Bonn, eine von den Bundesländern Nordrhein-Westfalen und Rheinland-Pfalz, eine beim Bundesinnenministerium – ja richtig, das ist eine Kommission von vielen, die jetzt ihr Mischmodell vorgestellt hat. Also bloß keine Panik, das Beste kommt noch.

Diese nach dem gleichnamigen Staatssekretär mit Recht so genannte Kroppenstedt-Kommission, er selbst nennt den Laden lieber Arbeitsstab, hatte sich mit dem überaus schwierigen Problem zu befassen, wie man den Kernbereich des Regierens definiert, ohne jemanden zu beleidigen.

Die einfachste Lösung, die sogenannte horizontale, ist das Abschneiden der Leitungsebene: Minister und unmittelbare Mitarbeiter nebst Staatssekretären und deren Büros werden nach Berlin umgesetzt, sorgen dort für eine weitere Steigerung der Grundstückspreise und vertreiben sich ansonsten die Zeit mit Regieren. Das Ministerium bleibt in Bonn und arbeitet. Diese grundsätzliche Unterscheidung von Regieren und Arbeiten ist das große Verdienst der Kroppenstedt-Kommission, und damit man das nicht so schnell merkt, nennt man die abgeschnittenen Berliner Regierer auch »Kopfstellen«.

Der Bundeskanzler hat's aber doch gemerkt und fürchtet nun, dass er bei konsequenter Anwendung des horizontalen Prinzips in Berlin ziemlich alleine wäre mit Kroppenstedts Kopfgeburten und im Prinzip das Regierungsviertel in Berlin kaum mehr als ein leicht vergrößerter Kabinettssaal wäre. Das fand er gar nicht gut, deshalb ließ er seinen Innenminister Schäuble dessen Staatssekretär Kroppenstedt auftragen, auch die vertikale Lösung mit einzubauen, nämlich die Umbettung ganzer Ministerien.

Das widerspricht zwar massiv dem Bundestagsbeschluss, weil ein ganzes Ministerium nicht Kernbereich sein kann, es sei denn, ich definiere bestimmte Ressorts wie das Auswärtige zum Kernbereich, andere zu Randerscheinungen. Dafür spräche inhaltlich zwar einiges, aber das ließe sich wegen der Ressorteitelkeiten nicht durchsetzen. Und wenn zwei Modelle nicht anwendbar sind, dann mischt man sie eben. Das geht zwar noch weniger, aber man kann dann sagen, man habe ein Kompromissmodell vorgestellt. Wenn Sie jetzt gar nichts mehr verstehen, müssen Sie nicht traurig sein. Es liegt nicht an Ihnen, sondern daran, dass sich die Damen und Herren Volksvertreter am 20. Juni nichts gedacht haben. Das ist zwar auch nichts Besonderes, aber manchmal fällt's auf.

Zulagen

Eine der schönsten Begleiterscheinungen des Umzugs von Bonn nach Berlin waren die Debatten um den »Luxus-Umzug« der Beamten. Immer mal wieder wurden Einzelheiten bekannt über die Umzugsplanungen, die im Wesentlichen von Beamten des Innenministeriums gemacht wurden. Und die für sich und Ihresgleichen natürlich allerfeinste Bedingungen schaffen wollten. Dieser böse Verdacht war selbstverständlich völlig unbegründet.

Da müssen die Damen und Herrschaften was falsch verstanden haben. Frau Tiemann vom Steuerzahlerbund und Herr Rexroth von der Bundesregierung: »Keine Extrawurst für Beamte«, hat der getönt und »Kein Luxus-Umzug«. Davon ist doch auch gar nicht die Rede. Sondern nur von dem, was den Bonner Beamten zusteht. Der Beamte hat ein Recht auf Anspruch. Das ist das Erste Gebot in der Bibel des öffentlichen Dienstes. Das zweite: Oberster Anspruch ist der auf Zulagen. Das unterscheidet den Beamten vom Menschen, und das gilt nicht nur für Beamte, sondern für Staatsdiener in jedwedem Aggregatzustand.

Die Zulage ist das Lebenselixier des öffentlichen Dienstes: Da ein Staatsdiener immer irgendwo und nicht nirgends tätig sein kann, bekommt er zum Dank dafür die Ortszulage. Weil er in seinem unermüdlichen Einsatz fürs Ganze nicht nackt herumsitzen kann, gibt's eine Bekleidungszulage. Wer Minister ist, bekommt nicht nur ein Ministergehalt, sondern auch eine Ministerialzulage, wer im Dienst wirklich arbeiten muss, eine Erschwerniszulage und so fort: Was immer ein Staatsdiener tut oder unterlässt, wird mit einer Zulage quittiert, da kann er gar nicht ausweichen.

Nun stellen wir uns mal einen idealen Bonner Beamten vor, der seit

20 Jahren im Innenministerium für Beamtenfragen zuständig ist. Der hat seine Karriere sorgfältig danach geplant, wo ihm die größtmögliche Fülle an Zulagen zuteilwird. Und das war zum Beginn seiner Karriere die Hauptstadt Bonn. Was kommt dem zuallererst in den Sinn, wenn Bonn nicht mehr Hauptstadt ist? Richtig: Die Fortgeltung der Hauptstadtzulage für alle Bonner Bundesbediensteten, weil sie ja schließlich nichts dafür können, dass die Politiker so merkwürdige Entscheidungen treffen. Und wenn es denn ernst wird mit dem Umzug, muss Vorsorge getroffen werden, dass das Zulagenwesen nicht erschüttert wird. Nachdem am 13. April 1992 ein Erdbeben das Bundesdorf am Rhein heimgesucht hatte, forderten Abgeordnetenmitarbeiter eine Erdbebengefahrenzulage, für die bei einem Umzug nach Berlin selbstredend ein Ausgleich fällig würde, eine Erdbebenzulagen-Ausfallzulage also. Nach diesem Beispiel darf uns eigentlich nichts mehr wundern.

Was macht also der Bonner Beamte, wenn der Umzug tatsächlich näher rückt? Er schaut nach, worauf er Anspruch hat. Nämlich darauf, dass ihm der Umzug finanziert wird, dass er am neuen Dienstort nicht mehr Miete zahlt als am alten, dass ihm die Heimfahrten beziehungsweise -flüge bezahlt werden, dass er Trennungsgeld bekommt für die Zeit, da er seine Lieben nicht sieht – alles total normal. Und damit ihm das, was ihm zusteht, auch garantiert niemand streitig macht, formuliert der ideale Bonner Beamte einen Gesetzentwurf, in dem das alles festgezurrt und noch ein bisschen draufgesattelt wird. Zum Beispiel Heimflug am Donnerstagabend und Rückkehr nach Berlin erst am Montagabend.

Und das ist noch ganz zurückhaltend formuliert. Schließlich könnte der nach Berlin befohlene Beamte auch eine Erschwerniszulage fordern oder eine Großstadt-Schmutzzulage oder ein angemessenes Buschgeld – die in die neuen Länder transferierten West-Beamten kriegen das schließlich auch. Zulagen sind auch für Fremdsprachenunterricht üblich – wer weiß schließlich, ob da in Berlin überhaupt Deutsch gesprochen wird und wenn ja welches. Rheinisch sicherlich nicht. Man könnte das Ganze natürlich durch eine neugefasste Hauptstadtzulage regeln, die für jeden umziehenden Beamten das doppelte Gehalt bedeutet. Dann wäre das Problem aus der Welt. Aber der Steuerzahler ist ja so knausrig, daraus wird sicher wieder nichts.

Bayern nach Berlin

Im Umzugsvorbereitungs-Getriebe wurde so manchem bald klar, dass in der neuen Hauptstadt Berlin nicht alles zum Besten steht und auch nicht auf die Schnelle zum Besten gebracht werden könne. Zum Beispiel was die Lage des Fußballs in Berlin anbelangt. So kam es im Oktober 1995 zu einer denkwürdigen Debatte.

Unser aller Kanzler sticht Spaten: Übermorgen steigt der Dicke in den Berliner Untergrund, um ein paar Kubikzentimeter märkischen Sandes zu bewegen und damit symbolisch 4,5 Milliarden Deutsche Mark lockerzumachen. Für den Tunnel unter dem Berliner Regierungsviertel. Der Termin macht Sinn, denn neun Tage später – am 22. Oktober – wird in Berlin gewählt, und da muss man dem geneigten Publikum schnell noch zeigen, wie finster man entschlossen ist, die Milliarden zu Ruhm und Ehre der Bundeshauptstadt in derselben zu verbuddeln. Auch demonstriert man auf diese Weise, dass der Umzug nach Berlin aufs ernsthafteste betrieben wird.

Was aber alles nichts nützt, denn jeder weiß, dass Berlin zur Sättigung seines überdimensionalen Selbstbewusstseins keinen Tunnel und erst recht kein Kanzleramt oder Ähnliches braucht, sondern spektakuläre Großveranstaltungen, sportliche zumal. Seit die Bewerbung für Olympia 2000 hübsch dilettantisch in den Sand gesetzt wurde, ist die Begehrlichkeit des Berliners als solchem diesbezüglich ins Unermessliche gewachsen. Und da kommt ein Vorschlag aus Bonn gerade recht.

Ein Bonner Bürger nämlich hat einen Brief an Bundesinnenminister Kanther geschrieben zwecks »Anregung eines Bundestagsbeschlusses zum Verlegen eines Bundesliga-Fußballvereins nach Berlin«. Besagter Briefschreiber ist voller Sorge um die Reputation der Hauptstadt, die »als einzige mir bekannte europäische Metropole keinen Fußballverein in der höchsten Spielklasse des Landes besitzt«. Nun wissen wir alle, dass mit Hertha BSC und Tennis Borussia oder gar Blau-Weiß kein Bundesliga-Blumentopf zu gewinnen ist, da mögen Politiker und Fußball-Funktionäre noch so manipulationsbereit sein. Also soll der Beschluss des Bundestages lauten: »Der 1. FC Bayern München wird innerhalb von zwölf Monaten nach Berlin verlegt und trägt dann die Bezeichnung 1. FC Berlin.«

Das leuchtet ein. Allerdings müsste dann gewährleistet werden, dass München 1860 auf jeden Fall an der Isar bleibt; nicht dass der Bundeskanzler in zwei Jahren auf die Idee kommt, im Dienste des allgemeinen Rutschbahneffekts müssten nun alle Münchener Bundesligavereine nach Berlin. Man kennt das ja. Zu warnen ist auch vor einer weiteren Folgewirkung: Wenn der Transfer deutschen Spitzenfußballs nach Berlin gelungen ist, könnte so mancher auf die Idee kommen, statt der Politikerluschen auch auf diesem Gebiet Spitzenkräfte haben zu wollen. Eine richtig professionelle Regierung zum Beispiel oder einen effektiv arbeitenden Bundestag oder gar – absolute Hybris – eine richtig funktionierende Opposition.

Da lassen wir mal lieber alles beim Alten, weil mit dem Bayern-Umzug nach Berlin ein nicht zu unterschätzender Mitnahmeeffekt verbunden ist: Chef der Bayern ist ein gewisser Franz Beckenbauer, genannt der »Kaiser«. Der würde dann ja auch in die Hauptstadt ziehen. Und wenn die Berliner wieder einen Kaiser haben, brauchen sie sonst nichts mehr. Was den Rest der Republik ungeheuer beruhigen wird.

Haut bloß ab

Anfangs sollen die Bonner ja ganz schön gejammert haben, weil sie der Hauptstadtwürden verlustig gehen sollten. Aber das ist erstens eine Legende, und sollte sie zweitens doch ein bisschen zugetroffen haben, dann entbehrte sie nach kurzer Zeit jeglicher Grundlage. Weil der Rheinländer sich bekanntlich stets sagt: »Et kütt, wie et kütt« (Es kommt, wie es kommt). Und vor allem: »Et hätt noch immer joot jejange« (Es ist noch immer gut gegangen). Woraus logischerweise folgt, dass der Bonner als solcher sich sehr bald wie jeck darauf freute, den ganzen Regierungs- und Parlamentstrumm endlich loszuwerden.

Ach, wird das schön, wenn die alle endlich weg sind, die Volksvertreter und Regierenden, all die Großsprecher und Wichtigtuer und Sonntagsredner und Pöstchenjäger und Absahner. Wenn die erst mal alle in Königsberg oder Danzig ihres Amtes walten – ach, das gehört uns noch nicht? Na, dann wird's aber Zeit, keine halben Sachen, Freunde. Also jedenfalls ist der echte Rheinländer heilfroh, wenn diese Stinkstiefel endlich mal raus sind aus dem schönen Bonn am Rhein.

Ja, sicherlich, als die Entscheidung für Berlin über das Rheinland gekommen war, da erhob sich zunächst großes Jammern und Wehklagen. Wo doch jeder weiß, dass von Preußen noch nie etwas Gutes gekommen ist. Konrad Adenauer, der alte Fuchs, hat doch nicht von ungefähr lieber ein freies Rheinland gründen wollen als sich von den Preußen vereinnahmen zu lassen. Zu Berlin fiel ihm ein: »Ich habe hier schon immer das Gefühl gehabt, in einer heidnischen Stadt zu sein.« Dieses Votum wird jedem Rheinländer, der ja von Haus aus der barocken Katholizität aufs heftigste zuneigt, sogleich einleuchten. Und von daher ist der Jammer verständlich, der das Rheinland angesichts der Berlin-Entscheidung erfasste.

Allein – dem Rheinländer eignet eine Form von Lebensbejahung, die über derlei Unbilden und Anfälle von Wehleidigkeit schnell hinweghilft. Schon bald sagten sich die Bonner: Haut doch ab, all ihr Politiker und Ministerialbürokraten und Volksvertreter, weg mit Schaden – herrliche Zeiten werden kommen zu Bonn am Rhein.

Zunächst mal für die Sprengmeister. All die großen Ministeriumsklotzundprotzbauten, die Betonburgen und Asbestgruften und PVC-Schlösser, vom Feuchtbiotop Schürmann-Bau ganz zu schweigen – weg damit. Und damit auch der ganze Beamtenmief. Niemand kann doch ernsthaft glauben, dass das Bonner Klima etwas mit dem Wetter zu tun hat. Das erzählen uns die Meteorologen, elende Hilfswissenschaftswürmer, bestochene Domestiken der jeweiligen Obrigkeit, die den Bonner Dunst immer mit dem Rheintal und mit Inversionswetterlage und ähnlichem Humbug erklären. Nein, das ist nichts als Staub und Muff und Moder von vierzig Jahren Beamtenhauptstadt. Und wenn das alles mal weggesprengt ist, dann muss man nur noch einen Trupp Kammerjäger durchs Parlaments- und Regierungsviertel scheuchen, auf dass der die hochresistenten Beamtenmilben vertreibe.

Und dann bestellen wir bei der Firma, die diese schönen Bahnhöfe und Burgen und Dörfer und Bauernhöfe für die Spielzeugeisenbahnen baut, eine schöne schnuckelige rheinische Provinzstadt aus dem Biedermeier. Mit Fachwerk und Butzenscheiben und Torbögen und Gaslaternen und Schieferhäuschen und Katzenkopfpflaster auf den Straßen – ach, wird das eine Pracht. Das ganze elende 20. Jahrhundert weg, die ganze pseudomoderne Fassade weg, und Bonn ist wieder das, was es sowieso schon immer war. Zentraldorf eines Duodezfürstentums, ein Warmlaufplatz für Hofschranzen, Halb- und Geldadel. Nur die Kulisse hat nie gestimmt. Also weg mit den Hofschranzen und her mit der richtigen Kulisse. Da wird es nur so krachen vor Gemütlichkeit. Ein paar Gebäude können wir ja stehenlassen. Die Universität natürlich, das Poppelsdorfer Schloss, die alten Bürgerhäuser – logisch. Und auch im Parlamentsviertel gibt es durchaus Erhaltenswertes: Die ehemalige Pädagogische Hochschule zum Beispiel, also der alte Bundestag. Daraus machen wir einen Paukboden für die schlagende Verbindung Rhenania, vielleicht kann man auch die Schürmann-Bauruine so lassen, wie sie ist. Ein Wasserschloss mit innenliegendem Schwimmbad, Irmgard Schwaetzer als Bademeisterin, das hätte doch was. Auch als Touristenattraktion.

Auch das alte Wasserwerk könnte bleiben, als Parlamentsmuseum im Maßstab eins zu eins. Da setzt man dann altgediente Parlamentarier rein – schließlich gibt es einen ganz rührigen Verein ehemaliger Parlamentarier, deren Mitglieder etwas unterbeschäftigt sind. Und dann sitzen da Parlaments-Oldies in wechselnden Besetzungen und mimen für die Besucher aus Japan deutsche Demokratie im Puppenstübchen. Das wird ein Riesengeschäft, und unterdessen haben die Berliner den Ärger mit dem real existierenden Parlaments- und Regierungstheater. Das haben sie dann davon.

Kohlrabien

Eins der putzigsten Probleme mit der deutschen Einheit bestand darin, wie man das neue große Deutschland denn nun nennen sollte. Logisch wäre ja gewesen, beide alte Bezeichnungen – BRD und DDR – auf den Misthaufen der Geschichte zu werfen und was Neues zu erfinden. Ja, sicher. Aber Politik ist nicht logisch.

Wie nenne ich das neue Kind, das deutsche, die alte DDR also, die jetzt auch uns gehört? Ein Riesenproblem, obwohl es längst erledigt ist: Der Volksmund spricht weiterhin von Ost und West oder von Deutschland (also hier) und drüben, und offiziell heißt das ganze Gebilde Bundesrepublik Deutschland, wie sich das nach einer freiwilligen und bedingungslosen Unterwerfung unter den Stärkeren auch gehört. Allenfalls könnte man von »Reich« und »Ostmark« reden, wenn diese Begriffe nicht so merkwürdig besetzt und außerdem geographisch falsch wären.

Allerlei Aktionen und Wettbewerbe aber zur Namensfindung für das neue Deutschland insgesamt, und für die alten Teile je für sich, erscheinen denn doch recht albern und überflüssig. »Die fünf neuen Bundesländer«, diese Amtsschimmelformulierung hat in den Redaktionsstuben von Zeitungen, Rundfunk und Fernsehen längst obsiegt, obwohl »neu« bei manchen Ländern auch ziemlich hanebüchen ist, wenn man ihre Geschichte betrachtet. Weshalb der Name »ost- und nordelbische Länder« eine gute Karriere machen könnte – wenn »ostelbisch« wiederum ebenfalls nicht so merkwürdig besetzt wäre.

Wenn also schon eine korrekte Bezeichnung für die ehemalige DDR schwer zu finden ist, warum dann nicht eine treffende. Einige *Spiegel*-Leser haben da probate Vorschläge gemacht: ÖGDW zum Beispiel für Östlicher Geltungsbereich der Westmark; oder Ossinesien, was zumindest klanglich einiges für sich hat, während WBZ für Westdeutsch besetzte Zone zwar die Wahrheit, aber kaum den Mehrheitsgeschmack treffen dürfte.

Den Vogel allerdings schießt dieser Vorschlag ab: Kohlrabien. Da wird zum einen dem größten Bundeskanzler aller Zeiten ein allgemeines Denkmal gesetzt, eine anmutige Assoziation zum Kohlrabi schwingt mit, einem Knollengemüse, dessen Beiname Oberrübe zu den allerliebsten Seitengedanken Anlass gibt; und da Kohlrabi zu den Gewächsen des Gemüsekohls gehört, eignet ihm auch all das Vortreffliche, was unser aller Bundeskanzler an dem nach ihm benannten Nahrungsmittel zu rühmen weiß: »Kohl bläht, aber ernährt seinen Mann.«

Schließlich schwingt in »Kohlrabien« etwas verträumt Orientalisches mit, und wenn man dann noch die politische Einfärbung des neuen Deutschland betrachtet, das als kohlrabenschwarz sicherlich nicht falsch eingeschätzt wird, dann haben wir in diesem Begriff ein Ensemble von Tiefsinn und Symbolik, das durch nichts zu übertreffen wäre.

Was nichts nützt. Auch die EX-DDR heißt jetzt eben BRD, und man könnte allenfalls die Anregung einiger Grüner wieder aufnehmen, die »BRD« zu Zeiten der Flick-Affäre als »Bananenrepublik Deutschland« ausschreiben wollten. Jetzt gälte dieser Name auf ganz neue Weise: Weil doch inzwischen in ganz Deutschland Bananen zu kaufen sind und, wie man hört, die Möglichkeit des Erwerbs dieser Südfrucht für viele das Motiv zur Revolution gegen die bösen alten Männer in Wandlitz war, hätte »Bananenrepublik Deutschland« etwas vom unverlierbaren Reiz der Richtigkeit. Aber vernünftige Vorschläge will ja keiner hören. Und bei den spleenigen ist »Kohlrabien« nun mal unschlagbar.

Bonner Sprachwart

So einfach, wie das klingt, war es aber nun doch nicht. Zwar durfte das neue große Deutschland offiziell »Bundesrepublik Deutschland« heißen, aber damit war noch lange nicht geklärt, wie man die alten Teile des neuen Ganzen denn nun nennen durfte respektive musste. Aber auch für so was gibt es natürlich Spezialisten.

Ja, das habt ihr euch so gedacht: Die hochsensible Materie der deutschen Einheit, Unterabteilung Sprache, euch mit Flapsigkeiten vom Leib halten zu können. Ossi und Wessi und Zoni und alte und neue Bundesländer oder frühere BRD und frühere DDR – nein, derlei lässt der Bonner Sprachwart, immer das Deutsche als solches im Auge, nicht durchgehen. Dieser Sprachwart ist ein kollektives Wesen, nämlich die Arbeitsgruppe VI/1 im Bundesinnenministerium, die in wochenlanger Arbeit die unendlich wichtige und unendlich schwierige Frage zu klären hatte, wie denn nach der Vereinigung der beiden Deutschländer die Grundelemente dieser Vereinigung korrekt zu bezeichnen wären.

Also zunächst einmal ist es grundfalsch, »ehemalige Bundesrepublik« zu sagen, wenn von der ehemaligen Bundesrepublik die Rede ist. Ja, da möge sich dem Sprachfrevler doch die Zunge verknoten. Das heißt nämlich richtig: »Bundesrepublik Deutschland nach dem Gebietsstand bis zum 3. Oktober 1990«. Ist doch klar. »Bundesrepublik Deutschland vor dem 3. Oktober 1990« ist auch falsch, sagt der Sprachwart, weil dieselbe doch vor und nach dem 3. Oktober dieselbe war, ja, da schaut der Laie ganz verdutzt. Und »ehemalige Bundesrepublik« ist ja so was von verkehrt, weil doch »die Bundesrepublik nicht untergegangen ist und mit sich selbst identisch ist«, sagt der Sprachwart wörtlich. Und das mit der Identität hat ihm so gefallen, dass er gleich nachlegt: Nur Bundesrepublik darf man die alte Republik-West auch nicht nennen, weil – und jetzt Obacht – »die Identität und Kontinuität mit der nach dem Beitritt vergrößerten Bundesrepublik Deutschland in Frage zu ziehen geeignet ist«. Ja, das erfinde ich doch nicht, das ist deutsche Beamtenwirklichkeit, vor und nach dem 3. Oktober.

Leicht ist die Frage zu beantworten, wie die alte DDR zu benennen sei, nämlich Deutsche Demokratische Republik oder DDR oder ehemalige Deutsche Demokratische Republik oder ehemalige DDR. Klare Sache. Ja, aber jetzt nicht leichtfertig werden: »frühere DDR« ist völlig abwegig, weil doch »früher« einen Gegensatz zu »später« suggeriere, und dieses »Später« gebe es wegen des Untergangs der DDR nicht. Also gut, das ist sprachwissenschaftlich betrachtet zwar ziemlicher Blödsinn, aber andererseits doch allerliebst.

Und nun die kaum noch für möglich gehaltene Steigerung des um sein Land und die korrekte Benennung desselben unermüdlich sich sorgenden Bonner Beamten: Wie nenne ich denn jetzt, nach der Vereinigung, den Westteil der Gesamtrepublik? Nein, nicht so, sondern so: »Das Gebiet der Bundesrepublik Deutschland nach dem Stand bis zum 3. Oktober 1990« oder »das Gebiet der Bundesrepublik Deutschland mit Ausnahme des in Artikel 3 des Einigungsvertrages genannten Gebiets«. Das find' ich schöner.

Wem das noch nicht reicht, für den habe ich noch eine Zugabe: BRD darf man jetzt sagen, und zwar für das ganze Deutschland, das ja jetzt Bundesrepublik Deutschland heißt. Dieses Kürzel ist nicht mehr verfemt, weil es, so der Sprachwart, »ideologische Gehalte nicht mehr transportiert und den Fortbestand Deutschlands in Frage zu stellen nicht mehr geeignet ist«. Bloß schöner findet der Sprachwart die Abkürzung D, weil BRD doch »angesichts der ideologischen Behaftetheit im separatistischen Sinne« eher zu vermeiden wäre. Und da sage noch einer, der deutsche Beamte habe keinen Humor. Er ist, um es mal so zu sagen, der »humoristischen Behaftetheit« hinlänglich überführt.

Die Indehnung des Parlaments

Ein weiteres Problem: Was mache ich mit den Brüdern und Schwestern drüben, die nunmehr nicht mehr »drüben« sind, sondern eingemeindet. Speziell: Was mache ich mit den Vertretern des dazugekommenen Volkes. Mit anderen Worten: Auch im August 1990 ging es mal wieder, wie so oft in der Geschichte des deutschen Parlamentarismus, um Sitze und Sitzordnungen.

Jetzt haben wir die Politik endlich da, wo sie hingehört: reduziert auf die alles beherrschende Kernfrage der räumlichen Ausdehnung. Nachdem entschieden ist, dass die Bundesrepublik sich auf DDR-Gebiet ausdehnt – ein fälschlicherweise unter dem Titel »Beitritt der DDR zur BRD« firmierender Vorgang –, muss sich auch die Bonner Volksvertretung ausdehnen – wenigstens bis zum neuen Wahltermin.

Das geht aber nicht.

Nicht etwa weil die Bundesbürger die 144 Volkskammerabgeordneten gar nicht gewählt haben, die jetzt in ein ebenfalls nicht durch Wahl, sondern per Dekret zustande gekommenes Beitritts- respektive Ausdehnungsparlament einrücken – so genau wollen wir das mit der parlamentarischen Demokratie doch bitte nicht nehmen. Es geht schließlich um Größeres.

Um ein größeres Parlament zum Beispiel, und das geht nicht, weil da in Bonn nichts mehr zu vergrößern ist. Bautechnisch gesehen. Und das neue Bundeshaus ist noch im Rohbau – höchstens für Open-Air-Demokratie geeignet. Und ob der Bundestag nach Berlin umzieht, das muss er erst noch beschließen.

Also erfindet die deutsche Politik die Ausdehnung nach innen. Die Indehnung sozusagen, ein Phänomen, das bislang nur aus Physik und Chemie bekannt war. Das ist wie bei der randvollen Tasse Kaffee, die nicht überschwappt, wenn man ein Stück Zucker dazugibt. Weil die Moleküle freie Plätze innen besetzen.

Das Bonner Wasserwerk ist aber kein Kaffee, nicht mal kalter, will sagen, keine volle Tasse, sondern da ist es schon so eng, dass Kaliber wie Torsten Wolfgramm von der FDP, Hans-Jürgen Wischnewski von der SPD oder Helmut Kohl von dieser Wieheißtsienochgleich-Partei große Probleme mit ihren Abgeordnetenstühlchen haben.

Und die Sitzflächen derselben – der Stühlchen, nicht der Herren – werden jetzt noch schmaler. Eine Indehnung von 50 auf 40 cm ist im Gespräch, eine Sitzprobe folgt auf die andere, nicht nur im Plenum, auch in den Fraktionssälen herrscht hektisches Auf und Nieder, das Maßband wird zum Maß der Politik, endlich eine allen Politikern angemessene Beschäftigung. Auch die Tische in den Fraktionssälen müssen kleiner werden, so dass die Ablagefläche für Volksvertreteroberkörper bedrohlich verknappt wird.

Alles rückt aneinander, ineinander, nur schunkelnd werden die Abgeordneten noch aufstehen und hinsitzen können, zur besseren Anpassung ans neue politische Maß kauert sich der Parlamentarier zur embryonalen Eiform zusammen, ineinandergekuschelt werden 663 Abgeordnete – oh diese Zahlensymbolik – zu einem Gesamtembryo verschmelzen, und der wird irgendwann vor dem 2. Dezember wie in intergalaktischen Kraftfeldern in sich selbst zusammenschnurren. Wenn wir am Wahltag die Pforten des Wasserwerks öffnen, wird nur noch ein Schwarzes Loch da sein.

Aber auch damit werden wir leben können.

NVA in die Bundeswehr

Noch ein Problem gefällig? Was machen wir mit der ehemaligen Polizei, Volkspolizei und Volksarmee der DDR? Also mit lauter staatlich geprüften Staatsfeinden der ehemaligen Westrepublik? Große Debatten, große Aufregung.

Ich verstehe die ganze Aufregung nicht: Warum sollen denn Volksarmeeoffiziere nicht in die Bundeswehr. Entweder wir wollen die deutsche Einheit in den Grenzen von was weiß ich, oder wir wollen sie nicht. Wenn wir sie wollen, dann aber auch richtig. Dann kann man die Wende-Offiziere doch nicht einfach aus der Gemeinschaft der Neu-Demokraten ausschließen. Und überhaupt: Wer bitte sollte denn besser für konsequente Abwehr der internationalen Verschwörung gegen die deutsche Einheit geeignet sein als ehemalige NVA-Offiziere? Die sind jahrzehntelang gedrillt worden, nicht nur militärisch, sondern vor allem auch ideologisch. Gegen die aggressive, revanchistische, militaristische Kriegshetze der fortschrittsfeindlichen Vasallen des US-Imperialismus in der BRD.

Merken Sie was? Das muss man doch jetzt nur noch umdrehen. Einmal den Schalter betätigt, und schon stehen und fallen die Jungs im Kampf gegen die Aggression aus dem Osten, Westen, Süden, Norden, bolschewistisch, imperialistisch-dekadent, mediterran-verweichlicht – man muss nur ein ordentliches Feindbild neu einfüttern, schon läuft die Chose. Am besten wäre natürlich das genaue Gegenteil vom bisherigen NVA-Feindbild. Der Wendehals liebt die 180-Grad-Drehung, alles darunter oder darüber-hinaus macht ihn schwindelig. Also: Die Bedrohung durch die Hochrüstung der Sowjetunion besteht fort, die Schalmeienklänge aus Moskau können uns nicht daran hindern, unsere Bevölkerung auch fürderhin vor dem Tag zu bewahren, an dem der russische Panzer im Vorgarten steht.

Das ist es doch, was in letzter Zeit fehlt – ein präzises Feindbild. Es ist immer noch A und O der NATO-Strategie, aber immer mehr Dummköpfe behaupten, über Feindbilder müsse nachgedacht werden. Nein, nein, Freunde, so geht das nicht, dann könnte man doch die Bundeswehr gleich auflösen und die NATO gleich mit. Und das wollen wir doch vermeiden. Also: NVA rein in die Bundeswehr, dafür können ein paar Offiziere mehr in den Vorruhestand geschickt werden, der Steuerzahler freut sich, vielleicht wird auch das Unteroffiziersproblem durch Zuwachs aus dem Osten bald gelöst – und stellt euch vor, bei Paraden vor der Villa Hammerschmidt endlich wieder der Stechschritt – es wär doch zu und zu schön.

Ein vorübergehendes Problem könnte es mit dem Radikalenerlass geben. Da haben wir ja jahrzehntelang die freiheitlich-demokratische Grundordnung sauber gehalten von Leuten, die in der DKP waren oder auch nur mit ihr sympathisierten – kein Kommunist zur Bahn, Post, an die Schulen, erst recht nicht zur Bundeswehr, klaro. Die werden jetzt ganz schön jammern, aber da müssen wir durch. Schließlich haben wir denen doch immer gesagt: Geht doch nach drüben, wenn's euch hier nicht passt.

Aber die nölten immer rum: Grundgesetz, keine verbotene Partei, Rechtsstaat – so'n Quatsch. Nichts als feig-faules Pack, hier den Bagger aufreißen und es sich im öffentlichen Dienst bequem machen wollen. Nein, da sind die Militärkader von drüben doch aus anderem

Holz. Haben ordentlich zu ihrer Überzeugung gestanden, dieselbe gewechselt, als es an der Zeit war, und jetzt stehen sie treu zu unserer Werteordnung, da könnt ihr Gift drauf nehmen. Diese wankelmütigen Halbintellektuellen lass mal schön raus aus dem Stasi – äh, Staatsdienst. Wer denkt, dient schlecht.

Vielflieger

Gar kein Problem: Was machen wir mit den Sachen aus dem Osten, die noch verwertbar seien – außer Polizisten und Soldaten. Mit Flugzeugen zum Beispiel? Na klar: Übernehmen wir!

Nur Regieren ist schöner, aber seltener, und deshalb verlegen die Politiker sich lieber aufs Fliegen. Nicht nur der mit den großen Ohren, der ist natürlich einsame Spitze und nur noch von diesem Herrn Wojtyla aus Polen in der Nähe von Rom übertroffen. Dabei wäre es ein Irrtum anzunehmen, dass der Politiker fliegt, um irgendwo anzukommen. Sicherlich entsteht gelegentlich dieser Eindruck, und zwar bei denen, die das Prinzip noch nicht so vollkommen beherrschen wie eben der mit den großen Ohren. Hans-Dietrichs großes Lebensziel ist – das weiß inzwischen jeder – sich irgendwann einmal in der Luft zu begegnen. In zwei Flugzeugen gleichzeitig sitzend. Dann ist Fliegen als Lebensform endgültig erreicht. Und dann kann getrost ein anderer Außenminister werden. Damit Politiker immer und überall in der Lage sind, sofort wegzufliegen, gibt es die Flugbereitschaft der Luftwaffe, auch Stoltenberg-Airlines genannt. Auf die haben natürlich die Großkopferten zuallererst Anspruch: Dem Bundespräsidenten, dem Bundeskanzler, dem Außenminister stehen eigene Boeings zur Verfügung, zum Teil ziemlich alte Socken, weshalb man auch munkelt, dass man die Firma Interflug mit Absicht in die Pleite hat rasseln lassen, damit Stoltenberg-Airlines die drei neuen Airbusse der bankrotten Ossis übernehmen kann. Wird natürlich heftig dementiert, was ziemlich deutlich darauf schließen lässt, dass es stimmt.

Aber auch die jetzigen Maschinen sind schön komfortabel: Mit Funkraum und Schlafgemach und allem Schnickschnack ausgestattet, so dass Herr Kohl und Herr Weizsäcker und Herr Genscher sich fühlen kann wie zu Hause auf dem Sofa. Das politische Fußvolk hat's nicht ganz so gut: Nur wenn's pressiert, hat auch der normale Abgeordnete ein Recht auf Anspruch, will sagen: Wenn eine Bundestagswoche länger als üblich gedauert hat, also bis freitags nachmittags statt bis 11.30 Uhr, dann darf die Frau oder der Herr Volksvertreter mit Hilfe der Flugbereitschaft zu Vatern oder Muttern eilen. Sonst muss er den normalen Flieger nehmen oder die Bundesbahn oder das Auto – natürlich kostenfrei, bezahlen ist verpönt.

Damit wir aber irgendwann einmal dem Idealzustand Fliegen als Lebensform näherkommen, hat man sich die Geschichte mit Bonn und Berlin einfallen lassen. Berlin als Bundeshauptstadt, Bonn als Parlaments- und Regierungssitz – nur diese oder eine vergleichbare Lösung stellt sicher, dass das Flugzeug der zentrale Lebensraum werden kann. Schon heute fliegen täglich bis zu 200 Bonner Ministerialbeamte nach Berlin oder zurück, zum Wochenende hin bis zu 300, immer im eigens dafür eingerichteten Shuttle-Dienst der Stoltenberg-Airlines.

Das ist der Test für den Ernstfall: Wenn das alles einmal eingespielt ist mit Bonn und Berlin, soll sich alles im Flugzeug abspielen. Parlaments- und Kabinettssitzungen, Ausschussberatungen, Anhörungen, Koalitionsverhandlungen. Nur Staatsbesucher werden noch auf dem Boden empfangen, entweder in Köln/Bonn oder Berlin/Tegel, beide Flughäfen werden für diese Repräsentationszwecke erheblich ausgebaut, aber auch für den normalen Dienstbetrieb: Abgeordnetenbüros, Bibliothek, wissenschaftliche Dienste und dergleichen werden auf den beiden Flughäfen untergebracht, alles andere passiert in der Luft – ein Jumbo-Jet wird zum Plenarsaal, ein kleiner Airbus zum Kabinett, der Bundesrat bekommt eine DC-10 oder den großen Airbus. Die Einheit von Fliegen und Politik wäre hergestellt, nur für den mit den großen Ohren müssten wir was anderes finden. Segelfliegen ohne technische Hilfsmittel. Wär doch was.

Neue Steuern braucht das Land

Und nun wieder ein Problem: Die deutsche Einheit wird schweineteuer. Das haben Oskar Lafontaine und andere Sozis zwar schon vorher gesagt, manche Grüne auch, aber dafür wurden sie als Vaterlandsverräter von den Wählern im Osten abgestraft. Als der Schleier der Freudentränen sich aber mal hob, sahen auch die anderen, dass da irgendwo richtig dicke Kohle ran musste, um das Jahrhundertwerk zu finanzieren.

Es ist schon ein Drama: Da sucht die fleißige Obrigkeit nach Möglichkeiten, die deutsche Einheit zu finanzieren, und man lässt sie nicht so richtig. Da ist der treue Untertan doch aufgerufen, mal mit zu überlegen, wie man ihm das Geld aus der Tasche ziehen kann. Also: Steuererhöhung geht nicht, weil das dummerweise versprochen ist, der Umweg über Gebühren und Abgaben ist schwierig, weil immer irgendwer dagegen ist, entweder die EU oder die Post – aber neue Steuern könnte man doch einführen. Keine Steuererhöhung heißt doch, dass keine schon bestehenden Steuern angehoben werden. Wenn ich aber neue einführe, erhöhe ich nur die Steuerquote. Und dass die nicht steigt, hat keiner versprochen, nicht direkt jedenfalls.

Also könnte man eine Junggesellensteuer einführen – so was hat's schon mal gegeben. Wer allein lebt, lebt unsozial, also: Steuern zahlen. Wer zusammenlebt, aber in wilder Ehe, muss auch zahlen, eine Art Fehlbelegungsabgabe, weil der belegte Lebenspartner nicht ordentlichen Verhältnissen zugeführt wird, das bringt Moos und hat gleichzeitig einen familienpolitischen Effekt.

Ja, und dann ist schon wieder Ebbe. Irgendwie müsste man an die Chromzierleisten des Lebens ran, aber die gehören meist den Reichen, und denen darf man nichts wegnehmen, das geht ordnungspolitisch nicht. Weil das Kapital flüchtig ist, scheu wie ein Reh, wie unsere Politiker nicht müde werden zu erklären, und wenn man dem Kapital ans Leder will, wandert es aus. Also gilt der alte Spruch: Wenn's nicht für alle reicht, springen die Armen ein. Wie wär's mit einer Balkonsteuer? Das wäre eine Art Luxussteuer für Arme, da käme ordentlich was rein in die Staatskasse. Und überhaupt: der Freizeitbereich. Eine Grünflächenabgabe könnte ich mir gut vorstellen, eine Park-Benutzungsgebühr, überhaupt eine allgemeine Nutzungsgebühr für öffentliche Straßen. Die Autobahnen lassen wir da raus, weil die EU nicht will, aber sonst: ein allgemeines Wegegeld, das der Bürger dem Staat zahlt, weil dieser jenen überhaupt herumlaufen und -fahren lässt. Und dann natürlich eine Benutzungsgebühr für Betrieb oder Büro. Das kann doch nicht angehen, dass das so einfach umsonst ist, dass man arbeiten darf.

Überhaupt muss man an diese Frage viel grundsätzlicher ran. Alle halten es für selbstverständlich, dass sie leben. Da geht's schon los. Der Staat sorgt doch dafür, dass dieses möglich wird. Also: Eine Lebensabgabe, dann eine Nahrungsgebühr, dann eine Bekleidungssteuer – irgendwie muss schließlich honoriert werden, dass wir nicht mehr wie die Neandertaler rumlaufen. Da kommt schon was zusammen, wenn man das konsequent macht, und wenn das nicht reicht, könnte man noch eine Art Portozuschlag machen wie damals das Notopfer Berlin. Wissen Sie noch, die schmalen blauen Zusatzbriefmarken zu zwei Pfennig?

Das ist keine Steuer, sondern eben ein Notopfer, und das ist doch gerade schwer im Kommen. Jeder Brief ab sofort mit mindestens fünfzig Pfennig Notopfer Deutschland, schön in schwarzrotgold, und in zwei Jahren spricht keiner mehr davon. Wie bitte? Von Deutschland? Nein, von Steuern und Gebühren natürlich.

Und wenn wir schon mal dabei sind: Eine Lebensfreudeabgabe könnte man auch einführen, wg. Deutschlandeinigvaterland, weil wir doch das glücklichste Volk auf der Welt sind. Und diejenigen, für die die deutsche Einheit die Erfüllung eines Lebenstraums bedeutet, zahlen einen Lebenstraumerfüllungszuschlag. Sozusagen im Rahmen des Verursacherprinzips. Da werden Theo Waigels Kassen aber klingen, dass es nur so eine Pracht ist.

Marx-Zitate

Nachdem Sozialismus und Kommunismus in Form von Denkmälern, Straßennamen, Schul- und Universitätsnamen einigermaßen ausgerottet sind, muss man nun an die Quellen ran. Da kommt der Vorschlag gerade recht, allerlei Publikationen nach Zitaten von Marx und Engels zu durchforsten und dieselben zu eliminieren. Von Lenin und Trotzki ganz zu schweigen.

Das wurde aber mal Zeit, wurde das aber. Was nützt es denn, irgendwelche Stasi-Bösewichter zu verfolgen oder Mauerschützen oder fürchterliche Juristen – das mag eine ganz nette Nebenbeschäftigung für die großdeutsche Öffentlichkeit sein, aber der wahre Vergangenheitsbewältiger geht doch an die Quellen, und das sind allemal die Ideen. Marx und Engels kann man nicht mehr bestrafen, Lenin wird schon überall vom Sockel gestürzt und möglicherweise auch umgebettet, aber was ist mit den geistigen Unholden, den Schreibtisch- und Schreibmaschinentätern. An die muss man ran, und da ist das mit dem Marx-Zitat ein wichtiger erster Schritt. Aber noch viel zu wenig, zu grobschlächtig vor allem, man muss da mit feineren Instrumenten arbeiten.

Zunächst mal brauchen wir eine Gesinnungsbehörde, die alle Bücher, Schriften, Doktorarbeiten, Habilitationen und dergleichen von Leuten, die im neuen Deutschland ein Amt anstreben, durchfilzt. Dazu braucht man ein Computerprogramm, das mit Marx und anderen einschlägigen Namen gespickt ist und in Windeseile die inkriminierten Wörter aussortiert. Im ersten Arbeitsgang werden Zitate oder Nennungen von Groucho Marx oder Marie Marcks oder Gisela Marx vorläufig ausgesondert, die sind nur in anderen Zusammenhängen verdächtig. Dann kommen die Negativverweise: Denn man muss ja aufpassen, dass man im Übereifer nicht die Falschen an den Pranger stellt.

Eberhard Diepgen zum Beispiel hat in seiner Zeit als Berliner RCDS-Vorsitzender mit Sicherheit irgendwelche Pamphlete gegen linke Studenten geschrieben, und möglicherweise kommt da auch das eine oder andere Mal der Name Marx vor. Mit dem Ausdruck von Ekel, Abscheu und Empörung versteht sich, und das muss man in Rechnung stellen, bevor man nun den armen Eberhard Diepgen des Amtes enthebt. Oder Helmut Kohl, der in einer seiner vielen Regierungserklärungen oder der sich in letzter Zeit bedrohlich häufenden Reden in Universitäten sicherlich mal den Namen Karl Marx in den Mund genommen hat, weil irgendein fieser Redenschreiber ihm das reingefummelt hat und Kohl nicht mehr zum Rausstreichen gekommen war, also da muss die Marx-Töter-Brigade dann schon aufpassen, dass sie im Überschwang nicht zu weit geht.

Nicht verdächtig sind natürlich die Leute, die Marx verurteilen, das versteht sich ja von selbst. Wer also in einer philosophischen Dissertation über die Wertformlehre bei Karl Marx und ihre Ableitung von Smith und Ricardo schon im Vorwort deutlich und streng wissenschaftlich formuliert: »Marx, die alte Sau«, ist selbstverständlich unverdächtig.

Aber Achtung: Allein die Tatsache, dass sich jemand unter dem Vorwand der wissenschaftlichen Betrachtung mit Karl Marx oder dem Marxismus beschäftigt, muss ihn zunächst verdächtig machen, und nur die eindeutige und wiederholte Distanzierung führt zur Löschung aus dem Schreibmaschinen-Täter-Register. Also zum Beispiel müsste alle zehn Seiten in einer größeren Veröffentlichung von dem verbrecherischen System des Marxismus die Rede sein oder von dem dümmlichen Denkansatz von Karl Marx oder seinem schmarotzerhaften Lebensstil. Wachsweiche Distanzierungen der Art, dass unter wissenschaftstheoretischen Aspekten die Mehrwertlehre von Karl Marx doch einigen Zweifeln unterlägen, können wir nicht gelten lassen. Hier muss Klarschiff gemacht werden, wer sich eines Marx-Zitates schuldig gemacht hat, kann am Aufbau des neuen Deutschland nicht teilhaben. Irgendwo muss man ja mal anfangen.

Enttarnungsfieber

Die deutsche Einheit holt den Westen ein, hieß es im Juni 1993. Weil Bernd Schmidbauer, der Geheimdienstkoordinator des Kanzlers, ein gigantisches Ausmaß von Landesverrat ausgemacht hatte. Zweitausend Spionagespuren hatte er angeblich in KGB-Akten gefunden, mehr als tausend Verfahren gegen Ost-Agenten aller Schattierungen hatte der Herr Staatsminister angekündigt: Abgeordnete, hohe Ministerialbeamte, Journalisten. Und? Ein halbes Jahr später war klar: Er hatte den Mund mal wieder zu voll genommen.

Natürlich stimmt es nicht so ganz, dass Bonner Politiker und Journalisten einander seit geraumer Zeit statt mit »Wie geht's?« mit »Na, auch schon enttarnt?« begrüßen. Aber ein bisschen schon. »Die Geschichte des Kalten Krieges muss neu geschrieben werden«, hatte Kohls 008 getönt. Und was ist dabei herausgekommen? Nicht mal den Karl Wienand haben sie festnageln können, der das Misstrauensvotum gegen Willy Brandt für denselben mit Stasi-Hilfe manipuliert haben soll. Nichts Weltbewegendes, lauter kleine Fische.

Jaja, wir wissen jetzt, dass Annette B. im Ollenhauer-Haus für die Stasi spioniert hat, das heißt, der gute alte Erich Mielke bekam die

Drucksachen aus der SPD-Zentrale immer pünktlich auf den Tisch, genau an dem Tag, als Bonner Korrespondenten den hochbrisanten Quatsch auch lesen konnten. Und Lutz K., in Bonner Journalistenkreisen als besonders rechter Knochen bekannt, hat im Auftrag des MfS die rechte Szene ausspioniert, wahnsinnig spannend das. Und die Stasi hat alle bedeutenden Westjournalisten lauschangegriffen – mich natürlich nicht, ich bin halt nicht bedeutend. Und bei der Schaltkonferenz der *Bild-Zeitung* waren sie auch immer mit einem Ohr dran – das gönn' ich denen, dass die den ganzen Schmier- und Schmuddel-Kram immer mithören mussten.

Und jetzt kommt die entscheidende Frage: Was machen wir mit den Enttarnten oder die mit sich selbst? Nach Ostberlin können sie nicht mehr, nach Moskau hat auch keinen Sinn, am Ende landet man bei Erich Honecker in Chile, und wer will das schon: Also bleiben sie hocken in ihren Amts- und Redaktionsstuben und Vor- und Hinterzimmern, mit angeklappten Ohren, immer in der Hoffnung, dass sie nicht zu den angeblich zweitausend Spuren gehören, von denen laut 008-Schmidbauer ohnehin nur noch sechshundert übrig geblieben sind. Stinklangweilig das. Was ist daran noch prickelnd, wenn man sowieso weiß, dass ganz offiziell über vierzig Stasileute jetzt als Bodyguards beim BKA arbeiten, dass die Gauck-Behörde zehn Stasis beherbergt und gar nicht genug von denen kriegen kann, weil die sich in Mielkes Firma halt so gut auskennen, dass insgesamt rund zweitausendsechshundert ehemalige Stasi-Mitarbeiter hochoffiziell beim Bund beschäftigt sind – in Ministerien und nachgeordneten Behörden und Einrichtungen.

Was, bitte sehr, ist da noch aufzudecken, wo ist der James-Bond-Flair geblieben? Alles total normal, alles Katasterbeamte, die so wahnsinnig aufregende Dinge wie die Tagesordnung der Sitzung von Helmut Kohls Kabinett an Ostberlin verraten haben – ach du liebes Gottchen, das kostet jeden normalen Journalisten am Mittwochvormittag einen Anruf, dann weiß er das. Hätte ich gewusst, dass man bei Erich Mielke Geld damit machen kann, wer weiß?

Was übrig bleibt vom Geheimsten aller Geheimdienste? 178 Kilometer Akten, Markus Wolf, der vor Gericht steht, weil er ein Land ausspioniert hat, dessen Bürger er unfreiwillig geworden ist, und die Erinnerung an die schönen alten Zeiten des Kalten Krieges, als es noch die

Romeos gab und die Bonner Julias, den Fahrstuhlmonteur, der von Mielkes Sexbiene zum Vaterlandsverrat verführt wurde, die BND-Tante, die dem spröden Charme einer besonders grauen Stasi-Maus erlag – dahin diese Zeiten, alles total normal jetzt. Irgendwie war das mit der deutschen Einheit doch keine gute Idee. Spionagemäßig gesehen.

Honecker auf Wildschweindecke

April 1994: Die Treuhand fordert von der PDS die Herausgabe von Kunstwerken aus der DDR-Zeit. Weil die Volkskammer das schon 1990 beschlossen habe. Die PDS habe der Unabhängigen Kommission zwar eine Liste über vierhundert Bilder ausgehändigt, wolle sie aber behalten. Weil der Besitz rechtmäßig ist, sagt ein PDS-Sprecher: Es sind meist Schenkungen.

Mal wieder recht gehabt. Ich bemühe mich redlich, dies ohne Triumph in der Stimme zu sagen, aber ich kann nun mal nicht anders: Irgendwann nach den Wirren des Mauerfalls und im anschließenden Vereinigungsgewürge kam mir jäh die Erleuchtung, dass diese ganze deutsche Einheit von arbeitslosen Winkeladvokaten und gelangweilten Rechtsprofessoren angezettelt worden ist, sozusagen als gigantisches Arbeitsbeschaffungsprogramm für Juristen. Fast alles, was seither passiert ist, bestätigt diese Vermutung.

Mit dem folgenden Fall werden sich Anwälte und Gutachter wohl auch eine ganze Weile gewinnbringend beschäftigen können: Die Treuhandanstalt hat es nämlich nicht nur auf das Vermögen der SED abgesehen, sondern auch auf allerlei Kunstgegenstände, die derzeit noch bei der Nachfolgerin PDS lagern. Besonderer Streit ist um Erich Honecker in Öl entbrannt: Ein großformatiges Meisterwerk des sozialistischen Jubelrealismus mit dem Titel »Honecker auf Wildschweindecke«. Wie wir wissen, frönte der Schalmeienbläser aus Wiebelskirchen im Saarland der Jagdleidenschaft gar sehr, und da liegt es nahe, dass ein Parteimaler den großen Erich auf eine Trophäe hingestreckt porträtiert. Die Treuhand also will den Wildschwein-Honecker haben, die PDS will ihn nicht rausgeben, genauso wenig wie rund vierhundert weitere Bilder und Kunstgegenstände aus SED-Besitz.

Ich kann das verstehen: Wenn die Treuhand die kapitalistische

Pfote auf die realsozialistischen Devotionalien legt, dann werden dieselben alsbald versilbert. Allenfalls wird die eine oder andere Preziose im »Haus der Geschichte« in Bonn einen Ehrenplatz in der Abteilung »Parteikitsch« bekommen. Aber all die Ölbilder von Thälmann und Liebknecht und Ulbricht, von Marx, Engels, Lenin, Stalin, ganz zu schweigen, all die wunderschönen Darstellungen des wunderschönen sozialistischen Alltags: die Mädels im Kornfeld, die Stahlschmelzer am Hochofen, das Kind auf Stalins Arm, der Sowjetsoldat als Befreier, Arbeiter der Stirn und der Faust Arm in Arm bei der Maiparade – und immer wieder marschierende Brigaden zu allen Gelegenheiten: Wo findet man außerhalb russischer Archive so was noch in dieser geballten Form? Diesen ewigen Schatz volksnahen Kunstschaffens brutal auseinanderzureißen, das wäre nichts weiter als – Kulturbolschewismus, so muss man das nämlich mal sehen.

Freilich argumentiert die PDS nicht so, auch da geht's juristisch zu: Wenn diese parteitreuen Bilder der Partei weggenommen würden, käme eine »Welle von Rückgabeverlangen« auf die Treuhand zu, also viel Arbeit für Advokaten, wie befürchtet. Ich frage mich mit leisem Schauder, was die Kontrahenten mal erst inszenieren, wenn noch attraktivere Preziosen aus dem Dunkel der Magazine ans Licht kommen: »Honecker auf Bärenfell« zum Beispiel oder »Erich und Margot bei der Morgentoilette« oder »Ulbricht beim Ernteeinsatz im Gemüsegarten in Wandlitz«. Und so rufen wir euch denn zu, ihr wackeren PDSler: Sorgt dafür, dass dieser unwiederbringliche Schatz echt deutschen Kunstschaffens nicht in die falschen Hände gerät, lasst ganz viele wohlfeile Replikate anfertigen, damit bald in jedem guten deutschen Wohnzimmer ein Ulbricht oder Honecker zwischen dem Mönch mit Weinglas und der vollbusigen Zigeunerin hängt.

Aufbau West

Es hat eine Weile gedauert, aber zehn Jahre nach dem Mauerfall war es dann endlich so weit. Im Westen entdeckte man, dass all das Geld, das manche Landschaft im Osten tatsächlich zum Blühen gebracht hatte, mancher Brache im Westen auch ganz gut getan hätte. Die Diskussion über den »Aufbau West« brach los. Zunächst noch ohne ernste Folgen.

Aber weitere neun Jahre später, längst war Helmut Kohls Mädchen Kanzlerin geworden, ging die Debatte in die Vollen.

Das wurde aber auch mal Zeit. Ich meine: Wir haben's ja gerne gegeben. Das viele Geld für den Aufbau Ost. Und wir geben's noch immer gerne. Zum einen aus Solidarität, zum anderen und vor allem aber dem Helmut Kohl zuliebe. Ja, so lange ist das schon her. Der war ja drauf und dran, sich lächerlich zu machen mit den »blühenden Landschaften« im Osten. »Blüla«-Kanzler hat man ihn genannt. Dabei hat er das ja nicht wirklich ernst gemeint, sondern wollte nur die ersten gesamtdeutschen Wahlen gewinnen. Hat auch funktioniert.

Bloß: Dann kamen diese lästigen Krittler und haben immer wieder nachgefragt, wie das denn nun wäre mit der Blüherei im Osten. Und deswegen und seither gibt's den Soli, und der hat ja dann auch zu ziemlich vielen blühenden Landschaften im Osten geführt. Wie geleckt, wie gemalt sieht das da streckenweise aus. Die Häuschen so hübsch hergerichtet, Straßen, Wege, Plätze rausgeputzt, als wär' alle Tage Kirchweih – bloß es wohnt kaum noch jemand in den Blülas.

Nur mal nebenbei: Die deutsche Einheit ist ja so gemacht worden, wie sie gemacht worden ist, damit die Ostdeutschen nicht weiter in den Westen rübermachen. Jetzt isses im Osten schöner als im Westen, und sie sind trotzdem weg. Von daher ist das Experiment also krachend gescheitert. Aber wie gesagt, es ging ja auch mehr um Helmut Kohl und die Wahlen.

Und deshalb muss jetzt irgendwie mal zurücksolidarisiert werden. Aufbau West, heißt die Parole. Da sollen jetzt auch mal Straßen gebaut und Schulen saniert und Wiesen und Auen hergerichtet und öffentliche Toiletten frisch angestrichen werden. Oder hab' ich da was falsch verstanden? Nichts Genaues weiß man nicht, weil die Regentin darüber erst nach dem Amtsantritt des Herrn Obama in USA entscheiden wird. Jetzt fragt sich der Laie natürlich: Was hat denn der Herr Obama in USA mit deutschen Konjunkturprogrammen zu tun? Das ist so: Je nachdem, was der Herr Obama in USA bei seiner Antrittsrede sagt, wie oft er Deutschland und Europa erwähnt und vor allem, was für ein Kleid die Frau Gemahlin des Herrn Obama in USA anhat, also danach richtet sich, was Frau Angela noch in den Sack stopft, in dem schon die Katze drin ist, die wir kaufen sollen. Verstanden? Nein? Macht auch nichts.

Schön wär's ja, wenn die Regentin nicht nur an Gelsenkirchen und Duisburg Marxloh und Bremerhaven und Ostbayern denken täte, sondern auch an den Hochtaunuskreis, an Starnberg, an den Landkreis München. In den Regionen wohnen die reichsten Menschen Deutschlands. Und da muss man doch auch mal an die Verbesserung der Infrastruktur ran, damit die da auch wohnen bleiben und nicht in den Osten flüchten. In Starnberg und Umgebung soll's nur drei turnierfähige Golfplätze geben, einer sogar ohne öffentliche Bedürfnisanstalt für Windhunde. In München Land gibt's immer noch Feldwege, wo du mit deinem Offroader nicht durchkommst. Zu schmal. Und im Hochtaunuskreis, das muss man sich mal vorstellen, gibt's zwar zwei Landeplätze für Segelflugzeuge, aber mit deinem Learjet musst du zum Flughafen Hahn, Leute, das ist im Hunsrück. Das kennt im Osten gar keiner.

Also, es gibt noch viel zu tun, Solidarität kennt keine Grenzen, und wenn schon Konjunktur ankurbeln, dann doch eher bei denen, die sich auch was leisten können.

Volksstamm Ossi

Ossis und Wessis – man möchte meinen, dass diese Begriffe zwanzig Jahre nach der deutschen Vereinigung keine Rolle mehr spielen. Tun sie aber. Im April 2010 musste sich das Stuttgarter Arbeitsgericht mit der Frage beschäftigen, ob Ossis ein Volksstamm sind. Eine Mittvierzigerin aus dem Osten hatte geklagt, weil auf die Ablehnung ihrer Bewerbung ein Minuszeichen und »Ossi« gekritzelt worden war. Aber das Gericht entschied: Der »Ossi« ist keine ethnische Gruppe, deshalb kann man auch nicht als solcher diskriminiert werden.

Da kann man mal wieder sehen. Ja, ich weiß, das ist so ein Satz, der üblicherweise Vorurteils- und Voreingenommenheitstiraden einläutet. Hab ich doch immer schon gewusst. Oder gesagt. So in dem Sinne. Aber bei aller Zurückhaltung: Dieses Mal ist es wirklich so. Die Ossis sind kein Volksstamm – einen solchen Unsinn kann nur von sich geben, wer als Richter möglichst weit weg vom und möglichst hoch über dem richtigen Leben thront. Das glaubte ich von Arbeitsrichtern bislang nicht behaupten zu müssen, im Falle Stuttgart muss ich dieses positive Vorurteil revidieren.

Von der Schulbank in den Hörsaal zum Repetitor in die Kanzlei ins Gericht – das ist der durchschnittliche Lebensweg eines durchschnittlichen Juristen. Wobei »Lebensweg« ein Euphemismus ist, denn vom Leben bekommt er auf diesem Weg üblicherweise nichts mit.

So, nach dieser so notwendigen wie erhellenden Vorbemerkung dürfte jedem klar sein, dass das Stuttgarter Arbeitsgericht nicht mit einigermaßen verständigen und mehr oder weniger im Leben stehenden Menschen bevölkert sein kann. Sehen die denn nicht, was den Ossi als solchen über seine Zugehörigkeit zu Landsmannschaften hinaus auszeichnet? Der Thüringer und Brandenburger und McPommer und Sachse und Anhaltiner ist natürlich auch ein Norddeutscher oder Mitteldeutscher oder fast schon Bayer und damit Quasi-Süddeutscher. Aber das sind doch Äußerlichkeiten. Im Kern, im Wesen, im tiefsten Inneren ist der Ossi eben ein Ossi. Einer, der drüben gelebt hat und lebt und an den Westen angeschlossen worden ist.

Man erkennt ihn an der Kleidung, an der Ernährung, an seiner Lektüre, am Fernsehprogramm – ja, bitte sehr, das ist doch keine Diskriminierung, das ist die Beschreibung von Tatsachen. Als Deutschland noch geteilt war, wurde das allervolkstümlichste Fernsehprogramm im Osten produziert. *Ein Kessel Buntes* und andere Preziosen deutschen Biedersinns und vor allem Humors wären im Westen undenkbar gewesen. Wir arbeiten uns erst jetzt, nach all den Jahren und unter Einsatz der ganzen Kraft des Privatfernsehens, gefolgt von den hilflosen Nachahmungsversuchen der Öffentlich-Rechtlichen, an dieses Niveau heran.

Und nun sagt das Stuttgarter Arbeitsgericht: Außer dass die Ossis aus dem Osten kommen beziehungsweise dort ansässig sind, fehlt es an gemeinsamen Merkmalen wie Sprache, Kleidung, Ernährung, Religion. Ach ja? Ich will ja gar nicht von der quasi-religiösen Verehrung des vermeintlichen »goldenen Westens« reden. Nehmen wir einfache Dinge wie die Kleidung. Graue Freizeitjacken, graue Freizeithosen, graue Socken in grauen Sommerschuhen mit Löchern – keine Sandalen, sondern sommermäßig durchlöcherte Schuhe. An so was erkenne ich den Ossi zehn Kilometer gegen den Wind. Jaja, die Spezies gibt's auch im Hunsrück oder im Saarland, das ist schon wahr. Aber das heißt doch nichts. Das heißt lediglich, dass es den Ossi gibt. Manchmal eben als Wessi getarnt. Juristen wissen eben nichts vom wirklichen Leben.

»Ich will das Revue kapitulieren lassen« –
Die Ära Schröder

Nach energischer Einrede des Komitees »Saubere Ära« sind Autor, Verlag und Druckerei nach intensiven mehrwöchigen Beratungen zu dem Schluss gekommen, dass im Falle Gerhard Schröder keine Ära im Sinne der geltenden Ära-Definition (siehe Seite 9) vorliegt. Schröder ist allenfalls eine Phase. Sorry.

Na gut, wir wollen mal nicht so sein. Auch wenn Schröder keine Ära ist, so hat er doch seinen Mitstreitern und Untertanen allerlei Kurzweil geboten, wenn auch auf anderen Gebieten als sein Vorgänger. Kohls innovative Sprachkraft hatte Schröder nicht, seine Beiträge zur Fortentwicklung der deutschen Sprache, der politischen zumal, sind spärlich. Und selbst wenn er denkwürdige Sätze sprach wie »Ich will das Revue kapitulieren lassen«, hat er sich vom Lachen des Publikums schnell irre machen lassen und sich mit einem »War wohl nix, ne?« aus der Affäre zu ziehen versucht. Gleichwohl: Hin und wieder war er auf einem guten Weg. So hat er einmal eine regelmäßig brummende Achse erfunden: »Die deutsch-französische Achse, gelegentlich als stotternder Motor kritisiert, brummt ganz schön und ganz regelmäßig.« Und er wusste auch um die Verdienste von Tatsachen: »Die Tatsache, dass ich diesen Preis bekommen habe, ist ganz und gar verdient.« Aber seine eigentlichen Stärken lagen doch eher woanders.

Hillu

Wenn auch eindeutig nicht von einer Ära Schröder geredet werden kann, so hat doch diese Nicht-Ära genau wie die Ära Kohls lange vor der Kanzlerschaft angefangen, und sie weist deutlich über dieselbe hinaus. Die An-

fänge datieren, wenn nicht viel früher, in die Regentschaft in Hannover. Zusammen mit der Ko-Regentin Hillu.

Sie hat's nicht leicht, die Hiltrud Hampel, die jetzt Hillu Schröder heißt, sie hat's nicht leicht mit dem Mann an ihrer Seite. Immer und immer wieder hat sie ihm gesagt: Schmeiß den Job hin, lass sie doch machen, diese Verräter, Versager, Nichtskönner. Aber diesem Mann ist nicht zu raten, nicht zu helfen. Seit er angetreten ist in Niedersachsen, haben ihn die Sozis in Bonn niederzumachen versucht, schon damals hat er nicht auf seine Frau gehört und aus lauter Solidarität zur Partei keinen rot-grünen Wahlkampf gemacht. Und schon war die Wahl verloren. Erst als der Gerhard angefangen hat, ihr zu folgen, ist er Ministerpräsident geworden und sie Landesmutter. Seither geht alles ein bisschen besser. Von ihrem Büro in der Staatskanzlei aus betreibt sie die Regierungsgeschäfte, und der Gerhard macht nicht mehr allzu viel falsch. Aber immer noch genug.

Gegen ihren Rat hat er sich in diese dämliche »Troika« (Lafontaine, Scharping, Schröder) einbinden lassen, hat immer wieder zurückgesteckt: Beim Energiekonsens, bei der Wirtschaftspolitik, als wirtschaftspolitischer Sprecher hatte er »Denk- und Redeverbot«. Das war »alles Humbug«, sie hat ihm schon lange geraten, den Bettel hinzuschmeißen, aber er will ja nicht hören, der Bub, er ist so zurückhaltend.

Woher wir das wissen? Weil Hiltrud Hampel alias Hillu Schröder, amtierende Ministerpräsidentin von Niedersachsen, einfach nicht mehr länger an sich halten konnte und jetzt Klartext redet. Zuerst hat sie der Schröder-Hauszeitschrift *Bunte* gesagt: Wir wollen Kanzler werden. Oder so ähnlich: »Wenn wir die Möglichkeit bekommen, dann machen wir das«, war der Wortlaut. Das war aber nicht deutlich genug, also hat sie im Hillu-Zentralorgan *Stern* verkündet, dass sie sich nicht nur ein Ministeramt zutraue, sondern durchaus auch, Kanzlerin zu sein. Aber selbstmurmelnd favorisiert sie weiter den Göttergatten Gerhard als SPD-Kanzlerkandidaten, da ist sie treu.

Was aber alles nicht reicht, weil die Öffentlichkeit irgendwie nicht so richtig auf »Super-Hillu« anspringt. Weil vor allem der Mann an ihrer Seite immer noch so zaghaft ist und nur von einem »Kartell der Mittelmäßigkeit« bei den Sozis spricht, anstatt Ross und Reiter zu nennen. Also musste das Fernsehen ran. Frau Hiltrud redet Tacheles bei Kienzle und Hauser: Jawoll, sie traut sich den Kanzlerjob zu, guck doch bloß mal den Kohl an, das kann ich auch, jawoll, ersatzweise könnte auch ihr Gerhard Kanzler werden, jawoll, die SPD ist ein Mistladen, und Struck und Thierse und Dreßler sind Versager, verdammt noch mal, wenn der Gerhard kneift, muss sie eben die richtige politische Analyse leisten. Filigran, aber deutlich.

Nächste Woche werden Vorgespräche für die Bildung einer CSU-Landesgruppe Niedersachsen geführt. Wenn man den Gerhard schon »Heide-Strauß« nennt, dann soll das auch so sein, und mit Brigitte Seebacher alias Brandt steht Frau Hillu alias Schröder in Verhandlungen zur Gründung einer »Seebacher-Hampel-Stiftung« zur Förderung von Ehemännern in der Politik. Damit aus dem Gerhard endlich mal was wird.

Doris im Bungalow

Mit Hillu war's dann aber irgendwann mal vorbei. Was vor allem an Gerds Vorliebe für Currywurst und Schnitzel lag und der Neigung von Frau Hillu, Tofu für ein Nahrungsmittel zu halten. Man musste sich also trennen, vor den Augen und Ohren der Boulevardöffentlichkeit, versteht sich. Und als der Gerd dann endlich für die Kanzlerkandidatur der SPD in die engere Wahl kam, da hatte er auch wieder ein Weiblein an seiner Seite: Doris Köpf. Die bald eine zentrale Rolle spielen sollte.

Da glaubten wir, alles zu wissen über den Kandidaten-Kandidaten Gerhard S. aus H. und nun ist alles wieder anders. Dass er Bundeskanzler werden will um jeden Preis, das ist hinlänglich bekannt. Nur: Wir wissen jetzt auch, warum. Es geht um Doris. Die ist nämlich die Voraussetzung dafür, dass der Gerhard überhaupt Kanzler werden kann. Weil er sich erst jetzt im Privaten »aufgehoben« weiß, wie er seinem Beichtvater namens *Stern* anvertraut hat. Und der *Stern* gibt uns diese Einblicke ins Innerste des Kandidaten-Kandidaten völlig uneigennützig weiter. »Die Form von Aufgehobensein, die ich bei Doris habe, ist enorm hilfreich«, sagt Gerhard. Und weiter: »In politischen Spitzenämtern sind Beziehungen stark belastet. Wenn man also jemanden hat, der die Bedingungen des Berufes versteht, ist das ein großes persönliches Glück. Und das erlebe ich jetzt.« Seit es mit Doris um die Currywurst geht, kann Gerhard so richtig durchstarten. Das ist das eine.

Das andere ist die Frage: Warum will der Gerhard Kanzler werden? Bisher haben wir immer angenommen, es ginge um sein eigenes Ego, um die Befriedigung seines Machttriebs. Falsch. Dafür hätte er sich nicht so unendlich erniedrigt und öffentlich bekundet, Oskar Lafontaine sei ein guter Parteichef und wäre auch ein guter Bundeskanzler. Steht auch im *Stern*. Nein, es geht um die Zukunft von Doris. »Sie könnte Kolumnen schreiben«, sagt Partner Gerhard, »sinnvollerweise vielleicht nicht über politische Fragen.« Das ist des Pudels Kern. Es muss der Lebenstraum von Doris K. gewesen sein, dereinst im Kanzlerbungalow zu sitzen und ins Grün des Kanzlerparks zu schauen und über die Dinge dieser Welt zu sinnieren: über Currywurstrezepte, über mächtige Männer und dicke Zigarren, über Opernbälle und was man dazu anzieht, mit wem man sich dort sehen lässt – und als sie Schröder zu packen kriegte, wusste sie: Mit dem geht es.

Womit sie völlig recht hat. Hauszeitschriften haben die Schröders ja reichlich, noch aus Hillus Zeiten. *Stern* und *Bunte* und allerlei grüne und goldene Blätter dazu, *Amica* und *Brigitte* wären auch gute Adressen, und wenn die ARD demnächst, wie angedroht, ein *Brigitte-TV* auf die Menschheit loslässt, wäre für Frau Doris sicherlich ein Plätzchen frei: »So kocht man bei Kanzlers« wäre eine Möglichkeit, was Frau Herzog kann, kann Frau Doris schon lange. Oder der praktische Ratgeber für Frauen an der Seite von großen Männern: »Kolumnenschreiben leichtgemacht«, das könnte dann in Zusammenarbeit mit der *Bild-Zeitung*, bei der Frau Doris ja auch mal war, eine schöne Serie werden.

Liebe Wählerin, lieber Wähler: Auch wer bisher noch gezögert hat, Gerhard S. aus H. zum Bundeskanzler zu wählen – allein um die Vision von Frau Doris Wirklichkeit werden zu lassen, müssen wir jetzt alle zusammen auf dieses große Ziel hinarbeiten. Sagt das auch den Sozis, nicht dass die kurz vor dem Ziel noch den falschen Kandidaten küren.

Kanzel-Schröder

Je bedeutender der große Staatsmann Schröder wurde, umso umstrittener wurde er. Als Pfarrer Klaus Hurtz aus Mönchengladbach ihn bat, am 1. Advent 1997 in der Kirche der St. Franziskus-Gemeinde zu predigen, gab es Proteste aus ganz Deutschland. Dabei sollte Schröder unter dem Motto »Hin und weg zum Du« einfach nur über private und berufliche »Beziehungsfähigkeit« sprechen. Schröder akzeptierte sofort. Weil aber Pfarrer Hurtz wegen »Wahlkampfhilfe« massiv bedroht wurde, bat der Gottesmann den Weltenlenker, auf die Predigt lieber zu verzichten. Was dieser auch tat.

Vielleicht ist das ja nur ein Missverständnis. Wir wissen schließlich alle, dass der Gerhard aus Niedersachsen sich nichts so sehnlich wünscht, wie Kanzler zu werden. Ob er da was verwechselt hat, als der Pfarrer Hurtz ihm das Angebot machte, auf die Kanzel zu klettern und dortselbst Reden zu schwingen? Möglicherweise hat ihm ja das unendliche Glück, nun bis an Ende seiner Tage an der Seite seiner blonden Doris Curry-Würste essen zu dürfen, die Sinne so verwirrt, dass er dachte: Wer von der Kanzel spricht, ist auch schon Kanzler. Ja, lieber Freund, ein Abkanzler vielleicht. Aber das war es doch eigentlich nicht, was dich antrieb, vor Jahren nächtens an den Stäben des Kanzleramts zu Bonn am Rhein zu rütteln und zu rufen: Ich will da rein. Merke: Die Pfarrkirche St. Franziskus zu Mönchengladbach am Niederrhein ist nicht das Kanzleramt, war nie das Kanzleramt und wird nie das Kanzleramt werden.

Aber jetzt mal im Ernst: Ich glaub' nicht, dass der Schröder so blöd ist, dass er Kanzel und Kanzler verwechselt. Es ist der blanke Neid, der ihn zum Predigen treibt, da bahnt sich nämlich ein neues Beziehungsproblem an, gegen das die Querelen mit Frau Hiltrud Peanuts waren. Frau Doris darf nämlich seit voriger Woche unentwegt predigen. Im Radio. Beim Privatsender »Antenne Niedersachsen« spricht sie über Familienthemen. Das muss den Gerhard doch sehr gewurmt haben, denn von diesen Dingen versteht er nun mal mehr als Frau Doris. Zumindest hat er mehr Übung.

Und so kam ihm die Aufforderung des Pfarrers Hurtz, doch in die Fußstapfen von Johannes Rau, Norbert Blüm und Stefan Effenberg zu treten, wie gerufen. Die haben nämlich auf der Hurtz-Kanzel auch schon gepredigt. Rau über die Ethik von Billigflügen, Blüm über die Vorzüge der Kleinwüchsigkeit und Effenberg über Gewaltlosigkeit im Privatleben. Jeder halt über das, von dem er am meisten versteht. Und deshalb sollte Gerhard, der Niedersachse, am 1. Advent zum Thema »Hin und weg zum Du« sprechen. Der Pfarrer Hurtz hat gesagt, das sei doppeldeutig: Sowohl die Begeisterung für einen Menschen als auch Annäherung und Trennung würden darin ausgesprochen.

Naja. So ungefähr. Man kann zwar von jemandem »hin und weg« sein, aber wenn »hin und weg« Annäherung und Trennung ausdrücken sollte, dann müsste es doch »hin zum und weg vom Du« heißen, so viel Grammatik muss sein. Aber so sind die, die modernen Geistlichen. Sprachlich immer ein bisschen unter dem Niveau der Fernsehwerbung.

Der Schröder Gerhard hätte das am ersten Advent alles richtigstellen können. Sag Ich zum Ich, sag Du zum Du, sag Ich zu mir, sag Du zu ihr, sag Ja zum Ja. Nun spricht er nicht, hat aber dafür einen seiner Referenten beauftragt, aus dem Thema »Sag Ja zum Ja« ein Buch zu machen, das Frau Doris im Radio rezensiert. Peinlich ist den Damen und Herren in diesen Kreisen sowieso nichts mehr.

Rüttler

1998 war es dann so weit: Schröder gewann die Landtagswahl mit fast 48 Prozent so souverän, dass er seinen Landeskindern nicht mehr zuzumuten war. Er sollte von Hannover nach Bonn respektive Berlin und wurde dieserhalb Kanzlerkandidat der Sozialdemokratischen Partei Deutschlands. Und siehe da: Das deutsche Volk hatte ein Einsehen mit den Niedersachsen und erlöste sie durch die Wahl Schröders zum Bundeskanzler der Bundesrepublik Deutschland. Die Wahlnacht war für manche ziemlich anstrengend.

Mein Gott, bin ich fertig. Die ganze Nacht mit Gerhard. Und ich sag noch: Bleib von dem Zaun weg. Aber nein, er rüttelt und rüttelt und brüllt: »Ich will da rein!« Die ganze Nacht. Und ich sag: Kommst du doch Gerhard, ist doch geschafft jetzt. Aber er: Immer wieder ran an die Stäbe und gerüttelt und gebrüllt. Heute früh hat ihn Frau Doris dann mit irgendwelchen Versprechungen weglocken können. Dabei ist die schuld. Bis gegen halb zwölf gestern Abend war noch alles in Ordnung, viele Fernsehtermine, keine Zeit für ein Pilsken zwischendurch. Und dann sagt die dumme K., also diese liebreizende junge Dame: Jetzt kannst du dir einen genehmigen, Gerhard. Du hast es dir verdient. Der ab an die Pilstheke, wo Müntefering schon die halbe Barackenbesatzung unter den Tisch getrunken hatte, ja und um halb drei sehe ich ihn dann am Zaun hängen.

Dabei haben wir doch jetzt ganz andere Sorgen. Wir müssen uns nämlich überlegen, welche karitativen Aufgaben wir für die Gattinnen der neuen Regierenden finden. Ohne das ist eine First oder Second Lady keine. Ganz schwer wird es für Doris Köpf, weil deren Vorgängerin Hiltrud Schröder die Tschernobylopfer in ihr Herz geschlossen hat und nun nicht mehr loslassen will – was aber nicht so schlimm ist. Frau Doris hat Herrn Gerhard geheiratet, das ist karitativ genug. Was aber machen wir mit Frau Lafontaine alias Müller, die als Landesmutter im Saarland gegen die Beschneidung von Mädchen und Frauen in der Dritten Welt kämpft? Das kann man dem Bundesbürger als solchem doch nun wirklich nicht zumuten. Man könnte natürlich ein Hilfsprogramm für unterbeschäftigte Politikergattinnen und -gatten auflegen. Bloß: So sinnvoll das wäre, man könnte es wohl kaum durchsetzen.

Bei anderen ist das einfacher: Frau Schily lassen wir in der Resozialisierung politischer Häftlinge arbeiten, Frau Stollmann bekommt den Vorsitz im Unterstützungsfonds für Opfer der Globalisierung – obwohl die lieber zu Hause bleiben und dafür sorgen sollte, dass ihre vielen Kinder nicht so werden wie der Vater. Das wäre eine sozialfürsorgliche Großtat. Die Gemahlin von Michael Naumann lassen wir mit der Sammelbüchse rumgehen, um für den Wiederaufbau des Berliner Stadtschlosses zu betteln, damit der Steuerzahler mit derlei Unsinn nicht belästigt wird, und Frau Müntefering könnte sich um die psychologische Betreuung von Friseusen kümmern, die an Haarschnitten wie die ihres Mannes verzweifelt sind – man muss halt innovativ sein, um die Mädels noch zu beschäftigen.

Ganz schlimm wird's mit den Jungs. Da der Herr Schröder auf die Schnapsidee gekommen ist, gleich drei Damen in sein Team zu berufen, müssen wir deren Gatten irgendwie karitativ unterbringen. Aber wie und wo? So was ist nun mal Frauenkram, und die Männer stellen sich dabei so dämlich an – siehe Herr Süssmuth, dem nichts Besseres eingefallen ist, als den Dienstwagen seiner Frau privat zu nutzen. Am besten machen die Jungs eine Skatrunde auf, und der Erlös ihrer gesellschaftlich wertvollen Tätigkeit geht dann an einen guten Zweck. Und Feierabend.

Und die Grünen? Könnte ja sein, dass der Herr Fischer Minister wird, und der Herr Trittin vielleicht auch. Und die leben beide nicht in ordentlichen Verhältnissen. Nix mit Gattin, die barmherzige Suppen für Obdachlose verteilen könnte. Von daher wär's schon besser, es wäre alles beim Alten geblieben.

Bundespräsident

Kaum ist eine neue Regierung gewählt, muss über den neuen Bundespräsidenten nachgedacht werden. Einen, der zur neuen Regierung passt. Im Jahr nach dem rot-grünen Wahlsieg stand eine Präsidentenwahl an, Johannes Rau war für viele der logische SPD-Kandidat. Nicht für alle. Denn viele meinten auch, dass nun mal endlich eine Frau an der Reihe sei. Kein Problem für Rau.

Frau muss man sein, das ist klar. Sonst wird man hierzulande nichts. Erst recht nicht Bundespräses. Kein Problem: Ein erfahrener Politiker kann jede Quote erfüllen, also ist Rau auch Frau genug, Bundespräsidentin zu werden. Nennen wir ihn also der Einfachheit halber Frau Rau. Oder Schwester Johannes. Aus dem Osten muss das Regierungsoberhaupt kommen, daran geht auch kein Weg mehr vorbei. Ist gebongt: Rau kommt aus Barmen, das ist Ost-Wuppertal, also alles im Lot. In der SPD muss er sein, weil der Bundeskanzler auch in der SPD ist. Da könnte es Probleme geben, aber es gibt ernstzunehmende Leumundszeugen, die glaubhaft versichern, Rau sei zumindest Sympathisant der Sozialdemokratischen Partei Deutschlands, möglicherweise sogar Mitglied. Also das kriegen wir hin.

In anderen Bereichen wird's schon schwieriger, weil es für die Funktion Bundespräsident keine richtige Arbeitsplatzbeschreibung gibt. Im Grundgesetz steht nur, dass er Deutscher und vierzig Jahre alt sein muss. Wie man hört, trifft auf Frau Rau beides zu. Alles andere ist nicht definiert, sondern ist durch die Tätigkeit aller vorherigen Bundespräsidenten sozusagen Gewohnheitsrecht geworden. Gewohnheitspflicht müsste man das eigentlich nennen. Also gut: Die Gemütlichkeit von Papa Heuss hat Schwester Johannes schon annähernd, die volkstümliche Schlichtheit von Heinrich Lübke auch, wenn auch nicht dessen begnadeten Zugang zur deutschen Sprache. Aber daran lässt sich arbeiten. Gustav Heinemann ist kein Problem: Rau ist ja Schwiegerneffe desselben, genauso evangelisch, genauso volksnah, kann wie Gustav aus der Bierflasche Bier trinken, nimmt das Pils aber auch aus Gläsern zu sich, kann wie Gustav zünftigen Skat dreschen und druckreif sprechen.

Danach wird es immer schwieriger. Die Sangeskraft von Walter Scheel erreicht Frau Rau nun mal nicht. Sangeslust wohl, das ist kein Thema, wie Walter Scheel kommt auch Johannes Rau aus dem Bergischen Land, da singt man, was das Zeug hält. Aber was anderes als »Wann wir schreiten Seit an Seit«, und das auch eher kurzatmig gehechelt denn schmetternd gesungen, haben wir von Rau noch nicht gehört. »Hoch auf dem gelben Wagen« und »Wohlauf in Gottes schöne Welt« – das wird wohl nix. Und die Wanderschuhe von Karl Carstens passen ihm auch nicht so recht.

Und dann die öffentliche Rede! So gut gefönt wie Richard von Weizsäcker kriegt Rau das nicht hin, so glänzend inszenierte Ruck-Reden wie die von Roman Herzog erst recht nicht – mit Letzterem verbindet ihn lediglich die Leidenschaft zu Hausmannskost und burschikosem Auftreten.

Immerhin: Schwester Johannes vereinigt schon eine ansehnliche Menge der von den Vorgängern definierten präsidentialen Berufsvoraussetzungen und hat allen zumindest eins voraus. Keiner ist so bibelfest, kann so prächtig Dönekes aus dem richtigen Leben mit frommen Sprüchen und biblischen Wegweisungen illustrieren, mit anderen Worten: Ein volkstümlicher Säulenheiliger als weiblicher Wanderprediger, das sind ab sofort die wesentlichen Charakteristika des Präsidentenamtes. Woraus zwingend hervorgeht, dass Johannes Rau Bundespräsidentin auf Lebenszeit werden muss.

Hundert Tage Opposition

Üblicherweise gibt man einer neuen Regierung hundert Tage Zeit, bevor man ihre Leistung bewertet. Viel lustiger ist es aber, auch mal die ersten hundert Tage der alten Regierung zu betrachten, also ihre Leistung als jetzige Opposition. Also bitte.

Hundert Tage ohne Kohl: eine Katastrophe. Nicht wegen Rot-Grün. Die haben das ganz prima gemacht. Jetzt mal ehrlich: Als der Kohl weg war, haben doch viele gejammert: So 'ne dolle Komödiantentruppe kriegen wir nie wieder, jetzt ist Schluss mit lustig. Und was war? Die haben nahtlos weitergemacht, wo die anderen aufgehört haben. Kohl und Co. haben Schröder und Co. nur die Sprechzettel rübergeschoben, und dann ging's weiter im Text. Steuerpolitik: Aus der einen Tasche raus, in die andere Tasche rein, Waigel hätt's nicht besser machen können. Ökosteuer: Emphatische Ankündigungen, rausgekommen ist ein Modell zum Abkassieren, da kommen dem Waigel die Tränen vor Neid. Haushaltspolitik: Ein Loch zugestopft, indem man ein anderes aufreißt. Das hatten wir irgendwie schon mal. Und was macht die Opposition: Wolfgang Schäuble und Angela Merkel machen mächtig auf Erneuerung der Union mit dem Slogan »Mitten im Leben«. Das haut aber so was von rein. Die Rumpf- und Schrumpfpartei FDP gibt es auch noch. Das war's dann schon.

Und dann diese wunderbaren rot-grünen Ankündigungs- und Rücknahme-Opern. 630-Mark-Jobs reduzieren. Missbrauch verhindern. Sozialversicherungspflichtig machen. Nein, doch wieder besteuern. Und jetzt vielleicht alles wieder rückgängig, alles wieder von vorn? Schöne Nummer, da ist der Wolfgang Schäuble noch blasser geworden. Derweil lässt Angela Merkel Kartons vor der SPD-Zentrale abladen, auf denen steht »Neue Mitte«, die werden unter handgreiflicher Teilnahme von Frau Angela wieder aufgeladen und ins Adenauer-Haus gekarrt. Motto: Die Mitte kehrt nach Hause zurück. Selten so jelacht.

Die Regierung liefert eine Steilvorlage nach der anderen, und die Opposition ist überrascht und tritt in den Rasen. Selbst den Franz Josef Strauß müssen die Regierenden aus den eigenen Reihen holen. Jahrelang hat Edmund Stoiber geübt, um als bayerischer Ministerpräsident so fabelhaft destruktiv auf Bonn zu wirken wie der olle Strauß. Nur CSU-Vorsitzender musste er noch werden, und als er es endlich ist, sind die Schwarzen in Bonn nicht mehr an der Regierung, und der Wolfgang Clement in Düsseldorf muss den Teufel aus der Kiste mimen, der den Regierenden in Bonn erzählt, dass sie alle doof sind und wo's eigentlich langgeht.

Der Ausstieg aus der Atomenergie – das kannste einfach nicht erfinden, was die da hingelegt haben. Fast aus dem Stand. Aus dem Einstieg in den Ausstieg wurde der Einstieg in den Ausstieg aus dem Einstieg. Das ist fast dialektisch. Auf jeden Fall virtuos. Und mit so viel herrlichem Bonner Theaterdonner verbunden, mit so fabelhaften Knallchargen: Jürgen Trittin als der Radikalinski auf dem Ministersessel, der – eingemauert in seine Festung Umweltministerium – es den Kapitalistenschweinen mal so richtig zeigen will. Werner Müller, nicht der vom RIAS-Tanzorchester, sondern der Wirtschaftsminister, der den gemütlichen Pragmatiker mimt und mit Unschuldsmine sagt: Ja, schön wär' das, aber es geht leider nicht. Nicht so schnell, nicht so billig.

Und das Schröderlein, das einerseits den Moderator mimt und dann, wenn der dramatische Knoten geschürzt ist und die Krisis ausbrechen muss, mit Faust und Schwert dreinschlägt, dass es nur so scheppert, und das durchsetzt, was die Atomlobby will. Die hat die ganze Zeit Regie geführt, und wir lachen uns scheckig, weil das alles genauso funktioniert, wie wir das vom Kasperletheater kennen.

Und die Opposition? Angela Merkel macht eine Kampagne an der CDU-Basis mit dem Motto »Tu was, sonst passiert nix«. Riesenerfolg. Mindestens eine 12 auf der nach unten offenen Niveauskala. Edmund Stoiber zettelt eine Unterschriftenaktion gegen das rot-grüne Staatsbürgerschaftsrecht an, also Politik auf Obertertianerniveau, Schäuble lässt sich breitschlagen, andere in der CDU mögen das nicht so sehr, der Herr Koch in Hessen aber doch, weil er Wahlen gewinnen will, wobei der Herr Stoiber konziliant erklärt, der Herr Koch werde in Hessen zulegen, und das werde Rot-Grün in Bonn ganz schön ärgern – das Chaos lacht.

Die Rot-Grünen können nicht regieren, die Schwarzen und der Rest können nicht opponieren, das passt wie Faust zum Gretchen, die haben einander verdient wie Skylla und Charybdis. Aber womit haben wir das verdient? Vielleicht liegt das ja irgendwie am System. Naja, dann ist es ja wie immer. Immerhin: Der Unterhaltungswert der ganzen Veranstaltung ist riesig. Und das ist doch auch schon was.

Friedenshetzer

Eins der wichtigsten Ziele der rot-grünen Regierung: Deutschland wieder Geltung zu verschaffen. Vor allem militärisch. Das ist ziemlich schnell gelungen. Auch wenn immer wieder Versuche unternommen wurden, Schröder, Fischer und Scharping auf friedenspolitische Linie zu bringen.

Au Mannomann, lass das bloß den Rudolf Scharping nicht hören. Oder den Gerhard Schröder. Und den Joschka Fischer schon mal gar nicht. Denn wenn das durchkommt, dann war alles vergebens, was diese tapferen Jungs in gut einem Jahr Regierungszeit durchgesetzt haben. »Ein zentrales Ziel der Politik«, ich mag's gar nicht laut zitieren, es könnte jemand hören, also ganz sachte jetzt: »Ein zentrales Ziel der Politik der Bundesregierung ist die Verhinderung und Beendigung gewaltsamer Konflikte.« Steht wörtlich so in einem Konzept des BMZ. Bundesministerium für wirtschaftliche Zusammenarbeit und Entwicklung. Schöner Titel. Aber was für ein Schlag ins Kontor.

Verhinderung gewaltsamer Konflikte: Da strampelt der Scharping sich ab, damit endlich das Militär wieder in Zentrum der Politik steht. Das deutsche Militär, versteht sich. Kosovo-Krieg mit deutscher Beteiligung. Bundeswehreinsätze »out of area« kein Problem mehr. Wobei »out of area« umfassend gilt: Außerhalb des Grundgesetzes, das von Verteidigung spricht und nicht von Kampfeinsätzen, außerhalb der Landesgrenzen sowieso, außerhalb der NATO-Grenzen – alles kein Problem mehr, weil die westliche Werteordnung nebst Erdöl und anderen Grundnahrungsmitteln an jedem Flecken dieser Welt verteidigt werden muss, am besten durch Angriff.

Da basteln Scharping und Fischer und Schröder an einer eigenen europäischen Militärmacht, damit man nicht immer die Amis holen muss, wenn man irgendwo einmarschieren will. Da wird der getreue NATO-Partner Türkei auf Deibel-komm-raus ins europäische Boot geholt, damit die Waffenbruderschaft nicht auseinandergeht. Und dann so was.

ZFD. Ziviler Friedensdienst. Ach so, das muss ich jetzt erklären. Also dieses Konzept aus dem Hause Wieczorek-Zeul – das kommt eben davon, wenn man eine Paradelinke aus Hessen-Süd zur Ministerin macht –, dieses Konzept zur Krisenprävention und Konfliktbewältigung sieht einen »Zivilen Friedensdienst« vor, der den Ländern der Dritten Welt den »gewaltfreien Umgang mit Konflikten und Konfliktpotentialen« beibringen soll. Was heißt hier: »Sieht vor«? Die haben das schon gemacht, die haben schon Leute ausgebildet, sogenannte Friedensarbeiter, die ab sofort überall auf der Welt versöhnend und friedensstiftend wirken sollen.

Nun gut, jetzt kann man sagen: Das machen die in Afrika und in Asien, die turnen da in Togo und Burundi rum oder in Timor und Sri Lanka, und das muss den Scharping nicht jucken. Nee, nee, so einfach ist das nicht. Denn was macht der Scharping mit seiner europäischen Eingreiftruppe unter Führung eines deutschen Vier-Sterne-Generals, wenn auf dem Balkan alles abgegrast ist? Wenn die ETA im Baskenland und die IRA in Irland zusammengebombt sind und auch sonst nichts mehr zu tun ist außer ein bisschen Waffenhilfe für die Russen bei der Bekämpfung des Terrorismus im Gesamt-Kaukasus? Dann muss der deutsche Soldat doch schauen, wo er sonst für Ordnung sorgen kann. Und dann ruft Afrika. Schon aus Tradition.

Und jetzt stellen wir uns mal vor: Ein deutsches Expeditionskorps landet in Burundi, um Ordnung zu schaffen, und stößt auf ein halbes Dutzend deutscher Friedenshetzer. Die da Rudolf Scharpings Friedensarbeit – die Bundeswehr ist die größte Friedensbewegung – dadurch sabotieren, dass sie Konflikte verhindern. Gut, das wird denen nicht gelingen, der Schwarze als solcher ist nun mal darauf aus, dem nächsten Schwarzen den Schädel einzuschlagen. Und dann kommt der deutsche Soldat. Aber er trifft eben auch auf deutsche Friedensarbeiter. Soll der die jetzt zusammenschießen und vors Haager Kriegsgericht schleifen? Das sind doch Probleme, Freunde, da macht man sich noch gar keinen Begriff von.

Man könnte sich ja trösten mit dem Passus: »Über Gesamtprogramm und Einsätze des ZFD entscheidet das BMZ im Einvernehmen mit dem AA auf der Grundlage einer regelmäßigen Abstimmung mit allen beteiligten Trägern.« Da könnte man sagen: Auswärtiges Amt ist beteiligt, unser Joschka weiß Bescheid. Ach ja?

Haben wird vergessen, wer da Staatssekretär ist? Ludger Vollmer, ausgebildeter Linksradikaler, Dritte-Welt-Ideologe. Könnte es vielleicht sein, hochverehrtes Publikum, dass der diese Kiste mit der roten Heidi ausbaldowert hat? Könnte es sein, dass die neue deutsche Politik der Stärke auf diese subversive Weise ausgehöhlt werden soll, dass das neue, große Deutschland unterwandert werden soll von diesen vermeintlich frühpensionierten Weltrevolutionären?

Da hilft jetzt nichts. Wehret den Anfängen, sage ich. Wir müssen dem Rudolf und dem Joschka und dem Gerhard Bescheid sagen, was da läuft. Gut, dann wird's zu einer neuen Regierungskrise kommen. Aber auf Einzelschicksale kann auch in diesem Fall keine Rücksicht genommen werden.

Schröders Sommer

Helmut Kohl hat diese Tradition begründet. In seine ersten Regierungsjahre, als sich Panne an Panne reihte, fiel die Abschaffung des Sommerlochs. Und die Ersetzung desselben durch das Sommertheater. Weil die Zeit einfach nicht ausreichte für den Austausch von Nettigkeiten vor allem innerhalb der Regierungskoalition, musste das Polittheater dringend auf die Sommerpause ausgedehnt werden. Diese Einrichtung hat sich bewährt und hält bis heute. Um das Publikum und vor allem uns, die Journalisten, nicht ganz alleine zu lassen mit der Gestaltung des Spielplans des Sommertheaters, kamen Kohl und seine Berater auf die Idee, zu Beginn der politischen Sommerpause den Chef noch mal auf die Presse loszulassen. Ohne besonderes Thema. Einfach nur »Bilanz und Ausblick«. Wie im Schulaufsatz. Der Erfolg dieser Inszenierung war gigantisch. So gigantisch, dass auch Gerhard Schröder darauf nicht verzichten will.

Wobei man auch so was üben muss. Der erste Schröder-Sommer war eine Katastrophe. Weil das erste Schröder-Jahr eine Katastrophe war. 1999 schickte der Kanzler uns in die politischen Ferien mit der Gewissheit, dass es scheppern würde auf der Sommertheaterbühne. 2000 war das schon ganz anders. Da hatte er gerade die Steuerreform durchgedrückt und strotzte vor Selbstbewusstsein. Jetzt, ein Jahr später, geht es politisch nicht mehr so gut. Aber das macht nichts. Weil Schröder inzwischen die Funktion der Sommerpausen-Pressekonferenz als Feldgottesdienst für hauptstädtische Journalisten begriffen hat. Und weil er aufs eleganteste in seine Rolle bei diesem Großereignis gefunden hat. Um es genau zu sagen: Gerhard Schröder ist endgültig Helmut Kohl geworden.

Alles ist gut, die Regierungsarbeit funktioniert vorzüglich, Probleme gibt es keine, höchstens hier und da eine Irritation, die Opposition ist schwach, die hat nicht mal einen Kanzlerkandidaten, aber das ist auch wurscht: Er nimmt es, wie es kommt. Das alles ist Originalton Kohl. Und Schröder hat das alles genau so gesagt. Bis in die Formulierungen hinein identisch. Gut: »Aussitzen« heißt bei ihm »ruhige Hand«, aber sonst gibt's kaum Unterschiede. Das ist das eigentliche Ereignis dieses politischen Sommers, noch ehe er richtig begonnen hat: die fortschreitende Kohlisierung des Gerhard Schröder.

Was keineswegs bedeutet, dass das Sommertheater ausfallen wird. Aber die Themen sind schon mal gesetzt. Schröders Show und die schlappe Performance der Union setzen die Tragikomödie der Opposition an die Spitze des Spielplans. Der Sommer ist die Zeit der Hinterbänkler, weil die Vortänzer im Urlaub sind. Alle CDU- und CSU-Abgeordneten, die noch nichts zur Kanzlerkandidatur sagen durften oder bisher nicht gehört wurden, die hauen jetzt auf den Putz. Und die FDP: Westerwelle, Möllemann, Brüderle – sobald die nur das Wort SPD oder Schröder in den Mund nehmen, schießen Koalitionsspekulationen ins Kraut. Und die Grünen werden argwöhnisch lauern, wie Schröder darauf reagiert – das wird uns schon eine schöne Weile beschäftigen.

Wenn es uns dann langweilig wird, dann können wir noch die anderen, die wirklichen politischen Themen aus der Schublade holen. Die Gentechnik, die Einwanderung, die Gesundheitspolitik, die Konjunktur, die Arbeitslosigkeit – das wird Gerhard Schröder nicht freuen, aber wir können uns ja nicht alles von ihm vorschreiben lassen. Mazedonien nicht zu vergessen. Da könnte es zu einer besonders putzigen Variante des Sommertheaters kommen, der »Sondersitzung des Bundestages«.

Wobei wir noch nicht über die wirklichen Knaller des Sommerspielplans gesprochen haben, all die wunderbaren Themen wie Pizza-Steuer, Sonnencreme auf Krankenschein oder Tempolimit für Rollerblader. Die Schlagzeilen kommen so sicher wie das Amen in der Kirche. Mallorca ist ja wieder ein Thema, der Berlin-Wahlkampf ist wie geschaffen fürs Sommertheater, an Themen fehlt es nicht. Also bitte, meine Damen und Herren: Vorhang auf, Bühne frei, Karten gibt's nur an der Abendkasse. Frauen, Kinder, Studenten und Arbeitslose zahlen den halben Preis.

Politik als Event

Schöner hätte es eigentlich nicht kommen können: Mitte März 2001 bekommt Gerhard Schröder in Baden-Baden einen Medienpreis. Den schon Boris Jelzin, Helmut Kohl und andere Größen des Showgeschäfts eingesackt haben. Erfunden wurde dieser Preis von einem selbsternannten Medienforscher, dessen Beitrag zur Medienforschung im Wesentlichen aus der medienwirksamen Verleihung dieses Preises besteht. Wofür der Preis verliehen wird, kann keiner so recht sagen, sein Erfinder sowieso nicht. Aber offensichtlich ist Medienpräsenz das wichtigste, wenn nicht das einzige Kriterium.

Diese Veranstaltung ist so dumm und nichtswürdig und überflüssig wie Schildkrötenwettrennen. Aber alle wollen dabei sein. Weil die Medien da sind. Und die Medien sind da, weil Politiker da sind. Inhalte braucht's da überhaupt nicht mehr, der Betrieb bedient sich selbst, der Ereignischarakter eines Ereignisses definiert sich aus der Tatsache, dass es stattfindet. Neuerdings heißt Ereignis »Event«. Je mehr »Events« man platziert, umso weniger fällt auf, dass es mit der Politik nicht allzu weit her ist.

Der »Orden wider den tierischen Ernst«, früher eine reine Karnevalsveranstaltung, ist längst zu einem solchen politischen »Event« geworden. Das Ganze ist zwar dämlich und verkrampft und humorlos, wie organisierter Karneval nun mal ist. Und dann auch noch von Politikern betrieben. Zum Brechen schön. Aber diese Dumpfbacken-Show wird komplett im Fernsehen übertragen, die Zeitungen berichten dick davon, und Guido Westerwelle hat tagelang eine gute Presse.

Auch so ein »Event«-Kasper. Lümmelt sich in Containern rum, lässt sich bei Stefan Raab veralbern, weil er darauf setzt, dass die Leute Präsenz für Qualität halten. Früher haben wir über Möllemanns Albernheiten gelacht. Inzwischen ist die Möllemannisierung und Westerwellisierung der Politik so weit fortgeschritten, dass Unterschiede kaum noch auszumachen sind.

Rudolf Scharping lässt seit Monaten seine schwülstige Lovestory durch alle möglichen Matsch- und Klatschblätter verbreiten, und weil das noch nicht reicht, mimt er in Alfred Bioleks Fernseh-Gartenlaube Arm in Arm mit seiner Gräfin den ministeriellen Liebeskasper. Klaus Landowsky, dieser ausgezeichnete Repräsentant des Berliner Filz, lässt sich bei der »Love Parade« in Berlin fotografieren, lobt dieselbe als politische Demonstration, den Demonstrationen früherer Zeiten natürlich weit überlegen. Und er darf das sagen, ohne dass man ihn sofort in eine Zwangsjacke steckt und in ein Zimmer mit gepolsterten Wänden.

Was ist da los? Ganz einfach: Mit Hilfe von *Bild-Zeitung* und *Bild am Sonntag* und grünen, goldenen und sonstwie bunten Illustrierten und angeschlossenen Funkhäusern sind Politiker zu Popstars geworden. Ob Lady Diana oder Harald Juhnke oder Boris Becker oder Gerhard Schröder – alles ist gleich gültig. Und damit gleichgültig. Und seit Schröder Bundeskanzler ist, funktioniert dieses Spiel noch mal so gut. Schröder lässt zwei Minister seines Kabinetts monatelang öffentlich gegeneinander streiten, alle vermitteln den Eindruck, dass da zwei Tanker aufeinander zudonnern, bis der Kanzler eingreift und den Zusammenstoß so gerade noch verhindert.

Politik als »Event«. Machtwortpolitik. Das bringt Schlagzeilen und vor allem gute Bilder. »Das Phänomen Gerhard Schröder ist das Phänomen Guildo Horn.« Das hat Guido Westerwelle mal gesagt. Ausgerechnet der. Natürlich spricht blanker Neid aus einer solchen Aussage. Aber unbedingt falsch ist sie nicht. Gerhard Schröder ist fleischgewordene »Event«-Politik. Schröder ist Wiener Opernball und VW-Vorstandsetage, wenn es sein muss aber auch Werkhalle und Gewerkschaftsversammlung. Voraussetzung: Fernsehkameras müssen dabei sein.

Was aber nicht heißt, dass Schröder ein reines Medienprodukt ist. Das auch. Vor allem aber ist er ein Imagemeister. Einer, der auch seine privaten Probleme vermarktet, seine drei Scheidungen und die vierte Ehe, ein Freund der Boulevardpresse, der Politik in erster Linie als öffentliche Selbstinszenierung von Personen und als Platzierung von »Events« versteht. Insofern war er seiner Zeit schon immer weit voraus und steht an der Spitze einer Bewegung, in der die Westerwelles und Möllemanns trotz aller Anstrengungen immer noch mühsam hinterherdackeln.

Kohls Strickjacke

Die deutsche Einheit wurde zwar am 3. Oktober 1990 vollzogen, politisches Faktum war sie aber schon am 1. Juli mit der Einführung der D-Mark in der DDR. Und besiegelt wurde sie durch Helmut Kohls Strickjacke. Die trug er – nebst Lederpantoffeln – immer in seinem Büro im Kanzleramt, und er trug sie auch bei seinem Treffen mit Michail Gorbatschow im Kaukasus. Ein Vertrauensbeweis allererster Güte, dessen logische Folge Gorbatschows Ja zur deutschen Einheit war. Anschließend kam die Strickjacke ins »Haus der Geschichte« in Bonn. Bis sie irgendwann weg war.

Dass dieser Schröder ein schlimmer Finger ist, das wissen wir ja alle. »Ausländer raus« und »Lehrer faule Säcke« und »Kein Recht auf Faulheit für Arbeitslose« und »Wegschließen für immer« – an das Stammtischgedröhne haben wir uns beim Armani- und Basta-Kanzler gewöhnt. Bloß: Das kommt alles so dreist populistisch daher, dass wir gar nicht merken, was wirklich passiert. Dieser Mann ist gefährlich. Nicht nur, weil er Menschen im Reagenzglas züchten will. Er hat sich ja auch geweigert, das neue Bundeskanzleramt in Berlin kirchlich segnen zu lassen. Weil das Kanzleramt allen Bürgern in Deutschland diene, auch denen, die keine Christen sind. Und die Homosexuellen-Ehe will er auch zulassen. Will sagen: Dieser Lümmel aus Hannover strebt nichts weniger an als multiplen Verfassungsbruch, als die Umwertung aller Werte. Wenn Christentum und Familie nicht mehr unser Gemeinwesen in seinem eigentlichen Kern ausmachen, so war das ja wohl gemeint im Grundgesetz, ja dann geht das Abendland nun aber wirklich und endlich den Bach runter. Sauerei so was.

Hätte es noch eines Beweises für diese These bedurft, dann haben wir denselben jetzt. In Form von Helmut Kohls Strickjacke. Die wir nämlich nicht mehr haben. Wir, das Volk. Auf Geheiß des Herrschers der Berliner Republik ist Helmut Kohls Strickjacke aus dem »Haus der Geschichte« zu Bonn am Rhein entfernt worden. Also nicht ganz, aber aus der Dauerausstellung dortselbst. Zusammen mit Michail Gorbatschows Pullover ist besagte Strickjacke in die Abstellkammer verbannt worden. Stattdessen dürfen wir jetzt eine gläserne Statuette bewundern. Ein geflügeltes Wesen auf einer Kugel. Mit diesem Nippes ist Gerhard Schröder anlässlich der Ernennung zum »Weltstaatsmann des Jahres« 2000 in New York geehrt worden.

Natürlich hat sich Frau Doris sogleich energisch und erfolgreich geweigert, das hässliche Teil in die heimische Vitrine zu stellen. Und dafür musste jetzt die Konzeption der Dauerausstellung im »Haus der Geschichte« geändert werden. Eben jenem Haus, das wir einzig und allein Helmut Kohl verdanken. Das er gegen alle möglichen Widerstände durchgesetzt hat, damit seine geschichtliche Rolle angemessen gewürdigt werde. Kaum hat der Dicke Bonn den Rücken gekehrt, wird er sozusagen aus der Geschichte entfernt. Eskamotiert. Gucken Sie im Wörterbuch nach. Das ist was ganz was Schlimmes.

Das muss man sich mal reintun: Ohne Kohls Strickjacke existiert deutsche Geschichte überhaupt nicht. Mit diesem Kleidungsstück hat er seinerzeit auf der Krim den Gorbi so beeindruckt, dass der gar nicht mehr anders konnte, als der deutschen Einheit zuzustimmen. Raus, weg. Was bleibt übrig? Die Baumstümpfe, auf denen beide gesessen haben. Stümpfe – deutlicher kann man diesen Akt der Geschichtsklitterung nicht symbolisieren.

Und was da sonst noch alles neu ist: Ein Wasserwerfer aus bewegten APO-Tagen; die Tür zum Hochsicherheitstrakt in Mutlangen, hinter der die Pershing-2-Raketen und vor der Demonstranten wie Heinrich Böll lagerten; eine Original-Sponti-Lederjacke mit eingenähten Taschen für Wurfgeschosse! Eine Jacke der Gewalt ersetzt die Jacke des Friedens. Und Schröder stellt sich hin und schwadroniert, was für 'ne tolle Rolle die Jusos damals gespielt hätten. Eine Schande ist das, schlimmer als die Wehrmachtsausstellung, aber hallo!

Und jetzt wage ich mir gar nicht auszumalen, was mit Kohl sonst noch passiert. Seine Aktentasche sollte ab Herbst 2002 im Deutschen

Historischen Museum in Berlin zu bewundern sein. Auch die Elefantensammlung von Juliane Weber. Und Schreibtisch und Sessel aus Kanzler Kohls Arbeitszimmer. Da wird wohl nichts draus. In der Ahnengalerie des Kanzleramts gibt es auch immer noch kein Bild von Kanzler Kohl. Das wird wohl auch nie gemalt. Man will diesen Mann aus der Geschichte Deutschlands und damit die Geschichte Deutschlands selbst austreiben. Eine Schande ist das. Aber das sagte ich wohl schon.

Schröders Haare

Wir schreiben das Jahr 2002, schon wieder steht eine Bundestagswahl ins Haus, der Regierung geht's schlecht, die Union hat sich auf den Kanzlerkandidaten Edmund Stoiber geeinigt, und Gerhard Schröder bekommt Ärger mit seinen Haaren. Nein, mit der Haarfarbe. Weil öffentlich und wiederholt behauptet wird, dass er die Haare färbt oder tönt. Das kann er nicht auf sich sitzen lassen, weshalb er die Verleumder vor den Kadi schleppt.

Warum macht der das bloß? Hat der nichts Besseres zu tun, als einen Prozess ausgerechnet um braune, graue oder getönte Haare zu führen? Das fragt sich ganz Deutschland, und die Antworten der professionellen Antwortgeber sind auch geläufig: Gerhard Schröder hat immer gerne allerlei bunte und grüne und goldene und sonstige Schmuddelblätter bedient, auch mit privaten Storys einschließlich der familiären Dramen und Zerwürfnisse, nicht zu vergessen mit Kleidungs-, Ess- und Rauch- und Trinkgewohnheiten. Irgendwann haben ihm seine Berater gesagt: Das reicht, ab jetzt bist du seriös und machst auf Staatsmann. Und ein Staatsmann darf sich nicht nachreden lassen, dass er bei seiner Haarfarbe geflunkert hat.

Gut, das ist die offiziöse Version. In Wahrheit ist natürlich alles anders. In Wahrheit müssen wir diesen unseren Kanzler loben, weil er ein völlig vernachlässigtes Thema wieder in den Mittelpunkt der Politik gerückt hat: die Haare. Denn genau dieser Frage haben unsere Altvorderen ihre ganze Aufmerksamkeit gewidmet. »Lasst wohlbeleibte Männer um mich sein, mit glatten Köpfen, und die nachts gut schlafen.« Das soll Gaius Julius Caesar gesagt haben, zumindest behauptet William Shakespeare das. Und hat damit eine unselige Tradition begründet: Glatze, vor allem in Verbindung mit Leibesfülle, symbolisiert Gemütlichkeit, Sanftmut, Berechenbarkeit. Wer hat Caesar zu Tode gedolcht? Brutus, schlank und vollschopfig. Volles Haar, das wissen wir schon seit Samson und Delilah, hat eben eher was mit Kraft und Kampfesmut zu tun. Sie erinnern sich: Bei Samson steckte die ganze Kraft, angeblich auch die Manneskraft, in der vollen Haarpracht. Und als Delilah ihm dieselbe raubte, war es aus mit Samson.

Will sagen: Männer ohne Haare sind berechenbarer, eher auf Ausgleich bedacht, Männer mit viel Haaren eher ungestüm und unberechenbar. Norbert Blüm, Rainer Eppelmann, Gregor Gysi – lauter nette, gemütliche Menschen, verbindlich, haben alle was Knuddeliges. Franz Müntefering? Sieht immer aus wie gemeißelt. Strahlt den Charme einer Marmorurne aus. Oder Jürgen W. Möllemann, dessen wallender Schopf immer gewaschen, gelegt, gefönt ist – wirkt rund um die Uhr gepflegt. Aber sympathisch? Eher wohl nicht.

Womit schlüssig bewiesen wäre: Mit dem Verlust des Haupthaares steigt nahezu automatisch der Sympathiewert. Und dieser fatalen Entwicklung will unser aller Kanzler mit Macht Einhalt gebieten. Er will dem vollen Haupthaar auch in der Politik wieder zu seiner vollen Geltung verhelfen, will als Samson des 21. Jahrhunderts den Beweis antreten: Üppiger Schopf symbolisiert nicht nur Männlichkeit, Entschlossenheit, Siegeswille, sondern auch Verlässlichkeit. Weshalb es eben für ihn von zentraler Bedeutung ist, dass er mit seinen Haaren nicht lügt. Sie also nicht tönt, färbt oder sonstwie auf voll und jung und dynamisch trimmt.

Die Farbe ist neben der Fülle deshalb von Bedeutung, weil der Farbstoff Melanin ein Indiz für eine hohe Entwicklungsstufe des zentralen Nervensystems von Wirbeltieren ist. Das heißt: Wer früh ergraut oder gar erweißt wie Edmund Stoiber, der ist ein bisschen zurückgeblieben; wem die Farbe auf dem Haupte lange erhalten bleibt, der ist besonders plietsch. Und für diesen Nachweis, liebe Leserin, lieber Leser, sollte auch ein Kanzler mal vor Gericht ziehen dürfen. Das ist zwar nur ein kleiner Schritt für die Haare des Kanzlers, aber ein ganz großer für die Haare der Menschheit.

Möllewelle

Jedes Volk hat die Regierung, die es verdient. Sagt man. Und jede Regierung hat genau die Opposition, die sie verdient. Sagt man auch. Das muss der Grund dafür sein, dass gegen Schröder und Fischer so Kapazitäten wie Möllemann und Westerwelle stehen. Die mit ihrer FDP 18 Prozent bei den Bundestagswahlen 2002 gewinnen wollen. Und dafür mit manch putzigem Einfall werben.

Das mit den Schuhen war nur ein Gag. Hat Westerwelle gesagt. Das hat er hoffentlich nicht ernst gemeint. Denn das wäre ziemlich schade. Weil die Aktion bei Frollein Christiansen nämlich ein weiterer Höhepunkt in der Wahlstrategie des flotten Guido war. Heldenhafter Verzicht auf jede Art von Argumentation, dafür eine gelbe 18 auf den Schuhsohlen, die Guido lässig in die Kamera hält. Das passt wunderbar zu dem bunten Spielanzug, den er bei der Verleihung des Ordens wider den tierischen Ernst trug, zu den blau-gelben T-Shirts, zum blau-gelben Guido-Mobil – alles verziert mit der Zahl 18, die an die Stelle jeden Inhalts getreten ist. Wir bewundern diese konsequente Haltung, würden uns allerdings noch ein bisschen mehr davon wünschen. Also wenn unser aller Guido sich noch den Hinterkopf so rasieren ließe, dass eine 18 zum Vorschein käme, blau-gelb eingefärbt, versteht sich, wären wir schon ziemlich glücklich.

Die Fachleute unter den geneigten Lesern ahnen schon, worauf das hinausläuft: auf Stefan Effenberg, früher Fußballspieler, dann Sozialpolitiker, der hat sich den Hinterkopf mal mit einem rasierten Tiger verzieren lassen – so was muss Schule machen. Und überhaupt muss der Effenberg ins blau-gelbe Wahlkampfteam, genau wie Dolly Buster. Das war ein grober Fehler, als Westerwelle entschieden hat, dass diese Dame ihre beträchtliche Oberweite nicht für die blau-gelbe 18 ins Rennen schicken darf. Aber das lässt sich ja noch reparieren. Wie man hört, möchte das Frollein Buster immer noch für die FDP werben.

Passt auch gut zu Peter Bond, früher Pornodarsteller und *Glücksrad*-Moderator, jetzt FDP-Kandidat in McPomm. Der sagt, dass alles anders werden muss, und zwar mit 18 Prozent, hat keine politische Meinung, bringt die aber gnadenlos an den Mann. Und da will uns der

Guido jetzt erzählen, das mit dem Schuh sei nur ein Gag gewesen? So geht's aber nun mal nicht.

Denn Guidos Masche kommt doch unheimlich an. Guck mal: Gegen den ist Möllemann doch ein Anfänger. Der hat in Nordrhein-Westfalen knapp zehn Prozent erreicht. Mit dem Versprechen, alles schneller zu machen. »Turbo« stand auf den Wahlplakaten. Nicht schlecht, aber noch zu viel Inhalt. Als Möllemann von 18 Prozent faselte, hat Westerwelle ihn ausgelacht. Dann hat er festgestellt, dass genau das der politische Inhalt der FDP ist, und hat so getan, als sei die 18 seine Erfindung. Als Möllemann von einem FDP-Kanzlerkandidaten delirierte, wollte Westerwelle ihn in eine geschlossene Anstalt einweisen lassen. Jetzt hat er die K-Frage für sich selbst entdeckt.

Und schuld dran ist Cornelia Pieper. Die Inkarnation der deutschen Kegelschwester, das Musterbild der patenten Mittvierzigerin, eine Art Doris Day für Arme, die »Jetzt-packen-wir's-an-egal-was«-Tante. Die ist aus Möllemann und Westerwelle unter Hinzufügung weiblicher Chromosomen gentechnisch zusammengerührt worden. Ergebnis: die Möllewelle aus dem Osten. Zu den einprogrammierten Texten hat sie einen hinzugefügt: »Ich will Ministerpräsidentin werden.« Das ist zwar der blanke Schwachsinn, aber eine konsequente und radikale Fortführung des Möllewelle-Prinzips. Also hat der Guido sie gewähren lassen und hat nun richtig Spaß an dem Zeug, das sein Retortengeschöpf von sich gibt.

Denn eins ist ja wichtig und richtig: Solange wir über die Ministerpräsidentenkandidatur von Frau Frankenstein-Pieper reden, müssen wir nicht über blau-gelbe Inhalte für Sachsen-Anhalt reden. Das entlastet uns, das Publikum, ja auch ungemein. Und warum soll man diesen Effekt nicht nutzen für die Bundestagswahl? Wenn fast 14 Prozent der Menschen in Sachsen-Anhalt eine Tante wählen, die perfekt Möllemann- und Westerwelle-Texte spricht und sonst nichts, dann müsste es doch mit dem Teufel zugehen, wenn bundesweit nicht 18 Prozent für die Väter der Möllewelle herauskämen. Das Publikum ist da, man muss es nur noch ein bisschen konsequenter unterfordern.

Also, lieber Guido: Keine Rückzugsgefechte, das mit den Schuhen war kein Gag, sondern Politik, als nächstes erwarten wir die rasierte 18 auf dem Hinterkopf und ein blau-gelb leuchtendes K auf der Stirn. K für Kanzlerkandidatur.

Möllemann-Absturz

Es hat dann doch nicht funktioniert mit der 18. Magere 7,4 Prozent ka-
men bei der Wahl 2002 heraus. Und dann sollte Möllemann an allem
schuld gewesen sein, vor allem wegen seiner aggressiven Wahlwerbung,
mit der er nicht zuletzt im rechten Lager fischen wollte und in Nordrhein-
Westfalen immerhin auf neun Prozent kam.

Das Wort »tragisch« ist leider zu einem Allerweltsbegriff geworden.
Wenn Bayern München durch ein Eigentor verliert, wenn sich einer
beim Nasebohren den Finger bricht, wenn ein Köter auf seinem eigenen Haufen ausrutscht – immer ist von einem tragischen Vorgang die
Rede. Dabei geht's nur um Ungeschicklichkeit. Tragisch – nach der
klassisch-attischen Definition – handelt ein Held, wenn er durch eifriges Streben das Gegenteil von dem bewirkt, was er erreichen will. Was
hat das mit Jürgen Wilhelm Möllemann zu tun? Der ist nun wirklich
eine tragische Figur. Wie Ödipus. Nicht dass Möllemann in bester Absicht seine Mutter begattet und seinen Vater erschlagen hätte, aber so
ähnlich ist das schon. Wenn Union und FDP die Wahl gewonnen hätten, dann wäre Möllemann jetzt ein Held und im Nebenberuf Minister.
Kein Hahn würde danach krähen, was vorher war. Die Spendenaffäre
wäre keine, sie würde totgeschwiegen, das Feuer ausgetreten, Kritiker
würden mundtot gemacht. Aber wenn man die Wahl verliert, ist man
kein Held, sondern ein Schwein. Siehe Helmut Kohl.
   Dabei hat er es doch nur gut gemeint, der Jürgen W. Und eigentlich alles richtig gemacht. Projekt 18, Kanzlerkandidatur – das ist auf
seinem Mist gewachsen, und anfangs musste er die Seinen noch zum
Jagen tragen. Dann waren sie ganz begeistert, die Westerwelles und
Brüderles und Piepers. Die jetzt von allem nichts mehr wissen wollen. Und Erfolg hat Möllemann auch gehabt: Über 9 Prozent bei der
Bundestagswahl in Nordrhein-Westfalen, also in dem Land, das er
mit seiner bösen Wahlwerbung zugemüllt hat. Der Rest der Bundesbürger kannte das Ding nur aus den Medien. Und dieser Rest hat
ziemlich wenig FDP gewählt. So verrückt ist diese Welt, vor allem die
politische:
   An Möllemann und seinen Spielereien mit antisemitischen Ressen-
timents kann die FDP-Niederlage kaum gelegen haben. Aber einen

braucht man schließlich, den man öffentlich auspeitscht. Das ist der Grund, warum alle möglichen blau-gelben Amts- und Würdenträger nun Möllemann-Inquisition mimen. Mit allem Drum und Dran. Mit Verschwörungstheorien, mit Klagedrohungen, mit Parteiausschlussdrohungen, mit Ultimaten. Ja, und? Wie die Hamster im Rad strampeln sie sich ab, die von Möllemann Düpierten, und der lässt sich auf Gran Canaria oder sonstwo den Bauch braunbrutzeln und das Ultimatum verstreichen. Was machen sie denn jetzt, die blau-gelben Ritter ohne Furcht und Tadel? Satteln sie die Hühner und reiten gen Canaria? Nichts tun sie. Außer ziemlich dumm aussehen.

Und Möllemann lässt verkünden, dass er selbstverständlich sein Bundestagsmandat wahrnehmen wird und in welchen Ausschüssen er sitzen möchte. Und seine Freunde raten ihm, sich gerichtlich gegen die Vorwürfe zu wehren – Leute, dagegen ist jede griechische Tragödie reines Larifari. Warum hört eigentlich keiner auf mich? Ich hätte denen sagen können, dass man den Möllemann nicht einfach so politisch totmachen kann. Der hat auf diesem Gebiet Erfahrung, der war schon so oft politisch tot und ist immer wieder auferstanden, der ist Profi. Und einen professionellen Wiedergänger bekämpft man nicht mit Paragraphen und Verfahren, sondern mit ausgefuchstem Voodoo-Zauber. Ich stelle mir gerade Günter Rexrodt als Voodoo-Priester vor – na gut, vergessen wir das.

Ihr werdet es erleben: Anfang November kommt Mölli aus der Kur zurück, frisch wie der junge Morgen, kämpferisch wie ein junger Wolf, wird munter im Bundestag rumsitzen, sich mit den zwei PDS-Damen verbünden und im Hinter- sowie Untergrund eine schlagkräftige »Kampfgruppe Möllemann« organisieren. Die Keimzelle einer neuen außerparlamentarischen Opposition. Das habt ihr dann davon.

Es kam anders, wie wir wissen. Ein halbes Jahr später, im Juni 2003, stürzte Jürgen Möllemann bei einem Fallschirmsprung ab und starb.

Abgänge

Rot-Grün regiert weiter, und wie das bei neuen Regierungen so ist, auch wenn sie die alten sind: Das große Stühlerücken geht los. Schließlich muss dem Wähler der Eindruck vermittelt werden, dass er nicht nur

Kontinuität, sondern auch einen Neuanfang gewählt hat. Also dann mal los.

So langsam fange ich an zu begreifen, wie das geht. Wenn einer geht. Politische Abgänge haben ja ihre eigene Gesetzlichkeit, und ich blicke allmählich durch. Zunächst mal müssen grundsätzlich nur die gehen, die ganz außergewöhnlich gute Arbeit geleistet haben. Also jetzt Riester und Müller: Die haben nicht nur brav ihren Job gemacht, nein, die sind richtig gut, über alle Maßen tüchtig und integer und vor allem loyal – und deshalb fliegen sie raus. Das gilt überall.

Erinnern Sie sich noch? Friedrich Merz, ein geradezu überdimensional guter Fraktionsvorsitzender der Union, irgendwie noch nie dagewesen, so'n Mann. Völlig logisch, dass er weg muss, weil Angela Merkel das auch werden möchte. Ein außergewöhnlicher Mann. Quatsch, eine gleichsam überirdische Fraktionsvorsitzende.

Haben Sie schon mal gehört, dass jemand rausfliegt, weil er oder sie schlecht ist? Dass jemand sagt: Diese Pfeife muss weg, wir sind es jetzt leid? Keine Spur. Ron Sommer war bis zum Sommer Chef der Telekom. Und was für ein Chef. Brillant. Hat den alten Telefonbeamtenapparat zum Global Player gemacht. Musste deshalb dringend abgelöst werden. So dringend, dass jetzt kein Nachfolger zu finden ist. Wenn Sommer ein Versager gewesen wäre, wäre er noch im Amt. Nur die Besten fliegen raus.

Was heißt das jetzt wiederum fürs Bundeskabinett? Für Ulla Schmidt zum Beispiel? Ja, das klingt jetzt gemein. Aber wenn die wirklich drin bleibt, kann das so doll mit ihr nicht sein. Die wirklich Guten entfernen sich ja gelegentlich selbst, bevor der Chef vergisst, sie rauszuschmeißen und ihnen damit einen irreparablen Karriereschaden zufügt. Was, noch nie aus dem Kabinett Schröder rausgeflogen? Ja, lieber Mann, liebe Frau, dann haben wir leider keine Verwendung für Sie. Diesem schweren Schicksal ist Hertha Däubler-Gmelin zum Beispiel entronnen. Hat sich einfach selbst entlassen. Christine Bergmann auch. Das war ganz schön clever, weil ja keiner weiß, ob sie wirklich so überragend waren, dass sie für einen Rausschmiss in Frage gekommen wären.

Was ist mit Joschka Fischer? Wenn der wirklich so toll ist, wie Schröder immer behauptet: Warum hat er ihn noch nicht hochkant rausgeschmissen? Und Peter Struck und Edelgard Bulmahn und Heidemarie Wieczorek-Zeul und Otto Schily und Jürgen Trittin und so weiter. Sind das alles Versager, die zur Strafe für ihre Blödheit im Kabinett bleiben müssen? Und was ist mit Schröder selbst? Ist der die Oberpfeife, so unfähig und so dusselig, dass er gar nie und nimmer gefeuert werden kann? Von sich selbst?

Wir sehen, liebe Festgäste, da muss noch ein anderes Element walten im Gesetz des politischen Abgangs. Überdimensionale Fähigkeiten alleine führen noch nicht zum Rausschmiss, und Drinbleiben ist noch kein hinreichendes Indiz für Unfähigkeit. Da steckt noch mehr dahinter, aber auf dieses Geheimnis kommen wir auch irgendwann noch.

Kanzlerdämmerung

Die Wiederwahl hat Bundeskanzler Schröder nicht gerade selbstbewusster gemacht. Nicht nur Gerüchte über getönte Haare machen ihn nervös, auch solche über angebliche Liebschaften, angebliche Zerwürfnisse mit der Frau Gemahlin, über die weinende Doris im Hannoverschen Heim und den grollenden Gerhard im Berliner Kanzleramt. Und immer häufiger droht der mit Klagen. Das Wort von der »Kanzlerdämmerung« macht die Runde.

Bei Helmut Kohl hat es anno 97 angefangen. Vorher war er ein Musterbild an Gelassenheit. Ob er nun in einem Satiremagazin in ausgebeulter Unterhose karikiert war – Unterschrift: »Juliane, der Aufschwung ist da« – oder zusammen mit Genscher als Dick und Doof oder als Birne in allen möglichen Erscheinungsformen – entweder hat ihn das tatsächlich kaltgelassen, oder er hat erfolgreich so getan. Und dann verliert sich der Reiz solcher Dinge von selbst. Als aber anno 97 ein Schnaps mit dem Namen »Helmuts Birne« auf den Markt kam, drohte Kohl gleich mit dem Kadi. Und im Sommer des nämlichen Jahres verklagte Kohl ein paar junge Leute, die auf dem Wolfgangsee herumschipperten und dem Feriendomizil der Kohls ihre nackten Hinterteile entgegenstreckten. Da war auch den letzten Zweiflern klar: Kohl ist am Ende. Er ist nervös, dünnhäutig, nichts mehr vom Fels in der Brandung, damals wussten oder ahnten auch die üblicherweise Ahnungslosen: Wir sind Zeugen einer Kanzlerdämmerung.

Und dass sich das jetzt wiederholt, ist offensichtlich. Ja, die Verlaufsform des Kanzler-Niedergangs ist noch typischer als bei Helmut Kohl. Denn Gerhard Schröder hat anfangs nicht nur allen möglichen Gerüchten und Andeutungen über Privates widerstanden, er hat schon als Provinzfürst in Niedersachsen das Heft selbst in die Hand genommen. *Bunte* und allerlei andere Matsch- und Klatsch- und Tratschblätter wurden gut bedient, auch mit Privatstorys einschließlich der familiären Dramen und Zerwürfnisse und mit Kleidungs- und Ess- und Rauch- und Trinkgewohnheiten. Und als er Kanzler war, ging das so weiter. Brioni und Armani und Cohiba, die dollen Cousinen im Osten, gib mir mal 'ne Flasche Bier – da gab's nie Berührungsängste, da war er immer mittendrin.

Als aber seine Berater meinten, angesichts der ins Unermessliche gewachsenen internationalen politischen und militärischen Bedeutung Deutschlands müsse Schröder nun den Staatsmann mimen und auf seriös machen – da zogen seine Lieblingsblätter nicht mit. Gut, die waren noch eine Weile mit Scharpings Plantschereien beschäftigt, aber dann kamen allmählich auch andere Geschichten: Schröder hat ein Verhältnis mit einem weiblichen Bodyguard, während die arme Doris sich zu Hause in Hannover die blauen Augen ausweint. Da wurde er plötzlich nervös.

Schließlich, nach gut zwei Jahren Kanzlerschaft, fing Schröder an, über »Kampagnen« der Boulevardpresse zu jammern. Franz Müntefering drohte der *Bild-Zeitung* mit einer Klage, andere SPD-Größen stimmten in die Presseschelte ein, schließlich war die Rede von »Kettenhunden« und »Erfüllungsgehilfen« der Opposition – was ja nicht so ganz falsch ist, denn *Bild, Spiegel* und Konsorten wollten Rot-Grün tatsächlich kaputtschreiben, aber das ist nun mal so, wenn man sich mit Schmieranten einlässt: Pack schlägt sich, Pack verträgt sich, damit muss man leben.

Jetzt aber dreht er völlig ab, der Kanzler der bunten Blätter. Wenn er sich mit der *Wirtschaftswoche* anlegt, bloß weil die über häuslichen Ärger möglicherweise gelogen hat, möglicherweise aber auch nicht, dann verlässt Schröder die allgemein anerkannte Spielwiese und läuft ernsthaft Gefahr, zum Prozesshansel zu werden. Nicht dass das jemanden stören würde. Nur wird Gerhard Schröder damit endgültig zu Helmut Kohl. Genauer: zum späten Helmut Kohl. Übersensibel, dünnhäutig, nörgelig. Und daran zeigt sich mal wieder, was für einer der Helmut Kohl war. Der hat fünfzehn Jahre durchgehalten, bevor die Kanzlerdämmerung einsetzte, die von Schröder beginnt schon nach vier Jahren. Sie können's eben nicht, die Sozis. Nicht mal das.

Blut, Schweiß und Tränen

November 2002: Kaum war Gerhard Schröder zum zweiten Mal zum Kanzler gewählt, sollte er auch schon wieder arbeiten. »Schröder muss den Menschen die Wahrheit über die Lage in Deutschland sagen«, erklärte Parteifreundin Heide Simonis und forderte eine »Blut-, Schweiß- und Tränen-Rede«.

Ach ja, die Heide Simonis. Sie ist ja so forsch, sie hat ja so einen frischen, unverfälschten Humor. »Ob im Blaumann, ob in Seide, jeder Schlaukopf wählt die Heide.« So was gibt sie im Wahlkampf gerne mal von sich. Oder so was hier: » Alles bewegt sich, sagte der Papagei, als er in den Ventilator flog.« Ja, da tobt der Mutterwitz. Und wenn der Herr Kornblum, vormals US-Botschafter in Deutschland, von den Aachener Karnevalsdeppen den »Orden wider den tierischen Ernst« verpasst bekommt, dann singt die gute Heide das schöne Lied »Kornblumenblau« – sie ist schon 'ne Frohnatur, die Heide aus Bonn. Nicht aus Kiel, neenee, sie ist in Bonn geboren und hat erst nach dem Abitur das Bundeskaff am Rhein verlassen. Also ist ihr der rheinische Frohsinn in die Wiege gelegt worden – so spricht man ja wohl in solchen Fällen.

Weshalb wir auch ihren neuesten Ausspruch als Ausbruch eben dieses Humors werten müssen. Denn mit ernsthafter Analyse kommen wir da nicht weit. Eine »Blut, Schweiß und Tränen«-Rede – was soll das denn, bitte sehr, sein? Jetzt kommt mir bloß nicht mit Churchill, Freunde, denn das ist eine Sackgasse. Der hat das nämlich erstens so nicht gesagt. Sondern: »I have nothing to offer but blood, toil, tears and sweat.« Also »Ich habe nichts anzubieten als Blut, Arbeit, Tränen und Schweiß.« Das hat er gesagt, der olle Winston, am 13. Mai 1940 vor dem britischen Unterhaus. Da war er gerade mal drei Tage Premierminister. Und das klingt gar nicht mehr so schön poetisch wie »blood, sweat and tears«, »Blut, Schweiß und Tränen«. Aber das könnten wir ja noch gelten lassen, Volksmund oder Redenschreiber oder Journalisten biegen Traditionen ja gerne mal so lange zurecht, bis sie schön klingen.

Nehmen wir's also nicht so genau, nehmen wir's symbolisch. Was hat der olle Churchill gesagt an diesem 13. Mai 1940? Dass er nicht viel zu sagen hat. Die Rede dauerte etwa drei Minuten. Er hatte gerade eine Allparteienregierung der nationalen Einheit gebildet und schlug dem Parlament eine Resolution vor, in dem das Unterhaus diese Regierung billigt und den starken Wunsch äußert, den Krieg gegen Deutschland zu einem siegreichen Ende zu führen. »Sieg um jeden Preis, Sieg trotz allen Terrors, Sieg, wie lang und hart der Weg auch sein mag, denn ohne Sieg gibt es kein Überleben.« Das hat Churchill gesagt. Und so eine Rede soll Schröder halten?

Okay, man kann das umbiegen. Aus dem Gegner Deutschland könnte man den Gegner, öhm, Deutschland machen. Also das Deutschland, das sich so beharrlich weigert, endlich mal zu rucken. Die Ruckreden aus allen Richtungen haben ja nichts gebracht. Bloß: Dass Schröder den Deutschen nichts zu bieten hat als »Blut, Arbeit, Tränen und Schweiß«, das haben die schon gemerkt. Muss er das jetzt noch mal in einer dramatischen Drei-Minuten-Rede an sein Volk über alle Fernsehsender transportieren? Denn so was Ähnliches schwebt Frau Simonis ja wohl vor. Vielleicht wären da ein paar schick gemachte Fernsehspots viel wirksamer. Eingebaut in sämtliche Vorabend-Seifenopern, in die Kindersendungen, ins nächtliche Erotikprogramm.

Noch besser: Die Seifenopern übernehmen die Botschaft selbst. Die Werbung macht das sowieso schon, warum soll die Politik nicht ein paar »Blut, Schweiß und Tränen«-Plots anbieten, die anmutig auf alle Soaps der Republik verstreut werden. Noch besser: ein Schlager, denn das kommt ja zur Zeit ungemein an. Ein Schröder-Rap so nach dem Motto: »He, boys und girls, ihr müsst euch beeilen, es gibt in diesem Land nichts mehr zu verteilen, klotzt ran, baut auf, macht selber was, sonst versaut ihr euch noch den Rentenspaß« – naja, etwa so. Richtig fein wäre es, wenn man zu diesem Behufe die Rock-Opas von »Blood, Sweat and Tears« reanimieren könnte. Ein paar Wochen Deutschunterricht, und dann gehen die auf Tournee. Mit Heide Simonis als Vorgruppe. Wenn's dann nicht aufwärtsgeht, dann weiß ich es auch nicht.

Schröders Ferien

Streit in Brüssel: Der deutsche Europaabgeordnete Martin Schulz meckert über Silvio Berlusconi, der italienische Tourismus-Staatssekretär über die Deutschen an sich, und der Kanzler der Deutschen ist pflichtgemäß beleidigt und sagt seinen Urlaub in Italien ab. Eine Katastrophe.

Oh, nein, das hätte jetzt nicht kommen dürfen. Und das alles wegen eines doofen deutschen Europaabgeordneten, der die Folgen seines Tuns nicht recht bedacht hat. Du liebe Zeit, was das für Weiterungen hat. Da hätte man doch vorher mal überlegen müssen: Der Silvio ist schließlich der Oberste aller Obersten in Italien. Nämlich Regierungschef, faktisch auch Justizchef – weil er die Justiz schlicht ausgeschaltet hat, und Chef der öffentlichen Meinung, weil ihm die Medien in Italien gehören. Jedenfalls die meisten. Und so ein Mann ist es eben nicht mehr gewöhnt, dass ihn jemand kritisiert. Das muss man doch berücksichtigen, wenn man mit dem Mann zu tun hat. Sonst löst man einen Schock aus, und das Ergebnis kennen wir ja.

Das Ergebnis ist schrecklich. Es ist die Wahrheit über die Deutschen. Wir wissen doch, dass dieser Tourismus-Staatssekretär mit dem wunderbar italienischen Namen Stefano Stefani völlig recht hat. Zehn Millionen Teutonen, »einförmige, supernationalistische Blonde«, fallen Sommer für Sommer lärmend über Italiens Strände her, »besoffen von aufgeblasener Selbstgewissheit«. Ja, eben. Das ist doch der Grund, warum unsereiner da nicht hinfährt. Weil man denen nicht begegnen will.

Und natürlich hat er recht, wenn er annimmt, dass der Europaabgeordnete Martin Schulz »wahrscheinlich mit dröhnenden Rülpswettbewerben nach Bier- und Fressgelagen mit frittierten Kartoffeln aufgewachsen« ist. So sind wir doch alle aufgewachsen, also mit Ausnahme der frittierten Kartoffeln, da irrt Herr Stefani, da verwechselt er Deutschland mit Belgien. Aber sonst stimmt's. Und die einzig wichtige Frage für uns Deutsche ist doch: Schaffen wir es, uns von der typisch deutschen Vergangenheit frei zu machen oder nicht? Wer das nicht schafft, fährt sommers nach Rimini und rülpst dort weiter. Wer es geschafft hat, zieht sich in sein Häuschen in der Toskana zurück. Unsereiner macht Urlaub an der Mosel oder auf Rügen.

Und jetzt, liebe Freunde, soll das alles vorbei sein? Wenn ab sofort Sommer für Sommer zehn Millionen fressende, saufende, rülpsende Blondköppe nicht mehr für ein paar Wochen in den Süden ausgelagert werden – bleiben die dann in Deutschland? Eine Horrorvorstellung! Wo sollen wir denn dann noch hin? Und noch schlimmer: Was machen Gerhard Schröder und seine tödliche Dosis Doris, wenn die nicht nach Italien fahren? Es gibt ja schon Politiker, die den Kanzler zum Urlaub in Deutschland aufgefordert haben. Ja, haben die noch alle Tassen im Schrank?

Wenn das mal anfängt, dann machen alle Politiker Urlaub in Deutschland. Sind doch wie die Lemminge. Und dann kann man keinen Fuß mehr vor die Tür setzen, weil man befürchten muss, irgendeiner Oberpfeife der Obrigkeit oder gar einem Volksvertreter begegnen zu müssen. Stellt euch vor, ihr fahrt nach Spiekeroog und begegnet nicht nur Johannes Rau, sondern auch Angela Merkel, Gerhard Schröder, Friedrich Merz, Henning Scherf und Roland Koch. Ist das eine Horrorvision? Und was für eine.

Deshalb, Schröder, sag bitte deine Absage ab, fahr nach Italien, lass uns den Streit mit den Italienern so schnell wie möglich beilegen, alle ab nach Canossa, und zwar im Kriechgang. Ich will schließlich von meinem Urlaub noch was haben.

Neue Kleiderordnung

Sommer 2003: Ein Schock für alle modebewussten Deutschen. Führende deutsche Politiker nebst einem führenden deutschen Journalisten werden in sommerlicher Kleidung gesichtet, die den ehernen Glauben der Deutschen an das, was der Würde unserer Repräsentanten schicklich sei, schwersten erschüttert.

Wir dürfen uns jetzt nicht gleich von unseren Gefühlen überwältigen lassen. Dann besteht nämlich die Gefahr, dass wir uns mit einfachen Antworten zufriedengeben. Als da wäre: Wenn Gerhard Schröder und Hans Eichel und Wolfgang Clement und Roland Koch und Ulrich Wickert ohne Jackett auftreten, dann hat der deutsche Biedersinn und sein Hang zur Uniformität sein letztes und entscheidendes Gefecht gegen Geschmack und Individualität gewonnen. Unwiderruflich.

Zugegeben: Es sieht zunächst danach aus. Üblicherweise sehen unsere öffentlichen Jungs und Mädels ja aus wie aus der Legebatterie gezogen, also rein bekleidungsmäßig: Der Anzug ist von gedecktem Graublaubraun, das bei besonders Mutigen und Modebewussten manchmal vermittels eines melierten Grau-Blau fast ins Schrille spielt. Und wenn es heiß wird, dann wird die Kleiderordnung »gelockert«, der öffentliche Mensch entledigt sich des Jacketts, hüllt sich in das, was textile Ladenschwengel »Freizeitkleidung« und des Englischen mächtige Mitmenschen nicht minder schrecklich »casual wear« nennen und sieht aus wie ein Lemming auf Klassenfahrt. Entsetzlich, langweilig, spießig. So könnte man denken, wenn man Schröder im Sommerhemd sieht und Clement ohne Krawatte und Ulrich Wickert in bonbonrosa. Zum Schreien, der Uli. Aber schon da hätte uns ein Verdacht kommen müssen, der angesichts der fulminanten Erscheinung namens Hans Eichel zur Gewissheit werden muss: Das Ganze ist eine Trash-Performance. Ja, Freunde, merkt ihr denn gar nichts? Unser blanker Hans im weißen, kurzärmeligen Hemd, ohne Krawatte, versteht sich, Kragen offen. Darunter das wunderbare Feinripp-Unterhemd, ohne Ärmel. Mensch, so was siehste sonst nur noch im Haus der Geschichte zu Bonn am Rhein, auf Bildern aus den frühen Fünfzigern. Das ist fast schon Erich Honecker, das hat Kultcharakter. Wie ich sage: Trash vom allerfeinsten. Hätte die Kamera bei Eichels Auftritt nach der Gewerbesteuerfarce nur mal nach unten respektive hinter das Stehpult geschwenkt, dann wäre auch dem schlimmsten Ignoranten die Perfektion dieser Inszenierung ins Auge gesprungen. Eichel trägt in diesen Tagen nämlich kurze Hosen, hellgraublau, kommod geschnitten und exakt zwanzig Zentimeter über dem Knie endend. Dazu graue »Sommerschuhe«. Keine Sandalen, sondern geschlossene Lederschuhe, die aber von der Spitze bis zur Ferse durchbrochen sind, also schlicht Löcher haben, vom Hersteller eingearbeitet, damit Luft reinkommt. Weil doch Sommer ist. Dazu hellbraune Socken, ja logisch, es fehlt an nichts. Und, die Krönung – eigentlich dürfte ich's nicht verraten, weil unser Trash-Kult-Hänschen die Krönung erst bei der Pressekonferenz nach der nächsten Kabinettsitzung zelebrieren wird: Sockenhalter. Diese wunderbaren Geräte, die um die Wade geschlungen werden und mit zwei – im edelsten Fall ledernen – Strapsen die Socken festhalten, auf dass dieselben nicht auf die Knöchel rutschen. Denn auf Gummizüge ist, wie jeder weiß, kein Verlass.

Ja, und wenn er damit auftritt, ist kein Halten mehr. Die Hip-Hopper, die Techno-Freaks, die Grunge-Jünger, die ganze Attac-Bewegung, die bayerischen Gebirgsschützen – alle werden nur noch so rumlaufen, auf Viva und MTV wird dieses Outfit das reinste Muss, C&A wird General-Haus- und Hoflieferant der neuen Trash-Uniform für ganz Deutschland, Liechtenstein und Andorra, und der Aufschwung ist endlich da. Ja, Leute, so wird ein Schuh draus. Man muss die Zeichen der Zeit nur entziffern können.

Schröder und Fischer

Die zweite Regierung Schröder hat zwar nach zwei Jahren Amtszeit ähnliche Probleme wie die erste, aber die Jungs und Mädels sind unglaublich fleißig. Ständig tagt der Koalitionsausschuss, noch häufiger die kleine Koalitionsrunde, immer wieder Nachtsitzungen im Kanzleramt, dramatische Entscheidungen – und die Führer der Nation sind kaum noch zu Hause bei ihren Familien respektive Mädels. Das kann nicht lange gut gehen.

Ich hör's ja schon rascheln im Blätterwald. Und ich rieche schon die merkwürdigen Düfte in der Gerüchteküche. Und höre schon das diesbezügliche Gras wachsen: Gerhard und Joschka, mehr beieinander als bei ihren Frauen. Hat sich da vielleicht eine dieser berühmten politischen Männerfreundschaften entwickelt? Bei denen immer einer auf der Strecke bleibt, zu Tode getroffen sozusagen? Bei Helmut Kohl und Franz Josef Strauß war das so. Oder Schröder und Lafontaine. Oder Schröder und Scharping. Immer bleibt einer übrig. Immer Schröder. Das sollte Fischer sich überlegen, bevor er sich da zu sehr einlässt.

Oder noch schöner: Die beiden outen sich als schwules Pärchen mit dem schmetternden Bekenntnis »Und das ist auch gut so.« Dann hätte das Schmuddelpublikum in Berlin und bundesweit mal wieder so richtig was für Speichelfluss und Geifer.

Aber es ist ja alles ganz anders. Was die Frauen betrifft, sind die beiden ja Mehrfachtäter. Schröder dreimal geschieden, zum vierten Mal verheiratet. Fischer viermal geschieden, neue Freundin, noch nicht wieder verheiratet. Was tief blicken lässt, denn üblicherweise schlägt Joseph Fischer sofort zu. Rein heiratsmäßig. Sobald er 'ne neue Biene hat, ratzfatz ab in den Hafen der Ehe. Merken Sie was? Die beiden sind das leid. Die haben keinen Bock mehr auf die Weiber.

Ist Ihnen schon mal aufgefallen, dass der Schröder Gerd bei jeder Gelegenheit jedem, der es nicht wissen will, erzählt, wie schön ihn seine Frau Gemahlin in Sachen Politik berät? Und wie toll er das findet? Kann ich mir lebhaft vorstellen. Dieses Geschnatter und Gezerfe: Gerd, das darfst du dir nicht gefallen lassen von dem Clement, der braucht 'nen Rüffel; und die Grünen werden allmählich zu frech, das geht so nicht weiter; geh mal wieder zu Kerner und zu Beckmann, die sind so schön weichgespült, da kommst du gut rüber, schade, dass der Biolek nicht mehr amtiert, vielleicht kannst du bei dem ja mal kochen – gell? So ungefähr muss das ablaufen.

Ähnlich im Hause Fischer. Joschkas neue Freundin ist doch nicht blöd, die ist Studentin. Okay, das hat heutzutage nichts mehr zu sagen, aber die hat doch Augen im Kopf und sieht, wie dick der Kerl wieder geworden ist. Und wie spricht man da beim gemeinsamen Zähneputzen vor dem Badezimmerspiegel? »Ich will ja nichts sagen, aber für andere Frauen hast du dir die Lunge aus dem Hals gerannt, um schlank wie ein Spargeltarzan zu werden. Bei mir ist das wohl nicht mehr wichtig. Kommt ja nicht so drauf an. Ich bin ja bloß die Fünfte.«

Da kann man doch verstehen, dass der Joschka lieber in der Weltgeschichte rumturnt, als zu Hause in Berlin zu sitzen. Und wenn er in Berlin ist, dann lieber mit Schröder Händchen hält, der seinerseits kaum noch in Hannover ist, sondern lieber in Berlin bleibt. Das hat doch Gründe. Und wenn es keine gibt, erfindet man welche.

Zum Beispiel Nachtsitzungen. Ja, das fällt doch auf, dass die rotgrünen Helden in letzter Zeit nur noch nachts zu Potte kommen. Gut, das konnte man eine Weile als ausgefuchste Medienstrategie des Medienkanzlers durchgehen lassen. Nach dem Motto: Ich lasse die eine Weile ackern und zanken, und dann kläre ich das Ganze in einer Nachtsitzung. »Nacht« klingt immer so schön dramatisch, und vor allem wird dem dummen Publikum damit suggeriert, dass der Kanzler ja erst mal sein Tagewerk zu erledigen hat und zu den außergewöhnlichen Dingen erst nachts kommt. Alles dummes Zeug. Frau Doris in Hannover weiß das und weint sich die blassen Äuglein aus. Und Joschkas Freundin wird es auch bald wissen, und dann haben wir seine fünfte Scheidung, ohne dass er verheiratet war. Aber da müssen wir dann durch.

Schröders Hund

Alle Politiker wissen: Wenn's in der Politik nicht so fluppt, muss das Persönliche herhalten. Homestorys sind deshalb groß im Trend, auch bei Kanzler Schröder. Der sich viel von Haustieren verspricht.

Tiere gehen immer. Frag' irgendeinen Fernsehfritzen – ob Programmplatzwart oder Seifenopern-Impresario: Tiere bringen Quote. Manchmal sogar mehr als nackte Weiber. Und wenn mit den nackten Weibern nichts mehr läuft – was ich sagen wollte: Das mit Schröders Hund ist gar nicht so, wie jetzt alle meinen. Also mal abgesehen von dem Kalauer, dass Schröder jetzt auf den Hund gekommen ist, haha, selten so jelacht, auch mit Politik hat das gar nichts zu tun. Nein, der Köter des Kanzlers wird nicht an den Kabinettsitzungen teilnehmen, um irgendwelche Waden zu beißen; nein, er hat das Viech nicht gekauft, um mit George Bush junior gleichzuziehen, der ja nicht nur eine »First Lady«, sondern auch einen »First Dog« hat.

Den gibt's bei uns nämlich schon, es ist die alkoholsüchtige Töle von Johannes Rau – wir erinnern uns, »Scooter« geht gerne mal auf Kneipentour und wird dann per *Blöd-Zeitung* bundesweit gesucht. Nämlicher »Scooter«, über den unser aller Bundespräses so zu spaßen weiß: So 'n Hund ist ja auch nur ein Mensch, und als Mensch ist er klasse, aber als Hund 'ne Katastrophe. Ja, bitte, ich hab das Niveau nicht vorgegeben, die sind so, unsere deutschen demokratischen Spitzenkräfte.

Womit wir wieder bei Schröder wären. Als hämischer Mensch

kommt meinereiner natürlich sogleich auf die Idee, dass das alles mal wieder ein Ablenkungsmanöver ist. Guck mal: Du kriegst aus Berlin und/oder Hannover doch nur schlechte Schwingungen rüber. Reformdurcheinander, mieses Koalitionsklima, alles klappt, und zwar zusammen – da muss einfach hin und wieder eine gute Nachricht her. Und Tiere sind gute Nachrichten, das ist nun mal so. Wie gesagt: Tiere gehen immer.

Es ist aber trotzdem alles ganz anders. Es geht gar nicht um Schröder. Es geht um Doris Köpf. Die ist immer ganz schön allein zu Haus, außer Kater Schnurri und Tochter Klara gibt's gar keine Haustiere – und da ist es in Hannover, wo es grundsätzlich öde ist, eben besonders öde. Jahrelang hat Frau Doris Tochter Klara bekniet: Wünsch dir einen Hund. Warum, Mama. Weil ich einen Hund haben will. Och nee. Und du wünschst dir jetzt so ein verfluchtes Vieh, du undankbares Gör – naja, und als dann Frau Köpfs Hauszeitschrift *Bunte*, die auch das offizielle Verlautbarungsorgan des Kanzleramtes ist, verkündete, dass Tochter Klara sich einen Hund wünsche, war die Sache gebacken.

Alles andere läuft dann wie von selbst: »Holly rastet vor Freude aus, wenn mein Mann nach Hause kommt«, ließ Frau Doris die *Bunte* und damit uns wissen. Das ist ziemlich rücksichtsvoll von Gerd. Auf diese Weise werden die Nerven des Hündchens ziemlich geschont, denn allzu oft kommt er ja nicht nach Hause. Und warum hat es so lange gedauert, bis man sich für einen reinrassigen Borderterrier entschieden hatte? »So eine Entscheidung muss überlegt sein«, schnurrt Frau Doris, »schließlich geht es hier um ein Lebewesen, das einen die nächsten 16 bis 18 Jahre in Liebe begleiten soll.« Moment mal, Freunde. Meint die jetzt den Köter oder den Gerd?

Und noch 'ne Frage: Warum heißt das Viech »Holly«? Nach Holly Golightly vielleicht, der zauberhaften Schlampe aus *Frühstück bei Tiffany*, die einen Kater namens »Kater« hatte, gespielt von der zauberhaften Audrey Hepburn, nicht der Kater, sondern Holly, der Kater hat sich selbst gespielt. Da schmieren die in der *Bunten* einen Dreck zusammen, dass man gelbe Zähne kriegt, aber die wesentlichen Fragen werden mal wieder nicht beantwortet.

Schröders schnelle Eingreifpuppe

Überhaupt Doris Köpf: Sie ist dem Kanzler nicht nur liebende Gattin und ihrem Kind und seinen Tieren liebende Mutter – nein, sie ist auch seine Beraterin. Vor allem in politischen Fragen.

Ja, das ist jetzt doch irgendwie schade. Schau'n Sie mal: Dass der Schröder das mit der Arbeitslosigkeit nicht in den Griff kriegt – Schwamm drüber. Dafür hat er das mit dem Krieg ja prima gedeichselt. Dass er mit Rente und Gesundheit und all dem Kram nicht in die Pötte kommt – sind die Gewerkschaften schuld. Abschaffen. Dass der Eichel mit seiner Sparpolitik ins Schleudern kommt – für all das kann er ja nun wirklich nichts. Aber dass unser aller Gerhard nun auch noch auf seinem ureigensten Gebiet ins Schleudern kommt – das fällt dann doch schwer, auch noch dafür Verständnis aufzubringen.

Der Schröder ist ja gewählt worden, weil er besser aussieht, besser angezogen ist und ein bisschen besser Deutsch spricht als der Kohl. Doch nicht wegen der Politik. Wen interessiert denn so was! Von Politik muss ein Kanzler nichts verstehen. Kohl war Fachmann für Essen und Fasten. Saumagen und trockene Brötchen. Zwischen diesen Polen wankte Kohl stetig hin und her, die Nation wankte mit, und das hat sechzehn Jahre gehalten. Schröder ist Fachmann für Anzüge und Zigarren. Der ABC-Kanzler. Armani, Brioni, Cohiba – der Gerd hat so ein Flair in die Politik gebracht, das hatte was.

Das reicht aber nicht für sechzehn Jahre. Nicht mal für vier. Auch weil der Krieg dazwischenkam. Also eine ganze Reihe von Kriegen. Vom ABC-Kanzler zum ABC-Spürpanzer – schwerer Weg das. Was macht so 'n Kanzler, um da wieder Land zusehen? Das Schröderlein hat die Familie erfunden. Zunächst mal in Gestalt von Doris Köpf, die in einschlägigen Matsch- und Tratschblättern die Familie loben und Erziehungswerte propagieren durfte, dass man Magenkrämpfe kriegte. Wann immer was schiefgeht, Doris ist da. Oskar Lafontaine ballert gegen Schröder, Donald Rumsfeld rumst durch die Gegend, die Schmierenpresse schmiert schmieriges Zeugs über Schröders Privatleben – immer ist Frau Doris zur Stelle. »Schröders schnelle Eingreifpuppe«, schreibt die *taz*. Und Schröder sagt immer: »Doris hat gesagt«, und dann wird's so gemacht.

»Sie weiß, wie's geht, und ich hol' mir gerne Rat. Warum soll ich das verschweigen«, säuselt der Gerd in einer TV-Homestory. »Ja, er holt ihn sich, aber er beherzigt ihn nicht immer«, säuselt sie zurück. »Ja, das ist ja etwas anderes, aber jedenfalls ist es nie schlechter Rat«, kontert er anmutig – es ist die reine Freude. Da kann die Gerüchteküche brodeln und überkochen, Gerhard hält zu Doris. »Was die Liebe angeht, in des Wortes wirklicher Bedeutung, reicht mir Doris.« Ja gut, der Mann ist eben bescheiden, da kann man nicht meckern, andere Frauen kommen ihm gar nicht in den Sinn. »So monogam, wie ich bin, kann kaum ein anderer sein.«

Und weil er sie so liebt, beschützt er sie auch vor den Fährnissen und Unbilden des Lebens. Zu den schrecklichen Überschwemmungen im Osten hat er sie gar nicht erst mitgenommen. »Mein Mann hat zu mir gesagt, sei froh, dass du nicht dabei warst, du hättest bestimmt geweint.« Und das will doch keiner. Denn sie muss ja stark sein, muss ihrerseits ihren Männe beschützen, wenn wieder einer behauptet, dass er sich die Haare färbt, in der Schule abgeschrieben hat, in Hannover im Hotel wohnt statt zu Hause – schwupps, gibt's von Frau Doris was auf die Mütze.

Bloß: Irgendwas läuft da in letzter Zeit schief. Obwohl die *Bild-Zeitung* und allerlei anderes Geloddels, das sich Journalist schimpft, immer dabei sein darf, wenn's familiär wird, auch gerne ein paar Fernsehkameras – Schröder hat keine richtig gute Presse mehr. »Gegen *Bild* kannste nicht regieren.« Hat Schröder schon als Regierungschef in Hannover gesagt. Und seine Medienpräferenzen lauten: »*Bild, Bild am Sonntag*, Glotze«. Da ist der Gerd ganz konsequent. Das war er schon als Provinzfürst in Niedersachsen wo er gerne die *Bunte* und allerlei andere grüne, goldene und sonstige Blätter bedient hat, auch mit Familienstorys einschließlich der familiären Dramen und Zerwürfnisse. Und jetzt? Jetzt hat er das nicht mehr im Griff.

Ich weiß nicht, was schiefgelaufen ist. Offensichtlich kriegt die bunte Journaille nicht mehr genug Futter aus erster Hand. Also aus Kanzlerhand. Im Gegenteil. Der macht einen Fehler nach dem anderen. Er wehrt sich, beschwert sich, mäkelt rum. Mit anderen Worten: Die Jungs und Mädels von der Schmierenpresse tun ihren Job. Sie schmieren schmieriges Zeugs zusammen. Und Schröder versagt, weil er ihnen keinen Stoff mehr liefern will. Er ist nicht mehr Herr des Verfahrens. Und das finden wir nun wirklich schade. Denn das könnte ihm am Ende den Hals brechen. Und wir müssten uns schon wieder an einen neuen Kanzler gewöhnen.

Eier, Tomaten, Ohrfeigen

August 2004. Eine Welle der Gewalt erschüttert die Republik: Zweimal innerhalb einer Woche wird aus Protest gegen die Arbeitsmarktreform ein Ei auf Gerhard Schröder geworfen. Der Bundeskanzler bricht daraufhin seinen zweiten Besuch in Brandenburg ab. Beide Male verfehlte das Ei sein Ziel. Eine bedenkliche Entwicklung.

Wir müssen mal über das Ei reden. Was da in letzter Zeit in Sachen Ei in diesem Lande passiert, gibt Anlass zu alleräußerster Sorge. Ich will nicht in Panik machen, aber am Ei kristallisiert sich das ganze Elend der Nation, sozusagen. Das Ei-Desaster fing ja mit einer Ohrfeige an. Mitte Mai mitten ins Gesicht unseres Bundeskanzlers – ein weiteres erschütterndes Dokument für den katastrophalen Niedergang der politischen Kultur in diesem unserem Lande. Anschließend hat der Watschenmann bei der Kommunalwahl in Baden-Württemberg kandidiert und in seinem Heimatort Bollschweil das beste Ergebnis aller SPD-Kandidaten bekommen. Die haben den nach der Ohrfeige zwar aus der Partei rausgeschmissen, aber die Kandidatur war nicht mehr rückgängig zu machen. Der kriegt also 294 von 752 SPD-Stimmen. Für ein Kreistagsmandat hat's dann aber doch nicht gereicht. Danach ist er dann zu irgend'ner Bewährungsstrafe verurteilt worden – das ist in Ordnung so.

Bloß: Wie unintelligent das alles. Meine Güte, da haut ein Mann einem anderen mit der Hand ins Gesicht. Was für'n Dämelack kommt denn noch auf so was. Wir waren schon mal weiter, liebe Freunde. Ohrfeigen – das hatte 1968 seinen Reiz. Beate Klarsfeld schmiert dem Kurt Georg Kiesinger eine. Auf dem CDU-Parteitag in Berlin. So was ist wirkmächtig, symbolbildend, geschichtsträchtig. Keine Socke würde sich mehr an Kurt Georg Kiesinger erinnern ohne diese Ohrfeige. Dabei war der auch mal Bundeskanzler.

Die Ohrfeigen danach waren müde Plagiate. 1971 erwischte es Willy Brandt. Ein Student haute ihm in München eine runter. Spätestens damit war diese Aktionsform endgültig erledigt. Und die Ohrfeige für Richard von Weizsäcker 1993 vor dem Hamburger Thalia-Theater war ein historischer Nachzügler ohne jedes Format. Die Ohrfeige ist eine Sackgasse der Geschichte.

Ach, waren das noch Zeiten! Ein Freitag war's, der Kanzler kam auf einer seiner Tourneen durch die blühenden Landschaften im Osten von Schkopau nach Halle, um dort zum Abschluss seiner Ost-Visite ein Bad in der Menge zu nehmen. Plötzlich Pfiffe, Buhrufe, Eier, Tomaten, faule Äpfel, Farbbeutel fliegen, er wird an Kopf und Schulter getroffen und rast wutschnaubend auf die Menge zu, seine Leibwächter können ihn zunächst nicht bändigen. Er greift sich einen der jugendlichen Randalierer, schüttelt ihn und will sich noch tiefer in den Nahkampf stürzen, aber da ziehen ihn seine Begleiter von der Menge weg, wischen Eigelb aus des Kanzlers Gesicht und rote Farbe vom Anzug, woraufhin dieser noch mal auf die Menge zugeht und Hände freundlicher Menschen schüttelt.

Dem Kanzler selbst stellt sich die Szene eine Woche später so dar. »Ich bin dort angefahren, wie ich das immer tue, bin aus dem Auto gestiegen, da standen eine Menge Leute, die sehr freundlich waren, ich bin auf die zugegangen und hab' denen die Hände geschüttelt, und dann waren halt in einem kurzen Abstand davon einige gestanden, die haben etwas anderes im Ziel gehabt.« Im Ziel gehabt, ja freilich, so redet nur einer: Helmut Kohl war es, der sich den Eier-Tag von Halle später schöngeredet hat. Denn tatsächlich war's andersrum: Der kam an, und dann wurde geworfen. Aus deutschen Landen frisch ins Gesicht. Das ist schon mal gut. Noch besser: Kohls Kämpferherz. »Da ich nicht die Absicht habe, wenn jemand vor mir steht und mich bewirft, davonzulaufen, bin ich eben auf die zu, und da war ein Gitter dazwischengestanden, und das war von Nutzen.« Für die anderen, versteht sich, die hätte er glatt verdroschen.

Jeder Hinweis darauf, dass der Ablauf wohl ein wenig anders gewesen war, prallt am kämpferischen Oggersheimer ab. »Das ist ganz klar: Ich hab' die Eier auf mich selbst geworfen.« Das wäre immerhin eine besonders ulkige Variante. Täte aber eher zu unserem jetzigen Kanzler passen, einem Weichei erster Güteklasse. »Eierwerfen ist kein Ausdruck demokratischer Auseinandersetzung.« Doch, du Pfeife. Guck mal: Ohrfeigen, das ist was anderes. Aber Eier – die kleine Regelübertretung, die Verletzung der Intimität durch Eigelb, Tomatenrot, Salatgrün – immer wieder schön. Kohl in Halle, Stoiber in Berlin. Was für eine Szene, als der CDU-Bürgermeisterkandidat Steffel mit Eiern beworfen wurde, sich duckte und Stoiber und Glos hinter ihm die Wurfgeschosse abbekamen – das hatte doch was.

Das ist *ein* Symbol des Niedergangs unserer politischen Kultur: Kohl und Stoiber haben die Eier mannhaft in Empfang genommen, Schröder jammert. Dabei ist er nicht mal getroffen worden. Und ein paar Tage später der Lafontaine in Leipzig – ein Ei kommt geflogen, vorbei! Und noch ein bisschen später wird Brandenburg Ministerpräsident Platzeck von einer Tomate verfehlt – ja können die denn gar nichts da im Osten, dieses »Wir-sind-das-Volk«-Volk?

Das ist das *zweite* Symbol des Niedergangs dieser Nation. Die Ossis treffen nicht. Ja wie wollt ihr denn das Volk sein, wenn ihr eure Obrigkeit nicht mal ordentlich mit Eiern bewerfen könnt? Das wird nix mit diesem Land, und es wird erst recht nix mit dem Osten, wenn nicht mal diese erzdemokratische Geste noch mit Inhalt gefüllt werden kann. Ganz zu schweigen von den anmutigen Debatten, die sich daran anschließen könnten. Ist das Körperverletzung oder Sachbeschädigung, wenn ich treffe? War die Tomate grün und hart oder rot und weich? War das Ei roh, hart gekocht, gar faul, also eine Art biologischer Waffe? Was meint Kohl dazu? »Leute, die noch nie ein Ei an den Kopf gekriegt haben, die haben ja keine Ahnung, wie weh das tut.« Also dann doch Körperverletzung. Auf all diese schönen politischen und juristischen Auseinandersetzungen müssen wir verzichten, bloß weil der Ossi Demokratie noch nicht richtig kann.

Was bleibt also, um die Obrigkeit zu reizen? Der Rückgriff auf ganz Altes. Ein leichter Streich mit einem feinen Lederhandschuh zum Beispiel, dann den Handschuh zu Boden werfen – diese wunderbar altmodische, aristokratische Geste der Herausforderung tät mir ganz gut gefallen. Man könnte auch in aller Öffentlichkeit die Dame des zu beleidigenden Herrn küssen oder sonstwie unsittlich berühren, um ihn herauszufordern. Bei Schröder wär' das schwierig, denn wer will schon Doris Köpf küssen. Aber prinzipiell müssen wir zu solch intelligenten Formen der Politiker-Beleidigung zurückfinden. Denn Ohrfeigen sind *Bild-Zeitung*-Niveau. Und Eierwerfen könnt ihr ja nicht, ihr Pfeifen.

Hartz knarzt

Die ganz große Leistung der zweiten Regierung Schröder war nach Meinung des Kanzlers und einiger Anhänger die »Agenda 2010«. Das kann man auch anders sehen, aber selbst die Erfinder dieser Reformen, die mit dem Namen »Hartz« verunziert waren, mochten diesen Namen bald nicht mehr. Franz Müntefering war es, der eine andere Bezeichnung der Reformen ins Gespräch brachte. Weil Hartz so knarzt.

Von der Macht der Sprache waren schon die Alten überzeugt. Um das Böse zu bannen, darf es auf keinen Fall bei seinem Namen genannt werden. Im Alt- und Mittelhochdeutschen heißt der Teufel nicht Teufel, sondern Freund. Euphemismus nennt man so was. Beschönigende Umschreibung. Im Haus des Henkers bloß nicht vom Strick reden. Es könnte um den eigenen Hals gehen. Auf keinen Fall vom Tod reden. Der könnte sich gerufen fühlen. Bei uns gibt's so was auch.

Das zauberhafte Wort »Freisetzung« zum Beispiel, das den Tatbestand der Entlassung aufs eleganteste vermeidet und gleichzeitig den Begriff »frei« aufs übelste verhöhnt. Bloß das Böse nicht benennen: also Kernkraft statt Atomkraft, Radikalenerlass statt Berufsverbot, humanitäre Aktion statt Krieg, Zuwanderung statt Einwanderung. Und jetzt: »Viertes Gesetz für moderne Dienstleistungen am Arbeitsmarkt« statt »Hartz IV«.

So jedenfalls will es Franz Müntefering. Und der Regierungssprecher sekundiert, dass Hartz ja schon klanglich sehr hart sei und deshalb abstoßend wirken könne. Hartz knarrt sozusagen. Oder knarzt.

Ja, so kann man sich die Sache auch schönreden. Aber auch wenn man statt Hartz IV Gabriela Sabatini sagen würde: Es würde am Ergebnis nichts ändern. Denn was ist da passiert? Ein Name, der als hellster Stern am politischen Firmament erstrahlen sollte, ist zum Inbegriff allen Übels geworden. Und wie konnte das passieren? Ganz einfach: Die Politiker sind beim Lügen erwischt worden – nicht nur die Regierung, auch die Opposition, die bei alledem ja kräftig mitgemischt hat.

Die Lüge bestand darin, dass man die Wahrheit verstecken, dass man mit dem von eins bis vier durchnummerierten Hartz von Inhalten ablenken wollte. Viermal Hartz sollte viermal Segen bringen. Mehr politische Kommunikation sei nicht nötig, glaubten viele politische Kommunikatoren. Ihre Lüge hat sie beim vierten Hartz eingeholt. Und jetzt rudern und strampeln sie, um die Lüge zurückzuholen. Zu spät, Freunde. Zuerst wollt ihr mit einem Wort die Wahrheit verschleiern und dann, wenn die Wahrheit raus ist, wollt ihr euch selbst das Wort verbieten. Das funktioniert nicht. Der Inhalt, auf den es jetzt angeblich ankommt, ist längst raus, er schlägt auf seine Urheber zurück, nicht das Wort.

Sie müssen einräumen, dass das angebliche Arbeitslosengeld II gar keins ist, dass die ganze Hartz-IV-Aktion alles Mögliche bewirkt, aber keinen einzigen Arbeitsplatz schafft, möglicherweise – durch die Ein-Euro-Jobs – bestehende Arbeitsplätze noch gefährdet. Es ist nicht der falsche Begriff, der stört, es ist der Inhalt. Da hilft nichts mehr. Mit einer Hartz-Rückrufaktion kann man sich nur zusätzlich noch ein bisschen lächerlich machen. Das ist dem Franz Müntefering fabelhaft gelungen.

Aufhören

Im Sommer des Jahres 2005 hatte Bundeskanzler Schröder dann keine Lust mehr. Er war amtsmüde. Die SPD hatte die Wahl in Nordrhein-Westfalen krachend verloren, was viele auf Schröders Politik zurückführten. Und da ein Egomane wie Schröder nun mal keine Kritik vertragen kann, war er beleidigt und wollte das deutsche Volk auffordern, ihn abzuwählen. Neuwahlen muss allerdings der Bundespräsident genehmigen. So einfach abhauen geht nicht.

Aufhören, Leute, hört endlich auf mit diesem Neuwahl-Quatsch. Ich seh' ja ein, dass dieser Sparkassen-Hausmeister, der sich Bundespräsident nennen darf, seinen großen Auftritt braucht. Damit er wenigstens einmal wichtig ist und nicht nur Grüßaugust. Aber dann auch richtig, Freunde. Dann soll er auch in die Geschichte eingehen als der Präsident, der seiner eigenen Beinahe-Kanzlerin die Tour vermasselt.

Keine Neuwahlen, bitte. Was das alles wieder kostet. Und der Steuerzahler muss es bezahlen. Von wegen Wahlkampfkostenerstattung. Von der Mehrwertsteuererhöhung ganz zu schweigen. Die käme dann ja in einem Jahr noch früh genug. Wenn die normalen Bundestagswahlen anstehen.

Und bleibt mir vor allem mit Wahlkampf vom Leibe. Von wegen »Vorfahrt für Arbeit« in allen Varianten oder »Vertrauen für Deutschland« in allen Farben – so öde wie blöde die ganze Veranstaltung. Lasst es sein. Wenn schon blöd, dann auch richtig. Wie die FDP. Die hat den Rote-Socken-Wahlkampf der Union aus dem 98er Wahlkampf wiederentdeckt und macht neckische Plakate mit roten und grünen Socken. Zu und zu schön. Und dann der Slogan: »Freiheit statt Sozialismus«. Mit dem Spruch ist schon Franz Josef Strauß nicht Kanzler geworden, jetzt versucht Westerwelle, es dem Strauß nachzumachen. Herzlichen Glückwunsch, Guido, der Wunsch ist schon erfüllt: Du wirst nicht Kanzler. Also das geht so gerade noch. Alles andere ist ganz und gar unerträglich, wie mein Altkanzler Helmut, der Kohl, immer zu murmeln pflegte.

Lasst es endlich sein. Wenn ihr schon meint, Wahltermine wie mit dem Glücksrad auf der Kirmes ausdrehen zu können, dann macht es auch richtig. Volkes Meinung wird durch eine große, ganz doll repräsentative Umfrage ermittelt. Nach den da ermittelten Prozentzahlen werden die Listenplätze für die Parteien verteilt. Die Direktmandate werden bei einem großen Volksfest am Wahlsonntag vergeben. Da wird ein Super-Riesenglücksrad mit den Kandidatenkonterfeis aufgestellt, jeder Kirmesbesucher bekommt ein Los, wer eine Niete zieht, muss am Glücksrad drehen und bestimmt so je ein Direktmandat für den Bundestag zu Berlin. Anschließend gibt's Freibier für alle und Bockwurst mit Kartoffelsalat.

Kein Wahlkampf, keine Plakate, keine Kundgebungen, keine Fernsehspots, keine Fernsehduelle, keine Talkshows – nur die ganz normale, richtige, echte Kirmes statt der ätzenden Medienkirmes. Ach, wär das schön. Aber auf mich hört natürlich mal wieder keiner.

Abgang

Im September 2005 hatte Schröder es dann geschafft: Das Volk hatte ihn abgewählt. Allerdings ging's knapp aus, und Schröder, der zuletzt noch ganz schön aufgeholt hatte, meinte am Wahlabend noch, trotz seiner Niederlage den Wahlsieger mimen zu können. Ein wirklich schöner Auftritt in der Fernsehrunde. Nicht nur von Schröder.

Also gut, Leute, das war 'ne feine Sache gestern Abend, Riesen-Performance, wirklich, großer Auftritt – und damit Zeit für den Abtritt. Wirklich, ich mein das ernst. Man muss auf dem Höhepunkt seines Schaffens den Abgang zelebrieren, im Spießerdeutsch heißt das: Wenn's am schönsten ist, dann soll man aufhören. Kann's denn noch schöner werden für die Familie Großkopf und Großkotz, als es gestern Abend war?

Guck mal, das ist doch schlicht bewundernswert, wie souverän die Damen und Herren mit so was umgehen. Unsereins würde sagen: Rot-Grün ist abgewählt, und Schwarz-Gelb ist abgewehrt. Also sprach der Wähler. Und die Gewählten respektive Nicht-Gewählten? Ja, gut, wir wussten auch vorher, dass sie in der Disziplin Schönreden und Schönrechnen unschlagbar sind. Aber gestern haben sich alle übertroffen. Sie kriegen mit Anlauf und Schmackes was aufs Maul, und haben trotzdem gewonnen.

Frau Merkel hat gewonnen, weil sie ein knappes Prozentpünktchen vor Schröder liegt und nicht etwa um zehn Prozent hinter den Erwartungen zurückblieb. Herr Schröder hat gewonnen, weil Schwarz-Gelb verloren hat. Dass er das mieseste SPD-Ergebnis seit 1957 eingefahren hat – vergiss es. Und das soll denen mal einer nachmachen: Schröder hat keine Mehrheit, will aber Kanzler bleiben. Frau Merkel hat keine Mehrheit, will aber Kanzlerin werden. Und der Leichtmatrose Westerwelle will die einzige Chance, doch noch in die Regierung zu kommen, nicht haben. »Keine Ampel«, brüllt er siegestrunken in die Mikrofone.

Auf diese Weise vollgepumpt mit Adrenalin oder anderen Muntermachern, setzen sich die Damen und Herren in die Berliner Runde und liefern eine Performance ab – also Leute, ich bin immer noch hin und weg vor Begeisterung. Okay, die Angela muss so kreischend gut drauf gewesen sein, dass man ihr vor der Sendung eine Anstaltspackung Valium verpasst hat. Und so saß sie ein wenig wie das arme Kräutlein herum, guckte leicht verstört in die Gegend und konnte nicht fassen, was da abging.

Während Ede Stoiber sie geradezu verliebt anglubschte und auf seinem inneren Monolog rumkaute: Hab ich sie jetzt, die alte Krampfhenne, 35 statt 45 Prozent, das war's dann mit deinen Kanzlerinnen-Träumen. Und Westerwelle macht uns das Grinsemonster, weil er noch nicht weiß, dass er doch noch unter zehn Prozent rutscht und sowieso nicht mit Frau Angela regieren kann. Und meint ansonsten, dem Schröder sagen zu müssen, wie der sich zu benehmen hat. So'n Quatsch. Der war super, der Schröder. Zankt sich mit den Moderatoren, rotzt und rüpelt in der Gegend rum wie der Lümmel von der ersten Bank, die ganze Zeit wartet man darauf, dass jetzt zwei stämmige Herren mit der weißen Jacke mit den langen Ärmel kommen und ihn mehr oder weniger sanft abtransportieren – riesig, diese Nummer. Seht her, ihr Leute, ich habe Merkel verhindert, jetzt tu' ich mal so, als hätte ich danach zwei bis zwölf Pils gekippt, und im Übrigen könnt ihr mich alle mal kreuzweise. Der einzige, der weiß, dass nun die Opposition winkt, ist der Joschka Fischer. Aber mit dem redet schon gar keiner mehr.

Kann sich irgendjemand vorstellen, dass diese Nummer noch zu überbieten ist? Leute, glaubt mir: Nach »Wir sind Papst« ist diese deklamatorische Einführung des Doppelkanzlertums das größte Ereignis des 21. Jahrhunderts. Und deshalb, Freundinnen und Freunde: Nehmt euren Lorbeerkranz und den dazugehörigen Ruhm, nehmt euren Siegesrausch und den dazugehörigen Kater, und dampft ab. Wegtreten, kollektiv. Ab nach Kassel oder in die Toskana oder nach Vor- oder Hinterpommern. Und nehmt eure Büchsenspanner gleich mit. Müntefering, Eichel, Clement, Schily und das ganze noch amtierende Kabinett; Stoiber, Koch, Müller, Wulff und andere Ministerpräsidenten – ab dafür, tschüs, war nett mit euch, aber jetzt reicht's auch mal.

Machen wir's doch mal so: Zwei haben gewonnen, die FDP und die Linkspartei. Die bilden die neue Regierung, nachdem sie ihre Vorturner auch rausgeschmissen haben, also weg mit Westerwelle, mit Gerhardt, mit Gysi, mit Lafontaine. Einzig zugelassene Opposition im Bundestag sind die Grünen. Ohne Joschka Fischer, der geht mit Otto Schily in der Toskana spielen. CDU und CSU und SPD und FDP haben mindestens zwei Legislaturperioden Pause. Danach können wir noch mal drüber reden. Schöne Ferien einstweilen.

Schröder ist Herman ist Potter

Wie die Ära Kohl nicht mit dem Ende seiner Kanzlerschaft endete, so auch nicht die Nicht-Ära Schröder mit seinem Kanzler-Ende. Was abgegangene Kanzler besonders gern tun: Sie schreiben ihre Memoiren. Helmut Kohl hat damit angenehm lange gewartet, dann aber schrecklich zugeschlagen. Schröder langte schon ein Jahr nach seinem Abgang hin.

Gerhard Schröder ist Eva Herman. Ja, ich weiß. Den Kennern der Szene war das schon längst klar. Mir nicht. Ich hab immer gedacht: Gerhard Schröder ist Helmut Kohl, und Doris Köpf ist Eva Herman. Oder so ähnlich. Seit heute blick ich richtig durch. Man kann dem Schröder genauso wenig entgehen wie Eva Herman. Ich hab's ja versucht. Was hab ich mit dem Gebrabbel einer unterdurchschnittlich begabten Medientante über ihre Heimchen-am-Herd-Obsessionen zu tun? Nichts. Und trotzdem rückt sie mir damit auf die Pelle, weil alle Medien voll davon sind respektive waren. Gottlob ist das vorbei.

Und jetzt kommt Gerd Schröder, der gescheiterte Kanzler mit seinem I-did-it-my-way-Geschnulze und macht mir die Eva Herman. Mich interessiert aber nicht die Bohne, was dieser Herr zusammenkritzelt über die bösen, bösen Linken, die ihn stürzen wollten. Oder über die unglaublich mächtigen Gewerkschaftsführer, die an seinem Stuhl gesägt haben. Das ist alles so dämlich, das reicht nicht mal für 'ne Comedy. Schröder ist nicht erst seit seinem Knallchargenauftritt am Wahlabend im September vorigen Jahres eine lächerliche Figur. Ende der Durchsage.

Nein, geht nicht. Denn längst ist die große Berliner Windmaschine angeworfen worden, sie pustet schon auf vollen Touren und macht ein Geräusch, dass einem angst und bange werden will. Schröder hat ein Buch geschrieben, für das er über eine Million Euro Vorschuss bekommen hat. Nein, nur 800000 raunt es aus einer anderen Ecke. Der Verlag muss mindestens 150000 Exemplare verkaufen, um in die schwarzen Zahlen zu kommen. Besser noch 200000. Und dazu muss eine Medieninszenierung her, wie sie die Republik noch nicht gesehen hat. Wer macht die? Genau der Münchner PR-Fuzzi, der auch das Getöse um Eva Herman angerührt hat. Ja, sag ich doch. Und alle, alle machen mit.

Was für ein Coup, was für eine Inszenierung, was für ein Timing – grandios, diese Schröderei. Zuerst das Rattenrennen der Verlage: Wer bekommt den Zuschlag, wer zahlt Schröder eine Million Euro oder gar noch mehr. Dann die Hatz auf den Vorabdruck, auch hier geht's um viel Kohle, nach langem Hin und Her gewinnen die beiden führenden Boulevardblätter, *Spiegel* und *Bild*. Erste Sahne. Die Interviews vor den Vorabdrucken, die Reaktionen derer, die sich angepinkelt fühlen, alles wie gemalt, wie bestellt. Und dann das Sperrfristtheater. Keine Zeile vor Donnerstag, donnert der Verlag, sonst droht eine sechsstellige Geldbuße. Also kann man nur das abdrucken, was schon in den Boulevardblättern stand. Mein Gott, ist das spannend. Kein Zitat aus dem Hörbuch, von Schröder selbst gelesen, das längst vorliegt. Und kein Buchverkauf vor Donnerstag, sonst zahlen die Buchhändler hohe Konventionalstrafen.

Da spielten sich am Vorabend der Erstveröffentlichung dramatische Szenen ab. Denn die Ware lag ja schon aus, die Fenster waren schon dekoriert, vollgeladen bis überladen mit Schröder, Schröder, Schröder. Aber nichts durfte verkauft werden. In einigen Buchläden in Berlin soll es Schlägereien gegeben haben, weil Verkäufer sich weigerten, den Schröder rauszurücken. Die hatten das Ding vermutlich schon gelesen. In Hannover-Linden belagerte ein kompletter SPD-Ortsverein einen Buchladen und drohte, den Inhaber zu lynchen. Falls er das Schröder-Buch nicht aus dem Sortiment nimmt. In Castrop-Rauxel sollen rund siebenhundert überwiegend junge Menschen vor der größten Buchhandlung am Ort übernachtet haben, um bei Ladenöffnung gleich dran zu sein. Sie waren dann etwas enttäuscht, dass es gar keinen neuen Harry Potter gab.

Das ist der eigentliche Coup. Gerhard Schröder ist nämlich gar nicht Eva Herman. Die Schröder-Knotte geht viel weiter, hat eine ganz andere Dimension. Leute, ich sage euch: Gerhard Schröder ist Harry Potter. Das Buch, das Hörbuch, Werbeclips im Fernsehen, der Film ist quasi schon in der Mache, Götz George soll den Schröder mimen, das hat Schröder schon ausgeplaudert, aber George durfte nichts dazu sagen, sonst hätte er 300000 Euro Konventionalstrafe zahlen müssen.

Nächste Woche wird Schröder multipel durchs Fernsehen genudelt, dann geht's auf Lesereise, das ist wie Wahlkampf, das einzige, was Schröder wirklich kann. Dann ist Weihnachten, bis dahin ist eine zweite Auflage fällig, die braucht der Verlag aber auch dringend, um in die schwarzen Zahlen zu kommen. Auf die Bestsellerlisten kann man den Schröder jetzt schon ganz oben setzen, das geht ganz von selbst, dazu hätte er bei der Vorbereitung das Buch gar nicht erst schreiben müssen.

Fürs weitere Drumrum ist auch schon gesorgt, fürs Merchandising, wie das so hübsch heißt. Schröder-Plüschtierchen, Schröder-Auto-schlüsselanhänger, Schröder-Perücken, getönt und ungetönt – eins allerdings macht mich stutzen: Wo ist Doris? Ohne Doris geht die Schröder-Chose eigentlich gar nicht. Aber sicher ist schon eine Vor-abend-Soap in Arbeit: Ich und mein Ex-Kanzler, Szenen einer Hanno-veraner Reiheneckhaus-Ehe.

Alte Säcke

Drei Jahre nach ihrem Abgang verspricht ein Blick auf Gerhard Schröder und Joschka Fischer besonderen Genuss: Sie sind beide gut im Geschäft, vor allem aber arrivierte »elder statesmen«, die mit bedeutender Miene und wichtigen Gesten durch die Welt stolzieren und derselben erklären, wie sie läuft. Wirklich schön.

Früh krümmt sich, was ein Häkchen werden will. Jaja, man muss schon tief in den Volksmund greifen, um den ganz Großen des Gewer-bes gerecht zu werden. Das Gewerbe heißt: Selbstverleugnung. Um dahin zu kommen, wo man hingehört. Nach ganz oben, versteht sich. Nehmen wir Gerhard Schröder. Oder Joschka Fischer. Die waren in ihrem tiefsten Inneren schon immer Dr. Dr. Wichtig-Wichtig. Gravi-tätisch ist die einzig angemessene Bezeichnung für diese Wesensart. Steif, ernst, gemessen, würdevoll, feierlich, majestätisch. Störche stol-zieren so einher. Bei Edgar Allan Poe ist es der Rabe: »Bedächtig schritt ein Rabe groß und nächtig, mit verwildertem Gefieder ins Ge-mach und gravitätisch flog er auf das Türgerüste und auf einer Pallas-büste ließ er sich gemächlich nieder.«

Ins Menschliche übertragen: Das sind die Typen, die Anzug mit Weste tragen. Die Weste hat zwei Funktionen: Zum einen hält sie eine Uhrenkette, die über dem Bauchgewölbe spannt und dasselbe hält.

Zum anderen dienen die Ärmelausschnitte zum Einhaken der Daumen. Ja? Das Sakko leicht zurückgeschlagen, die Daumen eingehakt, die Zigarre im Mund, paffpaff, leicht auf den Zehenspitzen wippend und oberschlaue Sentenzen von sich gebend – das sind sie, die ehrwürdigen Gravitäten. Man mag das peinlich finden. Sie tun das nicht. Anstelle des Anzug-Dreiteilers kann man sich auch breite Hosenträger auf weißem Hemd vorstellen, vorzugsweise rot. An denen kann man sich auch daumenmäßig festhalten, die kann man dann auch nach vorne ziehen und schnacken lassen. Hat was ungeheuer Dynamisches. Als Gerhard Schröder Jubelreden auf die New Economy hielt, da war er – virtuell – in dieses Kostüm gekleidet.

Ja, aber wie jetzt? Der Gerhard Schröder als wilder Juso, als Parteirebell, der Joschka Fischer als Straßenkämpfer, als Bundestagspräsidentenbeschimpfer – die waren doch zumindest mal jung und frisch und bewegt. Nein, waren sie nicht. Die waren schon immer alte Säcke. Hübscher ausgedrückt: Immer schon *elder statesmen*. Die alles ganz genau und sowieso viel besser wissen. Durchdrungen von der Verantwortung fürs große Ganze, im tiefsten Inneren von der eigenen Bedeutung und Würde so überzeugt wie überwältigt. Immer schon im Wesenskern gravitätisch.

Und clever. Weil sie früh begriffen hatten, dass man als gravitätischer Mittzwanziger allenfalls in der Jungen Union was werden kann. Im besten Fall wird man dann Junger Wilder und anschließend Friedbert Pflüger oder Christian Wulff. Das hätte zwar gepasst, aber nicht zum erhofften Ziel geführt. Also mussten unsere geborenen Polit-Opas in einem Akt übermenschlicher Selbstverleugnung in andere Rollen schlüpfen. Gerhard Schröder wird Juso-Vorsitzender, behauptet gar, Marxist zu sein. Joseph Fischer wird Joschka, trägt Lederjacken und haut Polizisten. Und weil die Juso-Schiene schon besetzt ist, kommt er bei den Grünen unter. In beiden Fällen haben wir es mit perfekten Karriereplanungen zu tun.

Und jetzt, nach all den schweren Jahren, nach all den Entbehrungen sind sie da, wo sie hingehören. Nein, nein, nicht die Regierungsämter waren das Ziel. Ja, sicher, als Bundeskanzler, als Außenminister ist man schon ziemlich wichtig-wichtig. Aber erst jetzt haben beide ihre wahre Bestimmung erreicht. Mal leise raunend, mal unverständlich murmelnd, immer bedeutungsvoll die Augen rollend, immer das

Gesicht in dicke Grübelfalten gelegt, orakeln sie über Gott und die Welt und den Gaspreis, geben sich mal professoral, mal bauernschlau, mal weltweise, sitzen auf Podien rum, halten Vorträge – und kassieren, kassieren, kassieren. Das ist der Lohn der lebenslangen Selbstverleugnung. Er sei ihnen gegönnt, den Meistern des Gravitätischen.

Langer Lauf

Und schließlich, weitere zwei Jahre später, hat sich dann auch im Geschäftlichen alles zum Allerbesten gewendet. Für den Gasmann Schröder schon seit langem, aber auch sein Kumpel Fischer findet nun – im Jahre des Herrn 2010, wie beziehungsreich – seine endgültige Bestimmung.

Ach, das tut ja doch irgendwie gut. Wenn man sieht, dass die lieben Kleinen was werden in der Welt. Denn wenn man bedenkt, was alles passieren kann, wie jäh Karrieren zu Ende gehen können, die so hoffnungsfroh anfingen, dann macht man sich doch Sorgen um seine Lieblinge. Und da ist die Nachricht höchst erquickend, dass Joseph Martin Fischer aus Gerabronn, genannt Joschka aus Frankfurt, so allmählich zu sich selbst kommt. Denn der hat uns ja eine ganze Weile Kopfzerbrechen gemacht. Nach seiner großen Karriere als Politikberater und Eheberater und Kriegsberater in weltweitem Einsatz hatten doch viele Angst, dass er abstürzen würde. Erstens in die beraterlose Bedeutungslosigkeit, zweitens in allertiefste Depression. Eben wegen der Bedeutungslosigkeit.

Aber jetzt können wir endgültig aufatmen. Denn allmählich macht er die Sache rund. Nicht nur seine Figur, die ist ja schon lange wieder so massig wie vor seiner Marathonzeit. »Mein langer Lauf zu mir selbst«, wie er diese asketische Phase seines Lebens in seinem gleichnamigen Buch beschrieb, war ja irgendwie abgeschlossen, als er seine fünfte Ehefrau kennengelernt hatte. Da war er schon in der zweiten Amtszeit als Außenminister und dachte im Stillen unentwegt darüber nach, wie dieses Selbst, zu dem er Ende der Neunziger gelaufen war, denn nun tatsächlich aussehen könnte.

Professor in Princeton, international gefragter Vortragsreisender, also eine Art Helmut Schmidt in Grün – so was schwebte ihm schon vor. Aber zum einen hält das nicht lange, und zum anderen hat er noch ein paar Jahrzehnte, um so alt zu werden, dass er automatisch als Weltweiser gehandelt wird. Das kann doch nicht alles gewesen sein, dachte der Joschka, und beschloss, vorerst mindestens so gut zu sein wie Gerd Schröder. Also: Lobbyist werden. Ging zuerst auch ganz gut: Bei BMW sorgt er für grüne Autos, bei RWE für die Gaspipeline »Nabucco«, damit kann er den Gasmann Schröder schön ärgern, Siemens berät er in außenpolitischen und unternehmensstrategischen Fragen – alles ungeheuer oberwichtig.

Aber die Erfüllung war das noch nicht. Die ist jetzt über ihn gekommen. Mit der Anstellung bei Rewe. Wo man zuerst gedacht hat, er würde die Betriebs-Fußballmannschaft trainieren. Weil doch der Rewe-Chef gesagt hat: »Wir freuen uns, dass wir Joschka Fischer als Berater für die Aufstellung unseres Unternehmens gewonnen haben.« Aber es geht eher um die Aufstellung von Obst- und Gemüsepyramiden. Eine schöne Vorstellung: Der Joschka tourt von Filiale zu Filiale, schnüffelt frühmorgens, wenn die Einkäufer vom Großmarkt zurückkommen, an Melonen, Gurken und Auberginen, gräbt sein Gesicht tief in den Kopfsalat, drückt zärtlich Pfirsiche und Reneclauden – und sorgt so für das grüne Image seines neuen Arbeitgebers. Der lange Lauf des Joschka Fischer zu sich selbst endet in der Obst- und Gemüseabteilung von Rewe. Das gönnen wir ihm. Und uns macht es glücklich.

»Die Geilenkirchener Sitzordnung und andere parlamentarische Höhepunkte« – Das Hohe Haus

Nicht nur die Obrigkeit sorgt aufopfernd für die Unterhaltung des Publikums, auch die Volksvertretung bemüht sich nach Kräften, dem vertretenen Volk Freude zu machen. Was in aller Regel aufs allerfeinste gelingt. Wobei die Parlamentarier immer dann am besten sind, wenn sie sich mit sich selbst und ihren Wünschen und Bedürfnissen beschäftigen.

Parlamentsschlaf

Früher gab es im Bonner und Berliner Parlament nur die Kameras des öffentlich-rechtlichen beziehungsweise privaten Fernsehens. Und die zeigten gelegentlich Dinge, die der Führung des Hauses nicht so angenehm waren. Zeitunglesende, schwatzende, schlafende Abgeordnete zum Beispiel. Weshalb das Parlamentsfernsehen eingerichtet wurde, dessen hauseigene Kameraleute strikte Order haben, keine wilden Schwenks durchs Haus zu machen. Welch ein Unsinn.

Manchmal geschehen im Deutschen Bundestag zu Berlin ganz merkwürdige Sachen. Zum Beispiel wenn der Präsident oder die Präsidentin sagt: »Für die Fraktion der CDU/CSU spricht jetzt der Kollege Cajus Julius Caesar.« Schwupps, sind alle wach, fragen sich, ob die Frau oder der Herr Vorsitzende da einen Witz gemacht hat. Hat sie/er aber nicht. Den Mann gibt's wirklich. Cajus Julius Caesar ist ein Forstamtmann a.D. aus dem Lippischen, der saß seit 1998 für die CDU im Bundestag, 2005 war er auch wieder drin, fiel aber dann raus, weil bei der Nachwahl in Dresden zu viel CDU gewählt wurde. Kam 2007 wieder rein, weil einer rausging: Reinhard Göhner, und 2009 kam er nicht wieder rein. Er stand zu weit unten auf der nordrhein-westfälischen Landesliste. Jetzt ist er doch wieder drin. Weil Leo Dautzenberg aus Heinsberg den Bundestag verlassen hat, um in die Wirtschaft zu gehen, wie das so schön heißt, konnte Cajus Julius Caesar abermals nachrücken.

Aber es gibt noch andere Weckrufe im Bundestag als die Caesar-Überraschung. Zum Beispiel bei solchen Dialogen: »Herr Kollege Westerwelle, möchten Sie eine Zwischenfrage des Kollegen Sarrazin zulassen?« – »Bitteschön. Wer, wer?« – »Herr Sarrazin.« – »Ist der jetzt auch Mitglied dieses Hauses?« – »Ja, schon seit einiger Zeit.« – »Herr Kollege, bitte um Entschuldigung.« Denn den Sarrazin gibt's wirklich. Manuel Sarrazin von den Grünen, seit 2008 im Bundestag. Aber noch nicht alle haben's gemerkt. Nach solchen Erweckungsereignissen aber fallen der Volksvertreter und die ihm angeschlossene Obrigkeit üblicherweise wieder in den Dämmerzustand ihrer beklagenswerten Existenz zurück. Denn Politiker haben's schwer. Das blöde Volk zu vertreten ist eine Plackerei, das blöde Volk zu regieren noch viel mehr – das ist kein Zuckerschlecken. Weshalb Volksvertreter und Obrigkeit im Hohen Hause in aller Regel in eben diesem Dauerdämmerzustand zu besichtigen sind – ich spreche vom Parlamentsschlaf. Ja, liebe Leute, was bleibt denen denn übrig. Auf den Abgeordnetenbänken, auf der Regierungsbank. Die sind von ihrer übermenschlich harten Arbeit so dauergestresst, dass sie ein Plätzchen brauchen, wo sie auch mal wegnicken können. Dafür geht man ins Hohe Haus.

»Auch Schlafen ist eine Form der Kritik. Vor allem im Theater.« Hat George Bernard Shaw gesagt. Da stimmte es. Im Parlament nicht. Wenn das Plenum wie üblich leer ist, daher der Name, dann wird gearbeitet. Dann sitzen die Jungs und Mädels in den Ausschüssen bei Kaffee und Kuchen, in ihren Büros, gucken Bundestag im Fernsehen, telefonieren, diktieren, surfen im Internet, wälzen Akten und Sekretärinnen – das Volk hat ein völlig falsches Bild davon, wie es von seinen Vertretern vertreten und von den Regierenden regiert wird. Wenn keiner da ist, sind sie fleißig; ist die Bude voll, ist kollektives Nickerchen angesagt.

Ein paar Hanseln haben die Aufgabe, wach zu bleiben, ganz vive in die Kameras zu gucken, bei der Rede eines Gegners Lärm zu machen. Oder bei der des politischen Freundes zu applaudieren. Und das geht reihum, und die Glocke des Präsidenten, die gelegentlich zu hören ist, hat die Funktion, den Schichtwechsel beim Schlafen einzuläuten. Dann kommt die Ablösung ins Plenum, die bis dahin Schlafenden müssen aufwachen und rausgehen, und die zweite Schicht begibt sich zur öffentlichen Ruhe. Und wahrlich, ich sage euch: Das ist alles völlig richtig so, Schlaf ist die beste Art von Politik.

Das war schon immer so. Mit den Siebenschläfern hat das angefangen. Das waren diese sieben Brüder, die während der Christenverfolgung fast 200 Jahre in einer Höhle geschlafen haben. Und deshalb nicht christenverfolgt wurden. Vermutlich war alles ganz anders, und die Sieben haben nur den Winterschlussverkauf oder den Beginn des 2. Jahrhunderts verschlafen oder sonst was in der Art. Aber das ist nicht so wichtig. Wichtig ist, dass diese Legende überhaupt entstehen konnte.

Will sagen: Ganz früher war das Schlafen positiv besetzt. Die alberne Vorstellung, dass man etwas »verschlafen«, also etwas verpassen könnte, während man schläft, hat was mit der Hektik der technisierten Zeit zu tun. Die Siebenschläfer haben nur ihren Tod verschlafen. Wenn das nichts ist. Wir haben dagegen irgendwie das Schlafen verlernt, und die einzigen, die diese wunderbare Tradition noch aufrechterhalten, sind unsere Politiker. Bei William Shakespeare möchte Julius Caesar (der richtige Caesar, wohlgemerkt) bekanntlich Männer um sich haben, die nachts gut schlafen. Das will sagen: Schlafen ist eine vertrauensbildende Maßnahme. Nicht nur nachts, auch und in der Politik erst recht bei Tag. Wer pennt, sagt dem anderen: Ich tu dir nichts. Mach du nur dein Ding.

Auf diese Weise basteln große Männer ihre großen Karrieren zusammen. Hans-Dietrich Genscher zum Beispiel konnte vor allem im Flugzeug gut schlafen, aber nicht nur da. Deshalb war der so lange Außenminister. Kläuschen Kinkel konnte das nicht. Seine Performance war entsprechend jämmerlich. Westerwelle – was für ein Drama. Seit er Außenminister und Vizekanzler ist, kriegt er kaum noch ein Auge zu. Das Ergebnis ist auch danach. Joschka Fischers Schlafkünste waren zu Beginn seiner Amtszeit auch nicht so ausgeprägt. Asketen sind da ja eher gefährdet. Seit geraumer Zeit spannt der Ranzen wieder schön, er hat ja jetzt auch den ganzen Tag Zeit zum Schlafen.

Dagegen Helmut Kohl: Immer schon ein begnadeter Schläfer. Überall und jederzeit konnte der pennen. Sechzehn Jahre Kanzlerschaft waren die Belohnung dafür. Gerhard Schröder schläft eher schlecht. Ziemlich unruhig. Nicht nur nachts. Die unausweichliche Folge: Rücktritt durch Abwahl wegen Übermüdung. So kann das nicht klappen mit Deutschland. Frau Merkel klagt immer mal wieder, dass sie zu wenig Schlaf abbekommt, und sie betont unentwegt, dass sie sich vorgenommen hat, mehr zu schlafen. Wir nehmen den Vorsatz für die Tat: So und nur so kann's was werden.

Bundestagsrund

»Die Möglichkeiten des Bundestags, sich lächerlich zu machen, sind unbegrenzt«, hat Horst Ehmke einmal gesagt. Der müsste sich eigentlich auskennen, denn der hat mal mit der Forderung, sein Fraktions- und Parteichef Vogel solle Bundeskanzler Kohl nach Moskau begleiten, einen überragenden Heiterkeitserfolg errungen. Trotzdem ist seine Aussage wohl falsch: Die Möglichkeiten sind offenbar doch begrenzt. Jedenfalls kommt eine Reihe von Abgeordneten bei den Versuchen, sich zum Narren zu machen, immer wieder aufs nämliche Thema: den Neubau des Bundestages, genauer, des Plenarsaals. Am schönsten liefen die Diskussionen 1988.

Nachdem die Lachnummer mit der Kostenexplosion kein merkliches Mienenspiel beim geschätzten Publikum mehr erregen wollte, kommt man immer wieder auf die Form des Saals zurück. Kreisrund soll er sein, das hatten die Volksvertreter schon im vergangenen Sommer befunden, in einer denkbar knappen Abstimmung: 178 zu 174. Dies Ereignis ging als »Geilenkirchener Sitzordnung« in die Parlamentsgeschichte ein. Denn an diesem Tag mussten die Grünen beruflich nach Geilenkirchen zum Demonstrieren, und so fehlten den Verfechtern der halbrunden Sitzordnung die nötigen Stimmen.

Aber was soll's: Wenn Abstimmungsergebnisse nicht passen, stimmt man eben so lange ab, bis sie passen. Also fanden sich die Fraktionen von CDU und FDP zusammen, um die Kreisrundabstimmung wieder abzuschaffen, nachdem zuvor im Ältestenrat per Handstreich versucht worden war, das Votum der Parlamentarier umzudrehen. Indem auf Vorschlag von Bundestagsvizepräsident Stücklen die Interpretation auf den Weg gebracht wurde, dass »kreisrund« nicht unbedingt so etwas wie ein Kreis sein müsse, dass vielmehr ein offenes Halbrund durch die Entscheidung für kreisrund genauso abgedeckt sein könnte. Aber vergeblich.

Nachdem nun die Koalitionsfraktionen einen Antrag auf Zurücknahme des eigenen Beschlusses gestellt hatten, bekamen einige doch wieder Bedenken. Denn eigentlich waren es nur die Sonderwünsche der Länderchefs gewesen, die den Salto rückwärts veranlasst hatten: Der Bundesrat möchte nämlich auch im neuen Plenarsaal elf Sitzplätze in der ersten Reihe haben, weil sonst die Ministerpräsidenten im Fernsehen nicht zu sehen sind. Und bei der kreisrunden Lösung geht das nicht.

Mitten aus dem Salto rückwärts aber verabschiedete sich die Unionsfraktion aus der akrobatischen Formation: Vier bis sechs Millionen Mark soll die Rückkehr zum Halbrund nämlich mehr kosten, hatte Bundestagspräsident Jenninger seinen Unionsfreunden geflüstert, außerdem würde der Spaß Monate länger dauern, und so zogen Alfred Dregger und seine Mannen ihre Unterschrift unter den Antrag wieder zurück, den die FDP-Fraktion hingegen abermals bekräftigte: Die kleinste Fraktion fürchtet nämlich, bei der kreisrunden Lösung gar nicht mehr bemerkt zu werden. Optisch, versteht sich.

Nun wird längst jeder gemerkt haben, worauf das Ganze folgerichtig hinauslaufen muss: richtig, auf die Quadratur des Kreises. Denn im Viereck käme der Parlamentarismus wieder so zur Geltung, wie wir ihn kennen. Bloß so schön kenntlich, wie er sich mit tiefgründigen Spekulationen um kreisrund, halbrund, oval und dergleichen mehr gemacht hat, ist's ja auch ganz nett. »Wir führen uns wie eine Narrenbande auf«, hat der SPD-Abgeordnete Conradi das Ganze mal kommentiert. Ihm muss nicht zu heftig widersprochen werden.

Neues vom Bundesadler

Der Neubau des Bundestag-Plenarsaales machte aber nicht nur intensive Debatten um die Sitzordnung nötig, auch der Bundesadler an der Stirnwand des alten Plenarsaales erregte die Gemüter. Die Diskussionen um das nationale Federvieh gehörten zu dem Schönsten, was das bundesdeutsche Parlament in seiner an großen Debatten nicht eben armen Geschichte hervorgebracht hat. 1989 kam es zu einem vorläufigen Höhepunkt.

Es war kein Segen an diesem Bundesadler, von Anfang an nicht. Den Müttern und Vätern unserer geliebten parlamentarischen Demokratie gefiel der Vogel nicht, also durfte er nicht in Bronze gegossen werden. Das Provisorium aber wurde den Bundesbürgern im Laufe von vierzig Jahren so vertraut, dass der Flattermann geradezu zum Symbol der jungen Demokratie aufstieg. Die ja als solche ein Provisorium ist, weil eine Republik West im Grundgesetz nicht vorgesehen ist.

Da aber nun das Provisorium Bundestag abgerissen wurde und neu erstellt wird, geraten auch andere Provisoria ins Gedränge. Es war ja auch kaum zu hoffen, dass der große schwarze Vogel von dem Theater um den neuen Plenarsaal verschont bleiben würde, obwohl es zunächst danach aussah. Der Parlamentspräsident, zu der Zeit noch Philipp Jenninger, musste seinen Leuten nämlich versprechen, dass wenigstens das ehrwürdige Federvieh erhalten bliebe, wenn schon alles andere der Spitzhacke zum Opfer fiele.Also wurde das gute Tier säuberlich in fünfundzwanzig Teile zersägt, wobei sich herausstellte, was viele nicht mehr wussten: Der Vogel ist nicht etwas aus Holz, wie allgemein angenommen wurde, sondern aus verdrahtetem Gips. Und der könnte sich beim Zusammensetzen so benehmen, wie er das in der Hand des Handwerkes eben tut: bröckeln nämlich. Aber selbst wenn alles heil bleibt, ist gar nicht sicher, ob die Sache mit dem Adler wieder in Ordnung kommt.

Die Abgeordneten haben nämlich den Bau eines neuen Plenarsaals »unter Beibehaltung der Stirnwand mit Adler« beschlossen. Das könnte kunsttheoretische Probleme aufwerfen: Wand und Adler, so sagen Kenner, bildeten für den Bildhauer Ludwig Gies, der den Bundesvogel gebastelt hat, eine künstlerische Einheit. Die Wand ist aber weg, und sie wird mit Sicherheit nicht in alter Weise rekonstruiert. Ein Adler ohne Wand aber wäre kein Gesamtkunstwerk und somit kein demokratisches Symbol mehr, meinen die Kunstkenner. Mit anderen Worten: In diesem Jahr steht der 40 Jahre alten Demokratie eine Bewährungsprobe ins Haus, dass es nur so rappelt. Und das alles wegen fünfundzwanzig Stück Gips.

Halbfette Henne

Fast zehn Jahre später – die deutsche Einheit war längst vollbracht, der Umzug nach Berlin stand kurz bevor – erlebte die Diskussion um den Bundestag-Bundesadler eine bemerkenswerte Renaissance.

Nun wollen wir mal nicht gleich albern werden und rumgackern, weil die lieben Damen und Herren Volksvertreter zu Bonn am Rhein sich mit so was beschäftigen. »So was« ist nämlich mit das Schönste, was die parlamentarische Demokratie zu bieten hat. Selten wird mit einer derartigen Leidenschaft gestritten wie über »so was«, weil »so was« eben nicht nur Politik ist, sondern das Leben der Abgeordneten betrifft, und die sind eben auch Menschen. Manchmal. So ist das auch mit dem Bundesflattermann für Berlin. In der Weimarer Republik gab es keinen Adler an der Stirnwand des Reichstages, den haben die Nazis eingeführt, die deutsche Westrepublik hat diesen schönen Brauch übernommen, und nun wird über diesen Umweg der Adler auch wieder in den Reichstag flattern. Das will doch überlegt sein.

Und überlegt haben unsere wackeren Volksvertreter immer ganz heftig, wenn es um den Bundesvogel ging. Das machen die sich nicht so leicht wie Lauschangriff oder Abschaffung des Asylrechts, oh nein. Das ging spätestens 1987 los. Da wurde der Gipsvogel des erwähnten Bildhauers Ludwig Gies, der als »fette Henne« Parlamentsgeschichte gemacht hatte, wegen des Bundestagsumbaus abgehängt, zersägt und in besagte fünfundzwanzig Kisten verpackt, weil er als Gesamtkunstwerk nicht gelagert werden konnte. Alle Versuche, im provisorischen Plenarsaal Wasserwerk oder im neuen Bundestag was anderes als eine Aluminiumversion des Gipsvogels aufzuhängen, scheiterten am Widerstand der Bonner Traditionalisten.

Für den Reichstag wollte Architekt Sir Norman Foster nun was ganz Erlesenes. Er stieg tief in die Geschichte von hoheitlichem Federvieh, über hundertfünfzig Varianten vom Jahr 800 bis heute stellte er zusammen in einem feinen Büchlein, und dann entwarf er den Foster-Doppeladler. Also zwei Vögel, die gleichsam Rücken an Rücken, leicht gegeneinander versetzt, vom Dach des Reichstags hängen sollten – denn da wird nichts mehr an die Wand genagelt –, schwarze Vögel vor gelbem Hintergrund mit roten Schnäbeln. Der Erfolg war einzigartig: Eine Allparteienkoalition im Bundestag befand in bemerkenswerter Einmütigkeit, dass Sir Normans Adler ein grässliches, aggressives Kampfhuhn sei, das mit der guten demokratischen Tradition des deutschen Parlaments nichts zu tun habe. Und wieder wurde monatelang verhandelt und gefeilscht wie auf dem Teppichmarkt zu Marrakesch: Guckt der Flattermann in die richtige Richtung – nämlich nach rechts –, guckt er überhaupt in eine Richtung, da er doch – freischwebend – von vorn und hinten zu beäugen ist. Das Gefieder war mal zu streng und karg, mal zu geschwungen und üppig, die Krallen zu krallig, dann waren's zu wenig, auch der Schnabel erschien nicht ausreichend konturiert. Und vor allem die Löcher im Leib des Tiers, die sich Sir Norman anstelle der schönen Brustschuppen des alten Bonner Suppenhuhns ausgedacht hatte, missfielen den Unionsabgeordneten. Und so haben unsere Volksvertreter in zähem Kampf dem britischen Banausen ein Viech abgerungen, das dem alten Tier so ähnlich sieht, dass keiner mehr erschrecken muss. Keine fette Henne, keine magere, eher halbfett, doch höchst vertraut, ein Stück Bonner Republik für die Berliner Republik. Und das soll auch so sein. Wenn wir schon politisch zurück in die fünfziger Jahre sausen, dann soll der Bundesflattermann auch danach aussehen.

Sitzordnung

Und wenn man gerade nicht über den Adler streiten konnte, griff man einfach auf das schöne Thema Sitzordnung zurück. Das war auch nach der deutschen Einheit eine Lieblingsbeschäftigung der Bonner Parlamentarier. Ja, es wurde durch den Zuwachs aus dem Osten noch um Elemente bereichert, von denen man vorher nicht zu träumen gewagt hätte.

Wir haben es schon seit langem gewusst, jetzt wird es wieder trefflichst bestätigt: Es gibt für einen bundesdeutschen Volksvertreter keine lustvollere Beschäftigung als den Streit um Sitze. Nein, damit ist nicht der politische Streit um ein Mandat, um einen Sitz im Parlament gemeint, es geht um die Ordnung. Die Sitzordnung. An der Sitzordnung scheiden sich die Geister, mag in Bundestags-, Sonntags- und Alltagsreden auch noch so sehr das lyrisch Hohe Lied der deutschen Einheit gesungen werden: Zusammensitzen wollen sie denn doch nicht. Zwar bietet die Bundesregierung, ohne dass der Wähler sie darum gebeten hat, einigen DDR-Vertretern als Entschädigung für die gnadenlose Annahme der bedingungslosen Kapitulation ein paar Stühle im Kabinett an – von vier Übergangsministern ist da die Rede, die bis zur gesamtdeutschen Wahl am 2. Dezember dem Bundeskanzler schon mal zuschauen dürfen, wie er die Kabinettsglocke läutet und an seinem Schlips zupft. Aber das ist nicht mehr als eine Geste, eine verlogene dazu. Wir lassen uns nicht täuschen, denn in Tat und Wahrheit wollen die bundesdeutschen Volksvertreter die von der DDR nicht haben. Ist ja auch verständlich. Man stelle sich mal vor: Der Fußballklub Blau-Weiß Berlin macht pleite und tritt in seiner Not Hertha BSC bei. Mit allem Drum und Dran, mit Unterwerfungsvertrag – will sagen Einigungsvertrag, Regelung der finanziellen Angelegenheiten und so weiter. Was wird passieren? Ein oder zwei Vorstandsmitglieder von Blau-Weiß bekommen einen Beisitzerplatz bei Hertha, und damit ist Ende. Ja glauben Sie denn, plötzlich würde das Fußvolk, also die Fußballspieler von Blau-Weiß, in der Bundesligamannschaft von Hertha um den Erhalt des letzten Platzes mitkicken? Keine Spur. Eben.

So ist das auch im Bonner Parlament. Die wollen doch nicht zusammenrücken, bloß weil die da drüben Revolution gemacht haben oder wie man das neuerdings nennt. Auf 45 Zentimeter Sitzfläche werden die ohnehin engen Stühlchen im Wasserwerk verknappt, die Hinterbänkler haben nicht einmal mehr Armlehnen und auch keine feste Sitzordnung mehr, keiner weiß mehr, wo er hingehört. Was sollen wir zum Beispiel mit der PDS machen, die nicht mal eine Fraktion ist, sondern nur eine »parlamentarische Gruppe«. Die will sowieso keiner haben, die CSU besteht darauf, dass die Familie Gysi ganz links sitzt, da will aber die SPD bleiben, die 1983 nicht mal die Grünen nach links gelassen hat, so dass die jetzt in der Mitte sitzen, wo die PDS aber auf keinen Fall hin soll, sagt die CSU. Die aber auch nicht so schlimm auf den Putz hauen kann, weil es sonst zusätzlichen Krach um die DSU gibt, die nämlich nicht zur Unionsfraktion gehören wird, deshalb auch eigene Sitze als »parlamentarische Gruppe« bekommen muss. Vermutlich sitzen am Ende PDS- und DSU-Leute durcheinander und keiner kann mehr unterscheiden, wer wozu gehört.

Nicht dass derlei den Kameraden hier in Bonn lästig wäre: Wie gesagt, Sitzordnungsdiskussionen sind das Lebenselixier und der politische Inhalt des Volksvertreterdaseins, erinnert sei an die fabelhaften Debatten um kreisrunde, halbrunde, offen-elliptische oder noch andere Sitzordnungen im neuen Bundestag. Damals hat der legendäre Abgeordnete Jakob Mierscheid vorgeschlagen, alle Abgeordneten in der ersten Reihe unterzubringen. Dann wäre allen Gerechtigkeit widerfahren und ein Ende mit all dem Hader. Der Vorschlag sollte neu diskutiert werden.

Parlamentarisches Reisefieber

Vom Reisefieber befallen: So waren Anfang 2011 Zeitungsmeldungen überschrieben, wonach die Bundestagsabgeordneten im Jahr 2010 mehr Auslandsreisen unternommen hatten als je zuvor. Für den Kenner und Liebhaber des deutschen Parlamentarismus nichts Neues: Seit Jahren gibt es kaum ein Land, in das die reisefreudigen Abgeordneten nicht aufbrechen – von Armenien über Brunei bis Indonesien und Zypern. Besonders gerne auch in die USA und nach China. Seit Anfang der neunziger Jahre wurde über die parlamentarische Reiselust heftig diskutiert, 1995 wurde eine Regelung zur Transparenz von Abgeordnetenreisen beschlossen. Sie änderte fast nichts.

So mancher wird wohl befürchtet haben, dass nach den jüngsten Debatten über die Transparenz von Abgeordnetenreisen dieselben von ihrem segensreichen Tun ablassen. Aber – gottlob – ich kann alle beruhigen: Tapfer und unbekümmert fechten unsere Abgeordneten für die Reisefreiheit, und das ist gut so. In diesen Tagen – den schönen christlichen Feiertag namens Himmelfahrt ausnutzend – reist der Ausschuss für Wahlprüfung und Immunität nach Rom. Donnerstag bis

Sonntag, es muss sich ja lohnen, und Rom im Frühsommer ist nun allemal eine Reise wert. Freilich sind die Abgeordneten nicht in der Heiligen Stadt, um zu lustwandeln, sondern um zu arbeiten. Sie wollen sich nämlich informieren, wie das italienische Parlament funktioniert, vor allem was Themen der europäischen Zusammenarbeit betrifft.

Und das muss doch nun den letzten Kritiker solcher Bildungstouren mundtot machen: Wo anders als in Italien, dem Musterland für gediegenen und seriösen Parlamentarismus, kann man sich über parlamentarische Arbeit informieren? Wann kann man dieses besser tun als übers Wochenende und an einem diesem Wochenende vorgeschalteten Feiertag – denn man weiß doch, dass der italienische Abgeordnete gerade an solchen Tagen durcharbeitet, dass die Schwarte kracht.

Das ist es, was wir von unseren Volksvertretern nebst -innen erwarten: immer unterwegs im Dienste von Volk und Vaterland, immer nur die Arbeit im Sinn und das Wohlergehen aller Deutschen, und das vor allem an Feiertagen, weil man werktags doch in Bonn oder im Wahlkreis das Volk vertreten muss. Deshalb geht's vor Pfingsten im Reisebüro Bundestag immer besonders emsig zu, da kann man eifriges Treiben beobachten, vor und an Ostern ist's nicht anders. 1995 war es besonders schön. Da trieb es zum Beispiel eine Delegation des Innenausschusses nach Vietnam, die Kollegen vom Entwicklungsausschuss schauten in Nepal, Sri Lanka und Bhutan vorbei, und besonders arbeitsintensiv gestaltete der Haushaltsschuss die österlichen Tage. Eine Delegation desselben war in Brasilien unterwegs. Begründung: Brasilien ist unser wichtigster Handelspartner in Lateinamerika, und deshalb muss man sich über das dortige Stabilisierungsprogramm informieren. Das geht nicht schriftlich oder telefonisch, sondern nur persönlich. Klare Sache.

Eine andere Haushältergruppe hatte es noch schwerer: Sie musste in den Vereinigten Arabischen Emiraten und in Oman die Auswirkungen von Zechenschließungen in Deutschland in Augenschein nehmen. Doch, doch, kein Jux. »Die Abgeordneten wollen sich im Hinblick auf die aktuelle energiepolitische Diskussion mit den Konsequenzen für die Energieversorgung Deutschlands befassen, wenn der Einsatz heimischer Steinkohle reduziert wird«, so hieß das in der offiziellen Begründung. Das kommt davon, wenn man die Ärmsten unter Begründungszwang setzt.

Dabei muss man diese Aktivitäten doch gar nicht näher erläutern, es geht grundsätzlich darum, die gegenseitigen Beziehungen zu pflegen und sich über den internationalen Parlamentarismus zu informieren. Denn man kann als deutscher Volksvertreter seine Arbeit selbstverständlich nicht vernünftig tun, wenn man sich nicht in Neuseeland, Thailand oder Hongkong über die dortige Parlamentsarbeit informiert. Wenn der Fremdenverkehrsausschuss nach Japan reist, was er in dieser Woche tut, dann muss man mir doch nicht den Sinn dieser Übung erklären. Ist doch klar, dass aus Japan die entscheidenden Anregungen für die Förderung des Tourismus in Deutschland kommen müssen, kommen doch eh nur noch Japaner hierher.

Und wenn der Verkehrsausschuss nach Vietnam tourt, was tut er da? Natürlich informiert er sich über Flughafentechnologie, weiß doch jeder, dass der Vietnamese als solcher auf diesem Gebiet führend ist. Überhaupt der Verkehrsausschuss: Im vorigen Sommer – in den Ferien wohlgemerkt – jettete eine Delegation nach Südafrika und Namibia, um die dortigen Verkehrsprobleme zu diskutieren. Und was ernteten sie für ihre aufreibende Tätigkeit? Kritik, Hohn und Spott. Dabei ist doch unbestritten, dass die Verkehrsprobleme in Deutschland ohne eine profunde Kenntnis der Infrastruktur Namibias nicht einmal ansatzweise zu verstehen, geschweige denn zu lösen sind.

Aber so geht's in der Welt: Der Gute wird beargwöhnt und verfolgt, und deshalb ist es mehr als tapfer, dass unsere Volksvertreter sich von ihrem segensreichen Tun nicht abhalten lassen und unbekümmert weiter in unserem Auftrag und auf unsere Kosten dahin reisen, wo es erstens schön und zweitens für uns nützlich ist.

Kleines Parlament

Wenn zwei Deutschländer vereinigt werden, dann muss automatisch mehr Volk vertreten werden. Was nach 1989 zu erheblichen Diskussionen um die Ausweitung des ohnehin schon üppig besetzten Deutschen Bundestages führte. Ist das wirklich notwendig? Sollte man das Parlament nicht endlich mal verkleinern statt noch mehr aufzublähen? Einfache Antwort: Ja.

Eigentlich würde es ja völlig ausreichen, wenn zwei Volksvertreter in Bonn das Volk vertreten würden: ein Männlein und ein Weiblein, damit die Quote stimmt, auf die Transsexuellen können wir da leider keine Rücksicht nehmen. Dann hätten wir eine Bundestagspräsidentin und einen Vizepräsidenten, die könnten wechselweise alle Ausschüsse besetzen, das reicht, wenn man da regelmäßig die Aufträge der Regierung entgegennimmt, Plenarsitzungen könnten dann ziemlich straff durchgeführt werden: Die Präsidentin führt Regie, ihr Stellvertreter mimt das Plenum, Zwischenfragen werden nicht zugelassen, es gibt nur noch einstimmige Beschlüsse.

Das mit der Parteizugehörigkeit und der landsmannschaftlichen Repräsentanz lässt sich auch klären: Das wechselt dann halt. Die Präsidentin – nehmen wir mal Frau Süssmuth – ist dann eben ein Jahr lang in der CDU, dann ein Jahr in der SPD, je ein halbes bei Grünen und FDP, und über die PDS-Zugehörigkeit entscheidet das Bundesverfassungsgericht. Und der Stellvertreter – sagen wir mal Hans-Ulrich Klose – ist dann einen Monat Hamburger, einen Monat Bayer usw. Prinzip begriffen? Okay. Nur bei den Religionsgemeinschaften könnten wir Probleme bekommen, weil die Konversion vom Katholizismus zum Islam zum Beispiel rein zeitlich etwas aufwendig werden könnte, aber auf Einzelschicksale kann hier wie üblich keine Rücksicht genommen werden. Allein, liebe Freunde, wir wissen alle, dass dieser Idealzustand nie erreicht werden wird, rechnen wir also mal ganz realistisch, auf wie viel Parlament wir in Bonn wirklich verzichten können.

Zunächst mal ist es völlig überflüssig, dass die vielen Hundert Volksvertreter zu jeder Sitzungswoche von weit her anreisen, um dann in ihren Bundestagsbüros vor den Fernsehern zu sitzen und von dort die Debatte im Plenarsaal zu beobachten und sich nur an ihren Platz zu bewegen, wenn per Klingelzeichen zur Abstimmung gerufen wird. Eigentlich würde es reichen, wenn nur die Volksvertreter aus Nordrhein-Westfalen das Parlament bevölkern würden, naja, nehmen wir noch die aus Rheinland-Pfalz dazu – das wären zusammen 181. Das heißt: 491 Abgeordnete könnten zu Hause bleiben in Flensburg und Fürstenfeldbruck, in Bad Reichenhall und Rügen. Unsummen könnten da gespart werden: Fahrtkosten vom Wahlkreis nach Bonn und zurück, Bürokosten in Bonn, Wohnung in Bonn. Unentwegt jammern die Abgeordneten, dass ihnen zu wenig Zeit für die Wahlkreisarbeit bleibt – die hätten sie dann in Mengen. Die 181 Restabgeordneten in Bonn würden dann bestimmte Weisungen von ihren Kollegen in der Provinz bekommen – das wäre wie das übertragbare Stimmrecht in Aktionärsversammlungen –, und alle wären glücklich.

Wobei auch nicht alle 181 Volksvertreter-Vertreter in Bonn unbedingt nötig wären. Ziehen wir mal alle ab, die für eine Firma, einen Wirtschafts- oder Industrieverband, für eine Kirche, eine Gewerkschaft oder sonst einen Lobbyverein im Bundestag sitzen. Denn die Lobbyisten schwirren ja trotzdem in Bonn herum und sitzen auf den Schößen der Regierenden und formulieren die Gesetze, denen die Abgeordneten dann nur noch zustimmen – was müssen die noch im Bundestag sitzen?

Wenn wir nicht allzu streng rechnen, würden nach dieser Regel noch mal mindestens achtzig Volksvertreter wegfallen, bleiben 101. Mindestens die Hälfte davon sind Berufspolitiker, also Leute, die nur deshalb im Bundestag sitzen, weil sie nichts anderes gelernt haben: Also noch mal fünfzig weg, bleiben 51.

Und wenn wir den Grundsatz der parlamentarischen Demokratie ernst nehmen, dass die Legislative – also der Bundestag – die Exekutive – also die Regierung – kontrolliert, dürfte auch kein Regierungsmitglied – einschließlich der Staatssekretäre – im Bundestag sitzen. Das sind nach dem heutigen Stand 45, da der Bundeskanzler das Kabinett straffen will, rechnen wir mal fünf runter, bleiben vierzig Regierende mit einem Parlamentsmandat – weg damit. Also haben wir noch elf Volksvertreter. Das ist eine übersichtliche Zahl, die Zahl der Ausschüsse könnte man dann auch von 25 auf elf reduzieren, und das Ganze hätte den immensen Vorteil, dass alle Volksvertreter im Bundestag in der ersten Reihe sitzen könnten. Das hat doch was.

Schilys Banane

Haben Politiker Humor? Eine Frage, die sich eigentlich erübrigt. Denn zur Grundausstattung von humorigen Menschen gehört die Ironie. Das kommt aus dem Griechischen und heißt zu Deutsch: verstellt sprechen, etwas anders meinen, als man es sagt, aber so, dass die anderen merken, was man da tut. Dass derart bewusstes Sprachhandeln bei Politikern ausfällt, liegt auf der Hand, erst recht, wenn es um Selbstironie geht, der schönste Ausweis von Humor. Wenn also etwas als Humor gilt bei Politikern, dann ist es eher etwas grob gestrickt. Aber immerhin.

Doch, doch, keine Frage: Sie sind schon ungemein humorig, unsere Damen und Herren Volksvertreter, und wenn sie einander öffentlich necken wollen, kennt ihr Erfindungsreichtum schier keine Grenzen. Ein besonderer Pfiffikus auf diesem Gebiet ist Wolfgang Schäuble, der auf badisch-verschmitzte Weise gerne den Schelm spielt, wenn er nicht gerade Unverschämtheiten von sich gibt. In einer Haushaltsdebatte hatte Schäuble es zum Beispiel auf Otto Schily abgesehen, der sich mit allerlei Zwischenrufen während Schäubles Rede bemerkbar zu machen versuchte, bis dieser erklärte, auf jenen werde er erst wieder eingehen, wenn er sich öffentlich entschuldige.

Schily hatte nämlich 1990 den Sieg der Bonner Regierungsparteien bei der DDR-Volkskammerwahl dadurch kommentiert, dass er eine Banane hochhielt. Wogegen nichts zu sagen sein dürfte, denn jeder weiß, dass die sogenannte Revolution im Osten eine Bananenrevolution war, wie die Französische Revolution im Kern eine Brotrevolution war. Zur Banane als Symbol für alles, was in der DDR nicht zu haben war, drängte es die mühseligen und beladenen Ostler erklärtermaßen, und so wurde die Banane zum Zeichen der Freiheit, das hochzuhalten wohl keine Schande sein kann. Und im Übrigen kommt auf diese Weise angemessen zum Ausdruck, dass BRD »Bananenrepublik Deutschland« heißt. Was aber sagt der Schäuble Wolfgang: Schily habe die Ostdeutschen »zu Affen gemacht«, eine Interpretation, die ein Ausmaß von Ignoranz offenbart, das fürchten macht.

Nun aber der Schily Otto, der auf einen Schelmen anderthalbe setzt und sich – um des parlamentarischen Friedens willen – tatsächlich öffentlich im Plenum des Bundestages, vor dem Forum der Nation also, entschuldigt. Und zwar »für das unbedachte Vorzeigen einer Südfrucht«. Gleichsam als bäte der Exhibitionist um Verzeihung für das unbedachte Vorzeigen seiner Blöße, womit der Bananenakt dann auf einer Ebene gelandet wäre, die sich fürs Bundestagsplenum gleichermaßen eignet wie für den Stammtisch.

Freilich vergaß Otto Schily nicht, den neckischen Kontrahenten nun seinerseits aufzufordern, sich für die »Steuerlüge« der Koalition im damaligen Wahlkampf zu entschuldigen, also gleichsam für das unbedachte Vorzeigen einer geistigen Blöße.

So sind sie eben, unsere Volksvertreter: Während andere sich mit Blondinenwitzen fröhlich machen, ist für die Bonner Mandatsträger irgendwie alles Banane. Schön anzüglich, aber immer feingeistig. Möglicherweise waren die Akteure ja auch gedopt – mit Bananen zum Beispiel, die angeblich die Produktion körpereigener Stoffe anregen, die euphorische Zustände herbeizuführen in der Lage sind. Sich auf diese Art Glücksgefühle zu verschaffen, erfüllt ohne Zweifel Tatbestände, die im Rauschmittelgesetz definiert sind. Wie zu hören ist, wird sich der Ältestenrat alsbald mit dem Drogenproblem Schäubles und Schilys befassen.

Schönschreiben

Irgendwann war die Führung im Deutschen Bundestag es leid, dass Reden, Handeln und Wirken der Mitglieder des Hohen Hauses in der Öffentlichkeit nicht den Stellenwert hatten, den sie sich selbst zuschrieben. Weshalb der Bundestag im Juni 1993 einen Wissenschafts- und Medienpreis stiftete, damit wenigstens einmal im Jahr gut über sie geredet und geschrieben würde.

Man kann das ja verstehen, dass die Parlamentsvortänzer es allmählich leid sind, in den Medien immer nur Hämisches zu hören und zu lesen über die angebliche Machtgeilheit der Damen und Herren Volksvertreter, über die Selbstbedienungsmentalität. In ohnmächtigem Zorn kann die große Vorsitzende Rita Süssmuth immer nur dementieren und versichern, es sei alles ganz anders. Aber wem nützt das schon?

Das soll jetzt anders werden. Der Bundestag lässt künftig schönschreiben, und zwar in Wissenschaft und Medien. Zu diesem Behufe sind ein Wissenschafts- und ein Medienpreis ins Leben gerufen worden, dotiert mit je 10000 Mark, die jährlich für »hervorragende Arbeiten zum Parlamentarismus« vergeben werden. Wie man nun in der Wissenschaft das große Weihrauchfass aufmachen will, ist mir nicht so ganz klar, aber rein medienmäßig könnte da ganz schön der Bär steppen. Da wäre zum Beispiel das rätselhafterweise bislang ungeschriebene Feature mit dem Titel »Warum das Plenum des Deutschen Bundestages immer dann voll ist, wenn es besonders leer erscheint« oder »Die geistheilende parlamentarische Wirkung der Präsenz in Absenz«. Oder das als Erlebnisbericht eines idealtypischen Gesamtabgeordneten abgefasste Stimmungsbild »Wie ich auf dem Platz des Himmlischen Friedens in meinem Dienstmercedes für die Menschenrechte gekämpft habe – Parlamentsreisen als permanente Demonstration für den Weltfrieden« wäre auch ganz schön. Oder: »Alle nagen an mir rum – Psychogramm des parlamentarischen Hungertuchs«.

Ich könnte mir zum Beispiel auch eine Serie über den Alltag des Volksvertreters vorstellen, am besten im Fernsehen. Machart: *Mein Gott, Herr Pfarrer* oder *Praxis Bülowbogen*, Arbeitstitel: *Notruf Bonn – rund um die Uhr im Einsatz für die Demokratie.* Der Volksvertreter – immer hin- und hergerissen zwischen Wahlkreis und Bonn, zwischen Familie und Freundin, in Bonn selbst immer unterwegs vom Büro, wo gerade ein Lobbyist der Pharmaindustrie sein Päckchen abgegeben hat, in die Kantine, wo eine Besuchergruppe aus dem Wahlkreis betreut werden will, kurz mal ins Plenum, wo schnell irgendein Grundrecht abgeschafft werden muss, am Nachmittag ein paar Intrigen und Durchstechereien in der Fraktion – Thema: innerparteiliche Demokratie fürs Jahr 2000 –, abends im Eiltempo von Landesvertretung zu Landesvertretung, überall dieses lästige Fressen und Saufen zum Nulltarif, aber man muss sich ja sehen lassen, um die Sponsoren nicht zu vergrätzen, und man muss hören, was so geredet wird. Mitten in der Nacht stürzt man dann völlig kaputt ins Bett, um morgens aufzuwachen und wieder irgendeinen Schwachsinn über das süße Leben der Abgeordneten zu lesen und sich zum zehntausendsten Mal zu überlegen, ob diese ganze Plackerei es denn wirklich wert ist, man könnte ja auch irgendwo als Landrat die Kohle abzocken oder als Chef der Elektrizitätswerke. Während der Volksvertreter so vor sich hin zweifelt, kommt von irgendwoher die Stimme: Es geht doch ums Ganze, um die parlamentarische Demokratie, um das Erbe von vierzig Jahren harter Arbeit im Dienste des Volkes, das können wir uns doch von ein paar Meckerfritzen nicht kaputtmachen lassen. Und dann legt der Volksvertreter Entschlossenheit in seinen stahlblauen Blick, isst sein Müsli zu Ende, kippt den Multivitaminsaft runter und schreitet aufrechten Ganges ins Morgenrot – auf zu neuen parlamentarischen Taten. Das wär' so ungefähr das Drehbuch. Leute, ich sage euch, die 10000 Mark sind mir so gut wie sicher.

Petitionen

Üblicherweise beschäftigt der Deutsche Bundestag sich mit Verordnungen, Entschließungen, Gesetzentwürfen, die entweder aus den eigenen Reihen kommen oder von der Regierung oder vom Bundesrat oder aus Europa. Das deutsche Volk, das hier vertreten wird, kann aber auch selbst Eingaben machen. Damit die nicht als Forderungen missverstanden werden können, heißen sie Petitionen, also Bittschriften. Manchmal sind sie ziemlich brisant.

Das war knapp: Wenn die Damen und Herren Volksvertreter nicht aufgepasst hätten, dann müssten jetzt alle Kalender umgeschrieben werden. Aber die Abgeordneten des Bundestagspetitionsausschusses haben ein waches Auge auf das, was im Kummerkasten der Nation so alles landet, und sie haben den Antrag eines rheinland-pfälzischen Bürgers abgelehnt, einen achten Wochentag einzuführen. Der Mann hatte geschrieben: »Mir fliegt die Zeit davon. Der Lebensstress hat mich voll erwischt und scheucht mich vor sich her.« Deshalb wollte er pro Woche einen Ruhetag eingebaut haben, an dem er »seine Seele baumeln lassen« könne.

Womit er uns natürlich voll aus derselben gesprochen hat und auch die der Petitionsfritzen rührte, sofern diese über solche verfügen. Der Ausschuss nämlich äußerte Verständnis für das Zeitproblem des Zeitgenossen, empfahl ihm aber, sich einen Tag der Sieben-Tage-Woche auszusuchen, »um seinem Ruhebedürfnis Genüge zu tun«. Ja, so schlau war der Mann schon vorher, bloß: Es reichte ihm eben nicht.

Genauso verständnisvoll abweisend reagierten die Volksvertreter auf die Bitte eines zehnjährigen Mädchens namens Mirjam, »meinem Papa nicht so viele Steuern vorzuplättern«, weil sie schließlich mit ihrem Papa mal zum Onkel nach Amerika fliegen wollte und Vater Staat in seiner Raffgier das unmöglich mache. Ihr wurde genauso wenig Unterstützung zuteil wie einer Frau namens Almut, die lieber Laura heißen würde. Das darf sie ganz für sich privat, solange sie lustig ist. Aber nicht im Rechtsverkehr. Der Petitionsausschuss, so meinte sie, solle sich für eine Gesetzesänderung verwenden. Das wollen die Volksvertreter aber nicht: Namensänderung aus Modegründen soll es nicht geben, meinen sie. Eine beliebige Auswechslung des Vornamens muss wegen der Ordnungsfunktion von Vor- und Familiennamen und unter dem Gesichtspunkt der Persönlichkeitsentwicklung eines Menschen unzulässig sein. Basta. Helmut Kohl bleibt Helmut Kohl, und Hannelore kann sich auch nicht plötzlich anders nennen, sagen wir mal Juliane, nur weil das schwarzbraune Madel vom Heino auch Hannelore heißt.

Übrigens heißt der Vorsitzende des Petitionsausschusses des Deutschen Bundestages Gero von Pfennig. Der möchte auch lieber Giselher von Dollar heißen. Aber aus Ordnungsgründen und wegen der Persönlichkeitsentwicklung ist da leider nichts zu machen. Merke: Wenn schon der Volksvertreter leidet, dann ist dem Volke Gleiches nicht zu ersparen. Das nennt man dann Solidargemeinschaft.

Zahlmandat

Wer das Volk in der Volksvertretung vertritt, bekommt dafür Geld. Das nennt man »Diäten«. Damit ist kein Gehalt gemeint, sondern eine Entschädigung. Für welchen Schaden der Abgeordnete pekuniären Ausgleich bekommen soll, ist zwar nicht auszumachen, aber auch nicht wichtig. Wichtig ist das Prinzip: Für ein Abgeordnetenmandat bekommt man Geld und muss keins bezahlen. Das gilt eigentlich auch für Landtage. Eigentlich.

»Die Abgeordneten sind an Weisungen und Aufträge nicht gebunden und nur ihrem Gewissen unterworfen.« So steht es im Grundgesetz, ähnlich in den Landesverfassungen. Wir wollen nicht abstreiten, dass solche Sätze einen schönen Klang haben, und wenn man irgendwelchen Stalinisten oder sonstigem Gesocks die parlamentarische Demokratie erklären muss, tut ein solches Zitat immer gute Dienste. Aber unter uns muss man nun wirklich nicht so tun, als habe die Romantik solcher Verfassungslyrik irgendetwas mit der Realität der freiheitlichdemokratischen Grundordnung zu tun. Die ist fest in der Hand von Organisationen, die für den möglichst reibungslosen Ablauf dieser Veranstaltung namens Demokratie Sorge tragen, Dienstleistungsunternehmen, die sich nach alter Sitte Parteien nennen. Und das ewige Gequatsche darüber, woher denn die Kohle für die Parteien kommen soll, dass es so was Ekliges wie staatliche Parteienfinanzierung gibt, gar noch verdeckte Parteienfinanzierung – dummes Gerede, Gefühlsgeblubber, das nicht zur Kenntnis nehmen will, dass die Demokratie ein hartes Geschäft ist, das bezahlt werden muss.

Die Dresdner CDU hat nun endlich die Konsequenzen gezogen und den Knoten auf klassische Weise durchgehauen: Wer Christdemokrat in Dresden ist und 1994 wieder in den sächsischen Landtag oder gar in den Bundestag einziehen will, muss blechen. 10000 Mark für ein Landtags- und 30000 Mark für ein Bundestagsmandat. Das ist eine vernünftige Rechnung. Denn das Dienstleistungsunternehmen CDU muss in Vorlage gehen – das hat nichts mit Leibesübungen zu tun, das nennt man betriebswirtschaftlich so –, um dem Kandidaten das Mandat zu ermöglichen. Mandat bedeutet aber Diäten, also Einkünfte. Was liegt näher, als dass der Kandidat das Mandat kauft? Der Kreisvorsitzende der CDU Dresden hat das genau erklärt: Bei den festgelegten Summen handele es sich um rund vier Prozent des Betrages, den der Abgeordnete später in einer Legislaturperiode an Diäten erhält.

Und es wird ja nicht verschleudert, das Mandatsgeld: Der Wahlkampf in Dresden wird damit finanziert, der künftige Abgeordnete investiert also in sich selbst. Will sagen: Mit dem Prinzip des Mandatskaufs wird das Getriebe der parlamentarischen Demokratie zur Kenntlichkeit entstellt. Kein Schmus mehr um hehre Prinzipien von Volksvertretung und Gewissen, das Ganze ist ein Geschäft, das organisiert sein will. Wer zum Beispiel keine 10 oder 30000 Mark flüssig hat, kann die Summe in Raten zahlen, das hat die Dresdner CDU schon einkalkuliert.

Man könnte bei Banken und Sparkassen auch einen speziellen Mandatskredit einrichten mit Vorzugszinsen, man müsste auch noch daran denken, was mit denen passiert, die nicht gewählt werden: Denn schließlich gibt es ja vorläufig immer noch diese lästige Einrichtung, dass der Wähler das letzte Wort hat, und man kann nicht für alle

Kandidaten sichere Listenplätze einrichten. Bekommen die dann ihr Geld zurück? Das würde schwierig, denn es ist ja schon für den Wahlkampf verbraten. Bekommen sie einen Rabatt für die nächste Wahl? Oder muss man das Mandatsgeld als verlorenen Wahlkostenzuschuss abbuchen, wenn man nicht ins Parlament kommt?

Wir sehen, an den Feinheiten müsste noch ein wenig gearbeitet werden, solange der Wähler, dieses unberechenbare Wesen, noch etwas zu sagen hat. Aber das kriegen wir auch noch hin.

Rita angezeigt

Zu den schönsten Debatten in der Geschichte des Deutschen Bundestages gehörte die um die Verkleidung des Berliner Reichstages. Das war 1994, die Entscheidung für den Umzug nach Berlin war längst gefallen, und einige Abgeordnete wollten, dass dem historischen Ereignis durch ein paar Kilometer Lappen des Verkleidungskünstlers Christo Würde und Würze verpasst werde. Die Entscheidung fiel für Christo, daraufhin erstattete der CSU-Politiker Klaus Kirchleitner Anzeige gegen Bundestagspräsidentin Rita Süssmuth.

Eins ist klar: Was auch immer bei dieser Sache herauskommt, Klaus Kirchleitners Anzeige wird in die Geschichte der Juristerei eingehen und noch so manchem Proseminar zu heiteren Stunden verhelfen. Nach § 90 a, Abs. 2 StGB wird nämlich bestraft, wer ein öffentlich angebrachtes Hoheitszeichen »entfernt, zerstört, beschädigt, unbrauchbar oder unkenntlich macht oder beschimpfenden Unfug daran verübt«. Wie Juristen halt so reden. Nun ist ein Gebäude aber keine Flagge und kein Wappen und kein Adler oder so was in der Art. Und wenn durch die geniale Rechtsschöpfung des Herrn Kirchleitner bald auch öffentliche Gebäude als Hoheitszeichen gelten, sehen wir herrlichen Zeiten entgegen. Dann könnte man nämlich irgendwelche CSU-Politiker, zum Beispiel Herrn Kirchleitner, anzeigen, wenn sie den Deutschen Bundestag betreten. Da findet sich bestimmt einer, der darin einen beschimpfenden Unfug dieses Gebäudes sieht. Was ist mit dem Bundeskabinett? Ist etwa die Teilnahme von Günter Rexrodt an Kabinettssitzungen kein beschimpfender Unfug am Kabinettssaal?

Von Helmut Kohl wollen wir ja gar nicht reden. Da gibt's noch 'ne Menge zu tun für Scharen von Rechtsanwälten.

Noch schöner ist aber die Idee, Frau Süssmuth in Person anzuzeigen und nicht alle 292 Abgeordneten, die für Christos Verpackungskünste gestimmt haben. Das haben wir uns doch jahrelang gewünscht, dass wir die Leithammel und -hämmelinnen für alles verantwortlich machen können. Also zeige ich Verkehrsminister Wissmann und Forschungsminister Krüger an, weil sie den Bau des Transrapid nicht nur genehmigt, sondern mit Vehemenz betrieben haben. Denn wenn das kein beschimpfender Unfug ist, was dann? Irgendein Hoheitszeichen wird uns schon einfallen, dem dadurch der ihm zustehende Glimpf nicht zuteilwurde.

Und den Bundeskanzler ziehen wir vor den Kadi, weil er seit über elf Jahren verunglimpfend dem vorsteht, was so leichtfertig Bundesregierung genannt wird. Immer getreu der Argumentation des famosen Herrn Kirchleitner, der unter anderem sagt, die Entscheidung für die Reichstagsverpackung untergrabe »das Vertrauen des Bürgers in die Rationalität unserer Demokratie«. Wenn das jetzt auch schon strafbar sein soll, dann werden die Gefängnisse aber bald voll sein mit Massen von Politikern, und zwar nicht nur Regierenden. Ein herzliches Dankeschön und Vergelt's Gott also nach Oberbayern, wo der Herr Kirchleitner höchst beziehungsreich im Örtchen Trostberg wohnt. Das ist ihm besonders zu gönnen.

Papierflut

Ein Fitnessprogramm für die Parlamentsmitarbeiter hat die SPD-Abgeordnete Margrit Wetzel gefordert und Schnellkurse für die Abgeordneten. Weil ihr nämlich aufgefallen ist, dass ein Gesetzentwurf der Regierung zu Investitionsmaßnahmen 750 Seiten dick und drei Kilo schwer ist und damit eine körperliche wie geistige Last darstellt. Ja wo lebt die Dame denn!

Was regt die Frau Abgeordnete sich denn auf? So außergewöhnlich ist ihr Drei-Kilo-Gesetz nun auch wieder nicht. Hätte sie aufgepasst, wäre ihr der »Entwurf eines Gesetzes über den Bau der ›Südumfahrung Stendal‹ der Eisenbahnstrecke Berlin-Oebisfelde« nicht entgangen. Dieses epochemachende Werk (Bundestagsdrucksache 513/92) hat stramme 737 Seiten – und das für rund fünfzehn Kilometer Eisenbahnstrecke. Da werden sich die Ministerialbeamten halb krankgelacht haben, als sie den Volksvertretern jedes Fitzelchen Papier, das mit dieser »Südumfahrung« zusammenhängt, ins Paket packten. Ganz zu schweigen vom Haushaltsentwurf, der jedes Jahr unter die Abgeordneten gebracht wird. Da lohnt das Seitenzählen gar nicht mehr, da muss der Zollstock ran: 25 Zentimeter hoch ist der Packen und wiegt gut und gerne zehn Kilo. Und da soll keiner glauben, außer den Abgeordneten im Haushaltsausschuss würde irgendein Parlamentarier freiwillig diese Papiermassen wälzen.

Das ist auch gar nicht so gemeint. Wenn die Volksvertreter nämlich all das Zeug lesen würden, was die Ministerialbürokratien in Bonn und in Brüssel ihnen auf den Tisch hieven, dann könnten sie möglicherweise mitreden, kritisieren, ändern. Parlamentarische Demokratie geht aber anders. Die Fachleute im Parlament und die Fachleute in den Ministerien setzen sich mit den Lobbyisten zusammen, um irgendeinen Entwurf auszuhecken, die möglichen Widerstände der Opposition werden ausgelotet – und dann kommt viel Papier in die Büros der Abgeordneten, die ihre Kollegen aus den Fachausschüssen dann in den Fraktionssitzungen um Rat und Beistand bitten. Beides wird ihnen zuteil in Form einer Abstimmungsempfehlung, die mit der Fraktionsspitze verabredet worden ist, und das Ergebnis haben die Damen und Herren Abgeordneten dann im Plenum abzunicken – wenn es nicht gerade um Schicksalsfragen wie Berlinumzug oder § 218 geht, dann dürfen sie auch eine eigene Meinung haben, jedenfalls bis auf weiteres.

Ansonsten dienen die Bundestags- und Bundesratsdrucksachen der Unterhaltung in all der Ödnis des parlamentarischen Daseins. Vorstehende Außenkanten an Führerhäuschen von Nutzfahrzeugen, der Eukalyptusanbau in Portugal und Spanien, die NATO-Pipeline in Schwaben, das Handelsklassenschema für Schafschlachtkörper – all diese Wichtigkeiten stehen auf Bonner bedrucktem Papier. Und wer sich damit beschäftigt, hat für so hehre Dinge wie Demokratie keinen Nerv mehr. Bevor er bewusstlos in einem Berg von Papier versinkt, kann er gerade noch zur Kenntnis nehmen, dass Getränke- und Grundstoffbehälter zu Getränkeschankanlagen im Sinne der Getränkeschankanlagen-Verordnung – kurz SchankV – gehören, und er wird nie erfahren, was Grundstoffe sind, weil ihm längst die Sinne schwinden. Also aufgepasst, damit wenigstens Sie was lernen: »Grundstoffe im Sinne dieser Verordnung sind mit Aromen versetzte Lebensmittel oder Erzeugnisse, die Lebensmitteln einen süßen oder salzigen Geschmack verleihen, soweit diese Lebensmittel dazu bestimmt sind, zu Getränken weiterverarbeitet zu werden.« Alles klar? Nein? Dann ist alles klar. Denn das ist der Sinn der Bonner Papierflut.

Bundestagstage

Im Bundestag zu sitzen, bedeutet nicht, dass man das ganze Jahr über in der Hauptstadt rumlungert. Das Jahr hat rund zwanzig Sitzungswochen, und diese Sitzungswochen zählen auch nicht von Montag bis Freitag, und die Tage im Bundestag sind so wenig übliche Tage wie die Stunden normale Stunden sind. Das vorliegende Beispiel stammt aus dem Jahr 1997. Bis auf die Währung hat sich fast nichts geändert.

In Tagen rechnet der deutsche Volksvertreter in aller Regel nicht, das ist ihm zu kleine Münze. Die kleinste Einheit ist für ihn die Woche, nämlich die Sitzungswoche in Bonn, weshalb der Bundestag auch eigentlich Bundeswoche heißen müsste, aber diese Bemerkung streichen wir wegen zu großer Albernheit gleich wieder. Zumal eine Sitzungswoche selbstredend aus Sitzungstagen besteht, das sind in der Regel drei pro Sitzungswoche. Sitzungstage sind nämlich nur die, an denen der Bundestag tagt, und das geht mittwochs mit der Regierungsbefragung und der Fragestunde los, Donnerstag ist Debattengroßkampftag von morgens bis abends, Freitag ist normalerweise ein halber Debattentag, also nur bis mittags, weil der Volksvertreter dann dringend nach Hause in den Wahlkreis muss, um dort seinen Wählern auf die Nerven zu fallen. Zwar wird auch montags und dienstags gearbeitet in Bonn, da gibt es Fraktionssitzungen und Arbeitskreise und lauter andere wichtige Dinge, aber das sind keine Sitzungstage im Sinne der Geschäftsordnung des Bundestages, und deshalb gibt es da auch keine Anwesenheitspflicht. Die ist aber für die Definition von Bundestagstagen von zentraler Bedeutung.

Nehmen wir mal das vor uns liegende Jahr 1997: Da sind zwanzig Sitzungswochen vorgesehen, mal drei Sitzungstage, macht sechzig Arbeitstage. An diesen Tagen muss der Volksvertreter sich in eine Anwesenheitsliste eintragen, und wer das nicht tut, bekommt 150 Mark pro Tag abgezogen, das ist nämlich das Tagungsgeld – ein Relikt aus alten Zeiten, als Parlamentarier noch im Nebenberuf das Volk vertraten und pro Tag bezahlt wurden. Wenn sich einer entschuldigt, werden neunzig Mark abgezogen, ist er nachweislich krank, nur dreißig Mark. Ein Abgeordneter könnte sich also 1997 für jeden Sitzungstag entschuldigen, bekäme dafür sechzig mal neunzig Mark abgezogen, das sind 5400 Mark für ein Jahr völlig ohne Sitzungstag. Theoretisch. Was die Fraktion dazu sagt, steht auf einem anderen Blatt.

Das Schönste an einem Sitzungstag ist natürlich die Tagesordnung. Die wird normalerweise Wochen vorher im Präsidium des Bundestages festgezurrt, und zwar so, dass unangenehme Themen – Diätenerhöhung und dergleichen – am späten Donnerstagabend platziert werden, wenn keine Fernsehkamera und kein Mikrofon die traute Runde mehr stören. Eilbedürftiges wird gelegentlich über Nacht noch auf die Tagesordnung gehievt, das verstößt zwar gegen die Geschäftsordnung, aber mit der Regierungsmehrheit kann man das im Eilverfahren absegnen. Da wird durchgezockt, was das Zeug hält.

Manchmal gibt es auch gar keine Tagesordnung. Im September 94, also kurz vor der jüngsten Bundestagswahl, wurde die letzte Sitzungswoche des Bundestages einfach gestrichen. Wir haben nichts mehr zu debattieren, sagte die Koalitionsmehrheit. Aber als die Sozis es fertiggebracht hatten, eine Sondersitzung zu den Themen Schürmann-Bau und Treuhand zu erzwingen, war die Tagesordnung plötzlich proppevoll. Auf einmal musste eine Regierungserklärung zur Wirtschaftspolitik vorgelegt werden, die Nöte der Glasbläser in Thüringen standen zur Debatte – der angeblich völlig überflüssige Sitzungstag dauerte bis nachts um halb drei.

Eine besondere Putzigkeit leistet das Bonner Parlament sich mit seinen Stunden: eine Bundestagsstunde dauert nämlich keine sechzig, sondern achtundsechzig Minuten, einfach deshalb, weil in einer Stunde fünfunddreißig Minuten Regierung, einundzwanzig Minuten SPD, sieben Minuten Bündnisgrüne und fünf PDS-Minuten eingeplant sein müssen. Rein redetechnisch. Wie viel nun bei einer Achtundsechzig-Minuten-Stunde ein Bundestagssitzungstag und dann die Sitzungswoche und schließlich ein Parlamentsjahr ausmachen, das auszurechnen überlassen wir den geneigten Leserinnen und Lesern. Schönen Tag noch.

Extraterrestrische Anfragen

Es ist die Langeweile. Man muss es einfach mal so sagen. Langeweile, gepaart mit permanenten Erschöpfungszuständen. Es ist eine ungeheure Plackerei, das Volk zu vertreten, weshalb unsere Volksvertreter immer mal wieder von ihren mit unerledigten Vorgängen überhäuften Schreibtischen fliehen, um sich im Bundestag auszuruhen. Dann frönen sie im Plenum entweder dem heilsamen Parlamentsschlaf, oder sie langweilen sich entsetzlich, weil mal wieder über die »Auswirkungen der Anpassung der Mindestgrößen für landwirtschaftliche Betriebe durch die landwirtschaftlichen Altersklassen auf die Übertragbarkeit von Abfindungsbrennereien« oder ähnliche Schicksalsfragen debattiert wird.

Was tut der Volksvertreter, um wenigstens hin und wieder diesem elenden Zustande zu entfliehen? Er macht Schabernack. Zum Beispiel durch Fragen an die Bundesregierung. Immer in der Hoffnung, dass dieselbe mitspielt und den Spaß an der Freud dadurch nicht unbeträchtlich erhöht. Da hat Peter Hettlich von den Grünen leider ziemlich viel Pech gehabt. Auf seine Frage nach der Wahrscheinlichkeit der Existenz intelligenter extraterrestrischer Lebewesen und der Wahrscheinlichkeit der Landung Außerirdischer auf dem Territorium der Bundesrepublik antwortet der Staatssekretär Jochen Homann zunächst ganz vielversprechend: »Der Bundesregierung liegen keine Erkenntnisse vor, die eine zuverlässige Einschätzung der Wahrscheinlichkeit extraterrestrischen Lebens erlauben würden.« Ja, geht so. Und eine Landung Außerirdischer in Deutschland hält die Bundesregierung nach heutigem wissenschaftlichen Kenntnisstand für ausgeschlossen.

Das ist ausbaufähig. Wäre ausbaufähig gewesen. Aber die weiteren Fragen des Abgeordneten nach Zuständigkeiten, Leitlinien und Verhaltensanweisungen, falls die Außerirdischen doch kommen, quittiert der Staatssekretär mit dem Satz: »Aufgrund der Antwort zu Frage

28 erübrigt sich eine Beantwortung.« Och, nee. Der Volksvertreter will spielen, der Regierungsvertreter spielt nicht mit. Wie traurig.

Aber das ist der Zug der Zeit. Früher, ja, früher, als alles noch anders und mithin besser war, da bestritten Abgeordnete zum Beispiel ganze Bundestagsdebatten mit einer Wette. Nach einer Delegationsreise durch China mussten alle Teilnehmer in ihrer nächsten Rede den Satz »Nächtliche Fahrt in der ersten Klasse der chinesischen Staatsbahn« unterbringen. Es war köstlich. Wilfried Penner von der SPD beschimpfte in der ersten Bundestagsdebatte nach der Reise den damals noch unter uns weilenden Jürgen W. Möllemann zunächst auf die übliche Weise und warf ihm dann vor, irgendwas ganz Böses während einer Nachtfahrt in der Ersten Klasse der chinesischen Staatsbahn ausgeheckt zu haben. Der Angegriffene regte sich auf: Er sei noch nie in China Bahn gefahren. Der FDP-Abgeordnete Hirsch versuchte mit einer Zwischenfrage zu vermitteln, Antje Vollmer und andere nahmen den Faden auf – sie alle brachten auf diese Weise die »nächtliche Fahrt in der Ersten Klasse der chinesischen Staatsbahn« unter. Und mussten keine Runde zahlen.

Oder denken wir an den Phantomabgeordneten Jakob Maria Mierscheid, den SPD-Leute erfunden haben und immer wieder ins parlamentarische Geschehen eingreifen lassen. Wie viel Freude in trübe Plenarstunden haben die – letztlich gelungenen – Versuche gemacht, Mierscheid ins Bundestagsprotokoll zu bringen oder auch in regierungsoffizielle Antworten auf Anfragen. Zum Beispiel auf die Frage nach der Geltung des Mierscheid-Gesetzes, wonach sich der Stimmenanteil der SPD bei Bundestagswahlen nach dem Index der deutschen Rohstahlproduktion richtet.

Nicht zu vergessen die Bemühungen des besagten Jürgen W. Möllemann, der sich die Zeit mit der Erfindung von Professor Dr. Dr. Theodor Blieshaimer und dessen berühmter Farbenlehre vertrieb. Und weil das so schön funktionierte, noch die Gemahlin Eleonore Blieshaimer-Sack hinzuerfand, die mit ihrer Arbeit »Die Zelle fällt nicht weit vom Stamm« einen wichtigen Beitrag zur Gentechnikdebatte geleistet habe. Vorbei, vergangen, verweht. Keiner will mehr mitspielen, und wenn dann die Außerirdischen doch kommen, ist die Bundesregierung unvorbereitet. Aber dann können sich ja Mierscheid und Blieshaimer um sie kümmern.

Berufe im Bundestag

Immer wenn ein neuer Bundestag zusammentritt, interessieren sich bestimmte Leute dafür, wie das Hohe Haus denn nun dieses Mal zusammengesetzt ist. Was die Berufe der Volksvertreter betrifft. Die Antwort ist zwar seit Jahren dieselbe, aber trotzdem wurde auch nach der Bundestagswahl 2009 danach gefragt. Nun ja, antworten wir halt.

Ach Gott, ja, Juristenschwemme im Bundestag. Als ob das was Neues wäre. Die Juristen haben die Lehrer schon längst überrundet. Früher hieß es: »Das Plenum ist mal voller und mal leerer, aber immer voller Lehrer.« Das war in den siebziger Jahren mal so, jetzt sind gerade noch zweiunddreißig Abgeordnete ehemalige Lehrer. Gut fünf Prozent. Dafür gibt's hundertdreiundvierzig Juristen, genauso viele wie im vorigen Bundestag. Knapp dreiundzwanzig Prozent. Das ist schon ein Unterschied.

Ist aber völlig in Ordnung. Guck mal: In der Regierung sitzen fast nur noch Juristen, die Kanzlerin ist eine der wenigen Ausnahmen, und wenn Parlamentarier mit der Regierung reden wollen, dann müssen sie einander doch verstehen. Und dann die juristischen Debatten – wer wollte die missen. Meistens donnerstags abends, gerne nach 22 Uhr, wenn keine Kamera, kein Mikrofon mehr eingeschaltet ist, wenn sie ganz unter sich sind, die Herren – seltener Damen – Doctores und Advocati und mit Juristenkauderwelsch um sich werfen.

Dolus directus und dolus intercedens und cuius est commodum, eius est periculum. Oder quod non est in actis non est in mundo – nein, ich werde das jetzt nicht übersetzen, denn das macht ja den Charme dieser Geisterstundendebatten aus, dass dieses zauberhafte Juristenlatein die Atmosphäre schwängert und alle einander sofort verstehen, was bei Debatten in purem Deutsch nicht unbedingt und nicht immer vorausgesetzt werden kann. Also lasst mir bloß die Juristen in Ruhe.

Ohnehin ist ja eigentlich interessanter, wo die Abgeordneten herkommen. Ein Drittel kommt aus dem öffentlichen Dienst. Ein über Jahrzehnte stabiler Anteil. In der Gesamtgesellschaft sind etwa sechs Prozent Staatsdiener. Über zwanzig Prozent der Parlamentarier sind Selbständige und Freiberufler. Doppelt so viel wie in der Gesellschaft. 0,7 Prozent Hausfrauen, na ja, welche Hausfrau hat schon Zeit, sich um die Vertretung des Volkes zu kümmern. 0,5 Prozent Arbeiter, zählt man die Handwerker dazu, kommt man auf zwölf Menschen aus dem richtigen Leben, das wären knapp zwei Prozent. In der Gesellschaft: fünfunddreißig Prozent Arbeiter, dreizehn Prozent Handwerker.

Der Bundestag mag also alles Mögliche sein: Ein Spiegel der Gesellschaft ist er nicht. Volksvertretung? Naja, die Vertretung des Teils des Volkes, das die gewählt hat, die zur Wahl standen. Soviel zur repräsentativen Demokratie.

Aber reden wir von Erbaulicherem. Von Überraschungen zum Beispiel. Die FDP als Partei der Ärzte und Unternehmer? Keine Spur. Nur zwei Ärzte, nur fünf Unternehmer. Die CDU hat fünf Ärzte und acht Unternehmer – na gut, prozentual tut sich das nicht so viel. Da liegt die CSU ganz vorn. Sieben Unternehmer auf fünfundvierzig Abgeordnete, das sind fünfzehneinhalb Prozent. Die CSU ist die Unternehmerpartei, wo wir sie doch bisher für eine Partei der Landwirte gehalten haben. Vergiss es. Ein Landwirt bei der CSU, elf bei der CDU. So ändern sich die Zeiten.

Und es gibt auch ausgesprochene Leckerbissen. Eine Konzertpianistin ist im Bundestag. Bei den Grünen, wo sonst. Auch ein Professor für Weinwirtschaft – zu deutsch: Önologe – ist im Angebot. Den hat die FDP rangeschleppt. Die nächste Weinprobe im Plenum ist gesichert. Dafür hat die CDU eine Meliorationsingenieurin an Bord, die war vorher in der Wasserwirtschaft tätig. Passt doch.

Justiz und Kunst

Da wir gerade bei den Juristen waren – was für ein Satz. Immer wieder gern genommen, wenn einem gar nichts einfällt. Im November 2007 hatte das Kölner Sozialgericht zu befinden, ob das, was ein gewisser Dieter Bohlen so treibt, etwas mit Kunst zu tun habe. Es kam zu einem positiven Ergebnis. Wie konnte das bloß passieren? Ganz einfach: Auch im Kölner Sozialgericht sitzen – Juristen!

Wann immer Juristen mit dem wirklichen Leben zu tun haben, wird's ziemlich lustig. Na, sagen wir: Meistens. »Nach allgemeiner Lebenserfahrung« – wenn ein Richter so zu sprechen anhebt, sind Stürme der

Heiterkeit nicht mehr zu vermeiden. Dieser Satz ist eine Lieblingsformel von Juristen, die mit dem Lebenskram nicht mehr zurechtkommen, über den sie zu urteilen haben. Wie, zum Teufel, soll ein Jurist etwas über das Leben wissen? Wer Jura studiert, tut das in der Regel, weil er keine besonderen Fähigkeiten und Eigenschaften und von nichts eine Ahnung hat. Während des Studiums entwickelt er einen berufsspezifischen Hang zur Faulheit, gepaart mit einer hochgradigen Begriffsstutzigkeit. Die Vorlesungen und Seminare versteht er nicht, deshalb geht er gleich zum Repetitor, der ihm Faktenwissen einpaukt. Denken nicht vorgesehen. So eingetrichtert und auswendig gelernt und gestanzt hört sich das denn auch an, was Juristen üblicherweise von sich geben.

So ganz nebenbei perfektioniert der Jurist während des Studiums seinen ausgeprägt schlechten Geschmack. Wer schon mal auf einer Juristenfete, einem Juristenball oder einer sonstigen Juristenbelustigung war, weiß, wovon ich rede. Das unterste Niveau ist gerade recht, ob das Musik, Kunst, Literatur oder sonst was betrifft. Und wenn der gemeine Jurist sich in den Bereich des Humors vorwagt – au weia. Man erspare mir Einzelheiten. Freilich gibt es auch Ausnahmen, es gibt intelligente, gebildete, feinfühlige Juristen. Es gibt sie ganz gewiss. Aber mir ist noch keiner vorgekommen.

Dies vorausgeschickt, muss man die Geschichte mit dem Kölner Sozialgericht und Dieter Bohlen gar nicht weiter erklären. Nach allgemeiner Lebenserfahrung kann ein Jurist gar nicht anders, als Pöbeleien auf Schrottplatzniveau und grobkörniges Niedermachen von jungen Menschen für Kunst zu halten. »Du kannst Kakerlaken ins Koma singen.« Und: »Wenn ich meinem Hund 'ne Currywurst in den Hintern schiebe, dann macht der auch solche Geräusche.« Wer so spricht, ist nach allgemeiner Lebenserfahrung zwar ein intellektueller Neandertaler, aber nach Meinung des Kölner Sozialgerichts ein Künstler. Weil Conferenciers und andere Berufshumoristen bei Jurabelustigungen eben auch immer so 'n Zeug reden. Die kennen nichts anderes.

Rein juristisch hätte es nämlich gereicht zu sagen: Der Bohlen macht Musik, egal welche, und wer Musik macht, ist Künstler. Als solchen hat RTL ihn eingekauft, also gehören seine Fernsehpöbeleien zur bezahlten Leistung, also arbeitet er als Künstler. Aber nein. Der

Herr Richter in Köln wollte unbedingt mit dem Leben konfrontiert werden und schaute sich Kunstproben des Wortkünstlers Bohlen an. Er dachte an seine unbeschwerte Studienzeit, war, wen wundert's, amüsiert und kam zu dem Schluss, dass Bohlens Wortmüll eine eigenschöpferische Leistung sei, also Kunst. Wenn auch auf niedrigem Niveau.

Insofern und von daher ist auch der Herr Richter eine Art Künstler. Niveaumäßig ganz schön unterirdisch, aber doch ziemlich eigenschöpferisch. Und das kommt nach aller Lebenserfahrung bei Juristen so häufig nun auch nicht vor.

Parlamentsschimpfe

Früher war alles besser, na klar. Auch im Hohen Hause. Die Reden waren besser, die Zwischenrufe waren besser, die Schimpfe war besser. Daran stimmt vermutlich fast nichts – bis auf die Schimpfe. Aber wir lassen es jetzt mal so stehen. Eins jedenfalls gibt es kaum noch: ein Interesse des Publikums daran, wer wohl die meisten Ordnungsrufe des Präsidenten für ungebührliche Schimpferei sammelt. Als es Herbert Wehner noch gab, war dieser Wettbewerb von vornherein entschieden, und sehr viel später fragte sich das interessierte Publikum, ob Joschka Fischer wohl dem Herbert Wehner den Platz in der ewigen Bestenliste der Parlamentsschimpfe streitig machen könnte. Inzwischen scheint derlei ziemlich aus der Mode gekommen.

Die schönsten Parlamentsbeschimpfungen kann man in aller Regel nicht hören. Denn die kommen meist per Zwischenruf aus dem Plenum, dort gibt es aber keine Mikrofone, also wird das nicht aufgezeichnet. Wohl aber von den Parlamentsstenografen, und auf diesem Wege landen die sprachlichen Schönheiten dann im Sitzungsprotokoll und damit im Buch der Schimpfwortgeschichte. Da ist so ziemlich alles verzeichnet, was gut und billig ist. Von Amokläufer bis Zuhälter ist alles drin im Lexikon des guten Bundestagstons. Bandit, Denunziant, Lügner, Lümmel, Heuchler, Idiot, Ratte, Quatschkopf, Dreckschleuder – wobei gelegentlich feine Unterschiede gemacht werden. »Professor Dreckschleuder« wurde Horst Ehmke einmal genannt –

akademischer Titel muss halt sein –, und der Unionspolitiker Althammer durfte sich »christliche Dreckschleuder« schimpfen lassen. Das alles ist so üblich wie langweilig, besonders erfindungsreich sind sie nicht, die Damen und Herren Volksvertreter. Lügner und Heuchler kommt am häufigsten vor, Quatschkopf wird auch immer wieder gerne genommen,

Dröhnbüdel und Dösbaddel klingt da schon ein wenig pfiffiger, mag uns aber auch nicht vom Höckerchen reißen, Weihnachtsgans, Stinktier, kläffender Goldhamster, alles schon mal dagewesen, alles das atmet eher Angestrengtheit als Schlagfertigkeit. Und auch rhetorische Könner wie Ottmar Schreiner von der SPD und Joschka Fischer von den Grünen hatten, als sie noch einfache Abgeordnete waren, viel weniger auf der Pfanne, als ihnen nachgerühmt wird. »Aschenblödel« von Ottmar Schreiner, ganz nett, aber nicht überwältigend, »Avanti dilettanti« von Fischer, nicht neu, aber damals ganz putzig. Und Fischers stärksten Spruch hat es ohnehin nie gegeben. Zwar hat er im Oktober 1984 zu Präsident Stücklen gesagt: »Herr Präsident, mit Verlaub, Sie sind ein Arschloch!« Aber da er zu diesem Zeitpunkt schon von der Sitzung ausgeschlossen und die Sitzung unterbrochen war, vermerkt das Protokoll die Schimpfe nicht. Und was nicht im Protokoll steht, ist auch nie gesagt worden.

»Was beliebt, ist auch erlaubt«, da hatte Wilhelm Busch leicht reden. Denn er kannte den Deutschen Bundestag noch nicht. Da ist vieles beliebt, aber gar nicht erlaubt, denn für besondere Schimpfe bekommt man einen Ordnungsruf vom Präsidenten. Wobei dieser häufig freihändig entscheiden muss, was er durchgehen lassen kann und nicht. So durfte 1986 Bundeswirtschaftsminister Bangemann ungestraft »Dick und Doof in einem« genannt werden, während Alfred Mechtersheimer die Bundesregierung keineswegs »Hampelmänner der Rüstungsindustrie« schimpfen durfte. Als 1952 der KPD-Abgeordnete Rische nach einer Adenauer-Rede meinte: »Man sollte an Nürnberg denken«, rief Franz Josef Strauß dazwischen: »Da haben's vergessen, euch aufzuhängen.« Dafür gab's natürlich einen Ordnungsruf. Wenn man drei davon in einer Sitzung kassiert, fliegt man raus. Ansonsten erntet man nur ewigen Ruhm.

»Pöbelkönig«, »Pöbelmeister«, Pöbelmensch« gingen ungerügt durch, »nihilistischer Pöbelhaufen« nicht, das hängt eben vom Feingefühl des jeweils Amtierenden ab. Dass etwas »zum Kotzen« ist, darf man im Hohen Hause nicht sagen, man darf auch einen Kollegen nicht »Sie August« nennen, das alles setzt die Würde des Hauses oder des Abgeordneten herab. Fäkalsprache ist grundsätzlich verboten, Tiervergleiche auch – also weder »Ratte« noch »Weihnachtsgans« geht durch. Man darf auch nicht, wie das der CDU-Abgeordnete Sauer tat, eine Landesministerin »Hasch-Ministerin« nennen. Wobei nicht ganz klar ist, ob der Abgeordnete nur deshalb gerügt wurde, weil die Dame gerade im Bundestag anwesend war.

Besonders beliebt ist es, einer Rüge durch den Präsidenten dadurch zu entgehen, dass man umschreibt: »Wenn ich nicht so gut erzogen wäre, würde ich sagen, dass die Regierung nicht mehr alle an der Waffel hat«, so hat der SPD-Mann Rudolf Dressler mal formuliert. Kein Ordnungsruf, aber auch kein Eintrag ins Buch der besonders filigranen Formulierungen.

Dass Parlamentsschimpfe heutzutage so öde und auswechselbar geworden ist, liegt natürlich daran, dass es parlamentarisches Urgestein wie Franz Josef Strauß und Herbert Wehner nicht mehr gibt. Vor allem Wehner ist und bleibt der unerreichte Alt- und Großmeister des guten Tons im Bundestag. »Sie feixende Meute«, so was streute Wehner immer mal wieder ein und sorgte damit auch in langweiligen Debatten immer wieder für Stimmung. Auch im Namenerfinden war er groß: »Übelkrähe« für Jürgen Wohlrabe, den er auch gerne »Sumpfblüte« nannte, oder »Hodentöter« für Todenhöfer, den er auch »Wurmfortsatz« titulierte. Das fiel ihm einfach so zu. Und dass heute keiner mehr »Schleimer« und »Pappkamerad« sagt, liegt nicht nur daran, dass der so beschimpfte Rainer Candidus Barzel nicht mehr im Bundestage weilt. Es gäbe ja auch noch andere, denen man einen »Ölwechsel« empfehlen könnte, wie das eben jenem Herrn Barzel widerfuhr.

»Herr« konnte bei Wehner ein ganz schlimmes Schimpfwort sein, das unschuldige Wörtchen »Sie« sowieso. Bei Wehner war so was keine Berechnung, keine lang vorbereitete Schimpfe, um einen Ordnungsrufrekord zu brechen. Bei ihm kam das aus dem Augenblick, er spie seine Gehässigkeiten mit inbrünstiger Spontaneität aus.

Die Volksvertreter heute sind eher höflich bis uninteressiert, und wenn sie denn mal unparlamentarisch sprechen, dann rufen sie »Lügner« oder »Heuchler«. Wer käme da auf ein Schimpfwort wie »Düffeldoffel«, eine Erfindung Wehners, von der bis heute nicht klar ist, was sie eigentlich bedeutet. Aber die Wehners gibt's eben nicht mehr.

Nein, heute heißen sie Guido Westerwelle und sind von Beruf glatt. Selbst dann, wenn sie eigentlich borstig und grantelig sein wollen. Wenn so einer sagt, dass nunmehr eine neue Zeit für die Partei anbricht und Schluss ist mit der Gefälligkeitsdemokratie, dann ist das eine ziemlich unfreiwillige Lachnummer. Der Yuppie ballt das Wohlstandsfäustchen. Beim Onkel hätte keiner gelacht. Glatt sind sie und gut rasiert und gut frisiert und freundlich und immer in Eile und immer bereit, irgendwas Nettes in irgendein Mikrofon zu sagen. Die Kunst der kurzen, gehusteten oder gebellten Beleidigung, die Onkel Herbert in beachtenswerter Perfektion beherrschte, ist aus der Mode gekommen, der allgemeine Munddurchfall hat Platz gegriffen, alles ein weicher, glatter Einheitsbrei. Weshalb wir dem Ausgang des Rennens um den Sieg auf der ewigen Schimpfliste auch mit Ruhe und Gelassenheit entgegensehen können. Beachtliches wird kaum dabei herauskommen.

»Ich habe gewisse kamelartige Eigenschaften« – Die Ära Merkel

Auch Angela Merkel hat selbstredend (noch) keine Ära verdient. Ihre wirkliche Leistung über die Tatsache hinaus, dass zum ersten Mal eine Frau Regierungschef wurde, liegt völlig im geschichtlichen Nebel. Außerdem dauert ihre Kanzlerschaft noch an, auch von daher wäre »Ära« unangemessen. Aber weil sie eine Frau ist und aus dem Osten kommt und uns mindestens so viel Freude macht wie Gerhard Schröder und um der Symmetrie der Kapitelüberschriften willen sei ihr – sozusagen symbolisch – die Ära gegönnt.

Krisenrhetorik

Die Ära Kohl war eine Ära der Krisen – wir hatten davon gehört. Bei Angela Merkel hat sich das nicht nur fortgesetzt, sondern in verblüffender Weise potenziert. Unter Merkels Regentschaft finden Krisen nur noch im Weltmaßstab statt. Macht nichts, denn sie, die sich zu Beginn ihrer Karriere des Ehrentitels »Kohls Mädchen« erfreuen durfte, hat von ihm fast alles gelernt. Auch, dass Regieren fast ausschließlich Krisenmanagement bedeutet. Wobei sie diesem Management ein bemerkenswertes Element hinzufügte: Die Beteuerung, dass ihr Handeln ohne Alternative sei oder »alternativlos«. Das hat ihr Vorgänger Gerhard Schröder zwar auch gerne gesagt, aber bei ihr wurde es zu einer Art Mantra.

Man kann's ja nun langsam nicht mehr hören. Dieses Krisengerede. Also nicht das Reden über Krise überhaupt – das ist in Ordnung, das wäre in Ordnung, wenn es in Ordnung wäre. Nein: *Dieses* Krisengerede geht mir auf den Zeiger, dieses spezielle, das sich seit ein paar Jahren eingebürgert hat. Das fing damit an, dass jedes Lieschen Müller bei jeder läppischen Unpässlichkeit theatralisch ausrief: »Ich krieg die Krise«. Wenn ein Begriff erst einmal da gelandet ist, dann ist kein Halten mehr. Dann kriegen auch Politiker alle Nase lang die Krise und schwatzen in derselben ihr Krisen-Kauderwelsch, allseits bekannt als Tina-Sprache. Tina ist die Abkürzung für »There is no alternative«, es gibt keine Alternative. Margaret Thatcher hat Tina-Politik gemacht, Gerhard Schröder auch. Bei ihm hieß das »basta« oder »ohne Alternative« oder »alternativlos«. Hartz IV war alternativlos, der Kosovo-Krieg ebenso, die Verteidigung unserer Freiheit am Hindukusch sowieso, und Schröders selbstinszenierte Abwahl schließlich auch. Am Ende stimmt's dann irgendwie doch.

Angela Merkel ist zwar grundsätzlich Helmut Kohl, in dem Punkt freilich ist sie Gerhard Schröder. Bei ihr ist einfach alles alternativlos. Und zwar verschärft. Bei Schröder durfte das Parlament immerhin über die nicht vorhandene Alternative noch debattieren und dann dem vorgeblich Alternativlosen zustimmen. Bei Merkel wird nur noch abgenickt. Und das geht nun auf gar keinen Fall so weiter. Weil die Krise als solche überhaupt keinen Sinn mehr ergibt, wenn wir sie nicht in vollen Zügen durchleben und ihrem Ergebnis am Ende freudig zustimmen. Wenn wir nur noch die von Frau Dr. Merkel und ihrem getreuen Ackermann verordneten Betäubungsmedikamente schlucken, dann erleben wir die Krise nicht mehr als Prozess, dann kann gar nicht eintreten, was die Regentin uns immer wieder versprochen hat: dass wir gestärkt aus der Krise hervorgehen.

Denn der Mensch braucht die Krise, weil er erst durch Leiden Mensch wird. Der Mensch ohne Krisen ist keiner. Das sagt jeder Theologe, jeder Heilpraktiker, jeder Friseur, jedes Gelbe und Grüne und Goldene Blatt. Fragen Sie Frau Erika oder Margot Käßmann: An seinen Leiden, in seinen Krisen und durch sie hindurch wächst der Mensch an sich und über sich hinaus zu dem, was sein Menschsein ausmacht.

Insofern sind wir wie das System. Der Kapitalismus braucht die Krise als Lebenselixier. Er hangelt sich sozusagen von Krise zu Krise und wird dabei keineswegs schwächer und anfälliger, wie seine Kritiker behaupten, sondern immer stärker, wie seine Befürworter wissen. Joseph Alois Schumpeter, einer seiner bedeutendsten Theoretiker, sprach von der schöpferischen Zerstörung, durch die der Kapitalismus immer wieder hindurch muss, um weiterleben zu können. Jawoll. Von daher ist der Kapitalismus auch nur ein Mensch. Wir müssen da beide durch, das System und wir, und nur im Durchgang durch die krisenhafte Reinigung kommen wir in neuem Zustand wieder zu uns selbst. Und das heißt ja auch: Von einer richtigen und richtig durchlebten, durchlittenen Krise profitieren alle. Diejenigen, die drunter leiden, aber sich am Ende zu diesem Leiden freudig bekennen, das System als System, und diejenigen, die abkassieren, egal in welchem Zustand das System sich gerade befindet.

»Es ist im Leben hässlich eingerichtet, dass neben Rosen gleich die Dornen steh'n« – eine zuhöchst alberne Zeile eines zutiefst verlogenen Liedes. Ohne Dornen würden wir der Rosen alsbald überdrüssig. Wir brauchen das Leiden, wir brauchen die Krise. So viel wir davon kriegen können. So sollte, so muss über die Krise geredet werden, damit das Gerede wieder einen Sinn ergibt.

Nachsatz: Dies wurde im Mai 2010 geschrieben. Im Januar 2011 wurde »alternativlos« zum »Unwort des Jahres 2010« gekürt. Ja, geht doch.

Angela und Edi

2005 wurde Angela Merkel zum ersten Mal Bundeskanzlerin. Wie sie das geschafft hat? Indem sie 2002 nicht Bundeskanzlerin wurde, ja nicht einmal Kanzlerkandidatin. Damals hat sie die Kandidatur Edmund Stoiber überlassen. Was ziemlich schlau war. Denn sie hat damit gerechnet, dass er verlieren und damit als ihr schärfster Konkurrent erledigt sein würde. Aber sie hat so getan, als habe sie mit Stoiber heftig gerungen, vor allem als sie ihn im Januar 2002 besuchte, um die Sache zu klären. Tatsächlich lief das legendäre »Wolfratshausener Frühstück« so ab.

Also die meisten machen sich ja völlig falsche Vorstellungen. Weil sie vergessen, dass die beiden ja persönlich richtig gut sind, also jetzt im Umgang miteinander, öhm, dass man sich versteht, versteh'n Sie? Und deshalb läuft so ein Gespräch ja auch ganz persönlich ab. Haben beide betont. Und freundschaftlich. In guter Atmosphäre. Und zwar so. Die treffen sich in Stoibers guter Stube, und da wird dann erst mal 'ne Weile rumgemacht. Ja, wie war's denn im Urlaub, gnädige Frau, aha, auch Ski gefahren, wie denn, kein Schnee in der Südschweiz, mussten's wandern gehen, ja, was, da wären's mal besser in den bayerischen Wald gekommen, a bissel was geht alleweil, nicht, nein, ich war da auch nicht, sondern ich war Ski fahren, aber im Schnee. Und dann sagt die Angela: Ja, und auf Rügen ist es ja auch so schön, da könnt man auch im Winter, und kommen Sie doch mal mit der Frau Gemahlin rüber, und ist das Kaffee in der Kanne da oder Tee, und die Kekse schmecken mal wieder wie von Adenauer selbst gebacken, höhöhö – und nach einer Viertelstunde wissen die dann nicht mehr weiter. Weil: Das mit dem Persönlichen hat ja seine Grenzen.

Und dann knetet der Stoibi seine Finger und meint: Wie lang müssen wir denn da herinnen, und Angela: Naja, unter drei Stunden können wir das nicht machen, das kriegen unsere Leute in den falschen Hals, und dann erst die Presse. Au weh, sagt der Edi da, au weh. Drei Stunden. Naja, sagt Angela, so schlimm wird's nicht sein. Jetzt noch drei Stunden oder drei Stunden insgesamt, fragt der Edi. Insgesamt. Obwohl dreieinviertel käm' noch ein bisschen besser. Können wir nicht was spielen, ein Computerspiel vielleicht? Ja, aber ich hab doch keinen Computer da herinnen, sagt der Edi. Ach nee, ist wohl nichts mit Laptop und Lederhose, scherzt Frau Angela, und da gackern beide los wie Teenie-Hühner, und es ist ein Lachen und Glucksen und Scherzen und Herzen und Küssen – nee, jetzt hab' ich mich vergaloppiert. Sie finden aber schließlich ein paar Spiele im einen Wandschrank. Mensch, ärger dich nicht und Tabu und Trivial Pursuit, und das hält 'ne ganze Weile, und bei der Frage, was die Aphrodite von Melos mit der Venus von Milo zu tun hat, kommt man ins Plaudern über abendländische Werte und die Bildungspolitik und die Ganztagsschule, und dann gibt's noch eine Kanne Eisenkrauttee, weil der so gesund ist, und schwupps – sind fast vier Stunden rum.

Ja, dann, räuspert sich der Edi, dann möcht's doch jetzt Zeit sein, müsste man jetzt aber doch schon, also gut, sagt Angela, vom Spielen und Plaudern ganz rotpausbäckig geworden, schauen wir noch mal auf die Erklärung: »Wir sind uns einig geworden, dass wir den Spitzengremien von CDU und CSU einen gemeinsamen Vorschlag zur Kanzlerkandidatur vorlegen werden, dessen Inhalt nach den Sitzungen der Spitzengremien veröffentlicht wird.« Ja, das war so weit klar, sagt der Edi, dann müssen wir nur noch die Entscheidung selbst, jetzt, öhm, also gleichsam, dass wir die noch mal, also Nummer eins: »Wir sind übereingekommen, dass Edmund Stoiber die Union als Kanzlerkandidat in den Bundestagswahlkampf führen und Angela Merkel nächste Bundespräsidentin wird.« Nummer zwei: »Wir sind übereingekommen, dass Angela Merkel die Union als Kanzlerkandidatin in den Bundestagswahlkampf führen und Edmund Stoiber nächster DFB-Präsident wird.«

Bevor wir jetzt rausgehen, gnä' Frau, muss das jetzt noch, da beißt die Maus keinen, also das ist quasi jetzt zwingend geworden. Wissen Sie was, lieber Edmund, flötet da die Angela, wir rufen Ihre Gemahlin rein und lassen sie einen der beiden Zettel ziehen. Den geben wir dann unseren Mitarbeitern draußen. Ja, bravo, Frau Kollegin, jauchzt der Edi, das ist eine gute Entscheidung. Also dann: Es war ein schöner Abend und Gott befohlen. Ja, dem auch, meint Angela versonnen, während der Edi seine Frau ruft.

Angie und die Stones

Nachdem der Edi dann programmgemäß im Jahre 2002 nicht Kanzler geworden war, war 2005 die Angela dran. Der Wahlkampf war besonders entzückend, nicht zuletzt weil den Managern im Konrad-Adenauer-Haus eingefallen war, aus der vorpommerschen Angela Dorothea Merkel, geborene Kasner, eine »Ändschie« zu machen. Ziemlich große Nummer.

»Ach, Angie, wann werden diese dunklen Wolken verschwinden. Angie, wohin soll das alles führen. All unsere Träume haben sich in Nichts aufgelöst. Du kannst doch nicht sagen, dass wir zufrieden sind. Ist es nicht Zeit, auf Wiedersehen zu sagen? Ach, ich hasse diese Traurigkeit in deinen Augen. Angie.« Ja, das fetzt doch, das muntert auf, das peitscht die Massen, und deshalb wird bei Wahlkampfauftritten von Angela Merkel auch gerne dieses Lied gespielt. Ja, gut, in Englisch, weil's von den Rolling Stones ist, da fällt der Text nicht so auf. Aber die Musik puscht im Prinzip auch nicht so doll. Ja, und jetzt ist sowieso Sense damit.

Es ist ja überhaupt völlig unerfindlich, wie jemand wie Angela Merkel zu dem Kosenamen »Angie« kommt. Mit Rock'n'Roll kann das nichts zu tun haben; es gibt kaum einen konsequenteren Gegenentwurf gegen dieses Image als Frau Angela. Wir wollen nicht so weit gehen wie die *Süddeutsche Zeitung*, die vor drei Wochen die böse Frage stellte: »Kann man Deutschland regieren, wenn man nur eine ›Beatles‹-Platte hat?« Und dann auch noch *Yellow Submarine*. Uns reicht die schlichte Frage: Wie kommt diese kreuzbiedere Frau Angela zu »Angie«? Möglicherweise ist das Leuten eingefallen, die statt Angela »Andschela« sagen. Die nennen ihre Töchter auch Chantal und Carmen und Solveigh.

Und als Frau Merkel Anfang 2000 durch die Republik tourte, von Regionalkonferenz zu Regionalkonferenz, um das Votum der Basis für den Parteivorsitz einzuholen, wurde sie häufiger mit »Angie«-Sprechchören empfangen. In Erinnerung daran spielt man eben gerne mal »Angie« von den Stones. Ja, und wie gesagt: Damit ist jetzt Schluss.

Die dürfen das nämlich nicht. Das Management der Rolling Stones sagt: Wir sind nicht gefragt worden, ob das Lied bei Merkel-Auftritten gespielt werden darf. Die CDU sagt: Wir haben bei der GEMA nachgefragt. Die GEMA sagt: Wir sind gar nicht zuständig. Kurz und krumm: Die Erschleichung selbst einer rudimentären Popkultur-Kompetenz ist entlarvt, aus die Maus, Frau Angela wird die Wahl verlieren, das steht jetzt fest.

Zumal die Stones auf ihre alten Tage noch politisch werden wollen. Mick Jagger hat ein Lied gegen George Bush und die Neokonservativen geschrieben, das zum Auftakt der dreiundsiebzigsten Welttournee in Boston zwar nicht gespielt wurde, aber auf der neuen CD ist, obwohl Keith Richards rumgemeckert hatte. Aber dann hat er Mick gesagt: »Wenn es dir so wichtig ist, Kumpel, stehe ich hinter dir.«

Und auf Arnold Schwarzenegger ist Mick Jagger auch nicht gut zu sprechen. Der hat drei Dutzend Karten für den Tournee-Auftakt zugeschoben bekommen und dieselben dann für 10000 bis 100000 Dollar vertickt, um seinen Wahlkampf zu finanzieren. Wir fühlen uns sehr geehrt von einem Fan, der Karten zu überhöhten Preisen verkauft, hat Jagger in Boston zwischen zwei Nummern gesagt. Schwarzenegger ist jetzt erledigt. Bush sowieso. Und Angela Merkel braucht sich bei den Stones überhaupt nicht mehr blicken zu lassen. Ja, eben: »Ach Angie, wo soll das noch alles hinführen, wann werden all die Wolken verschwinden. Ich hasse diese Traurigkeit in deinen Augen.«

Wir sind Merkel

Am 18. September 2005 war es dann so weit: Angela Merkel hatte gewonnen. Zwar denkbar knapp, aber immerhin. Und am 22. November war es dann noch weiter: Sie wurde zur Chefin einer großen Koalition gewählt. Deutschland hatte eine Bundeskanzlerin. Ja, und?

Ach, schön ist das. Wie alles gleich so ganz anders geworden ist. Seit gestern ist sie es, und schon ist alles verändert. Das ganze Land, die ganze Welt, das ganze Leben. So weich, so weiblich. Wie in Watte gepackt. Was für ein grandioser Abschluss eines grandiosen Jahres: Zuerst waren wir Papst, dann waren wir Deutschland, jetzt sind wir Merkel. Das macht so ein Bauchgefühl, also un-be-schreib-lich. Unbeschreiblich weiblich. Obwohl das Merkelchen – nein, wir wollen fürderhin nicht mehr diese Verniedlichungsformen verwenden, wollen auch nicht von Kanzlerchen oder Kanzlerinchen sprechen – zu groß ist das, was sich da ereignet hat. So wahr mir Alice Schwarzer helfe.

Also wirklich, mit der darf man es sich jetzt nicht verderben. Wie die gestern im ZDF die Chefkommentatorin mimte und uns alle einnordete respektive einmerkelte – wunderbar. Würde mich nicht wundern, wenn das ZDF unter der Regenschaft von Frau Angela zu so 'ner Art Reichsfernsehen würde. Mit dem Grinsemonster Peter Hahne als Chefreporter und der Frau Schwarzer als Chefauslegerin der obrigkeitlichen Ereignisse. Fragen Sie Frau Alice.

Es ist nämlich so, dass alle Männer vor der Frau Merkel als Frau schreckliche Angst haben oder zumindest gehabt haben. Hat Frau Alice gesagt. Der Ausraster von Schröder am Wahlabend war nichts als eine hysterische Reaktion auf die Tatsache, dass nun eine Frau Kanzler wird. Stoibers Flucht aus Berlin über Rom nach München: nur weil eine Frau seine Chefin werden sollte. Das hat er nämlich erst während der Koalitionsverhandlungen gemerkt. Sagt Frau Alice. Und

Münteferings Rücktritt vom SPD-Vorsitz – auch das eine panische Reaktion auf das Frausein von Frau Merkel. Da wär ich doch nie drauf gekommen. Da muss man schon Frau Alice heißen, um so was rauszufinden. Aber wenn's dann einmal formuliert ist, ist es wahnsinnig plausibel. Denn das ist ja gar nicht so saublöd, wie es gemeint ist. Und wie es sich anhört.

Guck mal: Die Jungs haben doch die ganze Zeit gedacht, die Angela, das ist doch mal 'n richtiger Kerl. Eigentlich der einzige Kerl im ganzen Unionsladen. Wie die da einen auf Schwester Gnadenlos macht und alles wegmäht, was ihr im Wege steht – fabelhaft. Die darf auch mit in 'n Klub. Und als sie dann bei den Koalitionsverhandlungen näher dran waren, haben die gemerkt: Die ist ja doch 'ne Frau. Rein biologisch. Verzweiflung, Panik, Hysterie.

Dabei kann sie gar nichts dafür. Sie hat alles getan, damit das nun gar keine Rolle spielt. Sie hat sich so bemüht, alles Frauliche zu unterdrücken. Vor allem alles Frauenpolitische. Hilft nichts. Die Frau als solche kann man nicht unterdrücken. Kommt immer wieder durch. Und so muss und wird sie nun weiter den weiblichen Macho spielen und gleichzeitig Mutter der Nation werden. Eine Mischung aus Inge Meysel, Uschi Glas und Margaret Thatcher. Vielleicht holt sie sich außer Alice Schwarzer noch Doris Köpf als Beraterin. Die versteht auch was davon. Von Frauen, von Männern, von allem. Dann geht's endlich wieder vorwärts mit Deutschland. Und aufwärts.

Wichtigkeiten

Es dauerte dann auch nicht lange, da wurde Angela Merkel von der US-Zeitschrift »Time« in die Liste der »100 einflussreichsten Persönlichkeiten« der Welt aufgenommen. Neben Franz Beckenbauer, Daimler-Chef Dieter Zetsche und, Kardinal Joseph Ratzinger alias Papst Benedikt XVI.

Sieh mal an. Angela Merkel ist wichtig. Der Papst auch. Das war uns nicht unbedingt neu. Jeder Regierungschef, auch ein weiblicher, ist irgendwie wichtig. Und das Oberhaupt einer Glaubensgemeinschaft irgendwie auch. Alle wichtig, wichtig. Jeder auf seine Weise. Und immer jeweils für andere. Wenn also in dieser weltweiten Wichtigkeitsliste auch ein paar Deutsche auftauchen – soll so sein. Und damit zurück zur Tagesordnung.

Schön wär's. Denn die Buben und Mädels von *Time* haben es bei der Aufzählung nicht belassen. Sie haben Begründungen hinzugefügt. Da wird der Herr Ratzinger zum »Lehrer, Denker, Grübler mit Tiefgang«. Und das macht ihn zu einer der wichtigsten Persönlichkeiten der Welt? Heilige Einfalt. Und überhaupt: Wenn wir Papst sind, wieso stehen wir nicht alle in der *Time*-Liste? Wissen die, wovon sie reden? Ganz sicher sind sie sich wohl nicht, deshalb haben sie den ollen Henry Kissinger nach Beckenbauer gefragt. Und der meint, derselbe habe einen »mythischen Status«. Au weia. Was der Ami so redet, wenn er Bedeutendes von sich geben will. Der Beckenbauer konnte ganz gut Fußball spielen und hat seinen Ruhm genial medial vermarktet. Ansonsten ist er ein unerträglich ständig vor sich hinbrabbelnder Heißluftsack. Ende der Durchsage.

Und nun Angela Merkel. Sie kommt in der Rubrik »Führer und Revolutionäre« vor, genau wie der Herr Ratzinger und George W. Bush und seine Durchgeknalltheit, der iranische Präsident. Und wieso gehört sie dorthin? Sie habe den Deutschen das Lachen zurückgegeben, sagen die *Time*-Leute. Und das ist nun wirklich unfair. Mit und über Gerhard Schröder haben wir viel mehr gelacht, auch über Angela Merkel, als sie noch Oppositionsführerin war, Edmund Stoiber und Guido Westerwelle sind nach wie vor die führenden Lachnummern in Deutschland – seit die Frau Merkel Deutschland regiert, ist sie von der Lachkompetenz her eher etwas fade geworden.

Das räumen die *Time*-Juroren auch ein, meinen aber, das Fade korrespondiere mit Merkels Betonung ruhiger, sachlicher Kompetenz. Aha. Und das hat den Deutschen das Lachen zurückgegeben? Oder reden die einfach nur Mist?

Letzteres ist zu befürchten. Es sieht nämlich so aus, als kenne der Ami sich in und mit Deutschland genauso wenig aus wie der Brite. Vor zwei Wochen hatte der Berlinkorrespondent der Londoner *Times* in einem dreiseitigen Artikel über das »Merkel-Wunder« den britischen Lesern erklärt, das nationale Selbstvertrauen der Deutschen wachse unter der Regentschaft von Frau Angela stetig. Was man an deutscher Popmusik, an internationalen Stars wie Karl Lagerfeld, Michael Ballack und Heidi Klum und an überdimensional großen Aspirin-Tabletten oder Fußballschuhen auf Berlins Straßen ablesen könne. Das ist fast noch dämlicher als die *Time*-Liste.

Die sowieso eine Riesenunverschämtheit ist. Wie kann man in der Rubrik »Macher und Titanen« ohne Oliver Kahn auskommen? Wieso taucht nirgendwo Stefan Raab auf, nicht mal unter »Helden und Pioniere«? Und kann es überhaupt irgendeine Rangliste auf der Welt geben, die auf Harald Schmidt verzichtet? Womit bewiesen wäre: Das ist alles ein ziemlicher Stuss, und wir sollten hinkünftig ein deutsches Magazin mit der »Wichtig, wichtig«-Liste betrauen. Am besten den *Playboy*, dann hat auch Heide Klum 'ne Chance, aufgenommen zu werden.

Hasta la vista

Im März 2009, Angela Merkel schickt sich gerade an, das zweite Mal Kanzlerin zu werden, kommt Arnold Schwarzenegger zu Besuch nach Deutschland. Genauer: zur Cebit in Hannover. Wo er auf Angela Merkel trifft oder sie auf ihn. Ein bemerkenswertes Ereignis.

Wir wissen zwar einiges über Angela Merkel, geborene Kasner. Dass sie in Hamburg geboren und in Quitzow und Templin aufgewachsen ist, ein Pfarrerskind aus dem Westen in der Ostzone, was für ein Schicksal. Dass sie in der Schule sehr schwatzhaft war, gerne Moped gefahren wäre, was ihre streng evangelischen Eltern aber verboten. Dass sie im Kirchenchor gesungen und immer gerne Pflaumenkuchen gebacken hat. Aber wir wissen nicht, was sie 1984 gemacht hat. Ja, klar, schöne Zeiten in der DDR: Karriere als Naturwissenschaftlerin, privater Neuanfang – 1984 hat sie Joachim Sauer kennengelernt, mit dem sie immer noch zusammenlebt. Aber hat sie 1984 den Kinofilm *Terminator* sehen können? Wohl eher nicht.

Und damit haben wir jetzt ein Problem. Die Merkelsche musste sich ja nach ihrem Zusammenbruch, Quatsch, nach dem Zusammenbruch der DDR das ganze westliche Werte- und Sinnpaket in einem Wahnsinnstempo draufschaffen. Ludwig Erhard und Marktwirtschaft und politisches System und transatlantische Freundschaft und das ganze Gesumse im Schnelldurchgang. Wogegen nichts zu sagen ist, wenn man Kanzlerin werden will. Nur: Im Schweinsgalopp oder Eselsgalopp geht auch schon mal was verloren. Substanz zum Beispiel. Kultursubstanz.

Wenn Angela Merkel den ersten *Terminator*-Film im Zuge ihres Umerziehungsprogramms West gesehen haben sollte, dann ist die Wahrscheinlichkeit groß, dass sie *Terminator 2 – Tag der Abrechnung* eher auch nur flüchtig wahrgenommen hat. Womöglich gar nicht. Der kam 1991 raus, da war sie gerade Bundesministerin für Frauen und Jugend geworden. Musste sich ins Regierungsgeschäft reinfummeln wie blöd. Und vielleicht hat ihr der väterliche Helmut Kohl auch verboten, in Filme mit Bodybuildern zu gehen.

Wie auch immer: Wir haben ein Problem. Mein Gott, habt ihr das gesehen, wie sie den Arnie angehimmelt hat? Gestern, bei der Eröffnung der Cebit? Wie ein Backfisch. Teenager gab's ja in der DDR nicht. Also da steht der Schwarzenegger am Rednerpult, immer noch wandelnde Muckibude, und sie glubscht kuhäugig zu ihm hoch, hängt an seinen Lippen, an den Augen, an den breiten Schultern womöglich auch – und sie denkt: Ach, mit dem mal in Bayreuth auflaufen, da würde sich keiner mehr nach Claudia Roth umdrehen, und wenn sie in lila Latzhose käme. Richtig schwärmerisch schaute sie drein, und dann kam's. Arnie bedankt sich und ruft ihr zu: »I'll be back. Hasta la vista, Baby.« Also: Auf Wiedersehen, Kindchen. Und Angela sinkt ohnmächtig, aber selig lächelnd zu Boden.

Ich sage ja, wir haben da ein Problem. Sie kann den Film *Terminator 2* nicht kennen. Denn dort sagt Terminator 800, gespielt von Arnie, zu Terminator 1000, den er gerade zerbröselt hat: »Hasta la vista, Baby.« Und das heißt: Beim nächsten Mal biste wieder dran. Liebesgrüße eines Totmachers. Weiß die Merkelsche das? Wissen ihre Bodyguards das? Gestern offenbar noch nicht. Heute vielleicht doch. Als Arnie ihr nämlich beim Rundgang über die Cebit eine Flasche kalifornischen Weins schenkte, nahm sie dieselbe zwar an, meinte aber kühl, sie werde das Zeugs nicht trinken. Weil Fastenzeit ist. Tatsächlich haben ihre Berater die Lage inzwischen gecheckt und ihr strikt verboten, Terminator-Wein zu trinken. Sie würde es nicht überleben. So aber bleibt sie uns erhalten. »Hasta la vista, Baby.«

Sauer in Bayreuth

Zu den Merkwürdigkeiten der Merkelschen Politikerkarriere gehört, dass sie eine Frau ist. Jaja, das hört sich banal an. Ist aber von Bedeutung, weil diese Tatsache mit sich bringt, dass ihr Gemahl ein Mann ist. Und wenn üblicherweise die Gemahlinnen im Gefolge von Weltenlenkern die Aufgabe haben, die Rolle des Weibchens irgendwie zu gestalten, dann hat der Gatte von Frau Merkel – ja, was? Welche Aufgabe hat er? Das weiß niemand so richtig, weshalb die Frau Merkel den Herrn Sauer auch meistens versteckt. Nur nach Bayreuth hat die Merkelin ihren Sauer stets mitgeschleift. Schon als sie nur CDU-Vorsitzende und Oppositionsführerin und Kanzlerkandidatin war. Und schon da haben wir uns gefragt:

Was macht bloß der Herr Professor Sauer in Bayreuth? Jener so tapfere wie verhuschte Quantenchemiker, der wochentags in Berlin-Mitte, sonn- und feiertags im Ferienhaus zu Templin abgestellt wird und sich dabei offensichtlich pudelwohl fühlt. Für Uneingeweihte: Professor Joachim Sauer ist der Zweitgemahl von Angela Merkel, nein, pardon, der zweite Gemahl von Angela Merkel, mithin der künftige Kanzlerinmann.

Das Verhuschte an eben jenem Joachim ist, dass er eigentlich nicht da ist. All die Umtrünke und Cocktails und Sommerfeste und Galas und das ganze Fress- und Saufbrimborium in Berlin: Frau Angela ist stets alleine da. Und alleine heißt in der Politik: Mit Entourage. Ihre Mädels aus dem inner circle, manchmal der Generalsekretär, meist irgendwelche Parteischranzen – Joachim ist nie da. Er ist der Schattenmann. Doch, beim Presseball ward er mal gesichtet, er hat sogar mit seinem Eheweib getanzt und heroisch in Kauf genommen, dass er zu diesem Behufe besagte Dame anfassen musste.

Aber sonst: Der Herr Professor wird nicht vorgezeigt. Was nicht heißen muss, dass er versteckt wird. Wie man hört, ist er von sich aus nicht scharf auf die Berliner Polit-Kirmes. Was aufs schärfste für ihn spräche, wenn es denn stimmte. Das wäre dann das Tapfere an ihm.

Ja, und was will der Bursche jetzt in Bayreuth? Was hat der mit Wagner am Hut? Es gibt dumme Fragen und saudumme Fragen. Dumm ist diese Frage nicht. Was ist Bayreuth? Das wäre die angemessene Frage. Was passiert da? »Man hat das ganze müßiggängerische

Gesindel Europas beieinander, wie als ob es sich in Bayreuth um einen Sport mehr handelte.« Das hat Friedrich Nietzsche geschrieben, der Wagner und Bayreuth so lange so nahe war, bis ihm übel davon wurde. Bayreuth ist die Fortsetzung der in Berlin und anderswo üblichen Polit- und Show-Prominenz-Kirmes mit anderen Mitteln. Ob Angela Merkel oder Horst Köhler oder Thomas Gottschalk – man macht in Bildung. Der Bildungsphilister in den höheren Kreisen von Politik und Showgeschäft macht sich mit Wagner einen schlanken Fuß.

Das war schon zu Nietzsches Zeiten so. Was heute die Politik, war für ihn damals die »erbarmungswürdige Gesellschaft der Patronats-Herrn und Patronats-Weiblein, alle sehr verliebt, sehr gelangweilt und unmusikalisch bis zum Katzenjammer. Typisch der alte Kaiser, der mit Händen applaudierte und seinem Adjutanten zurief: ›Scheußlich, scheußlich!‹« So weit Nietzsche.

Man kommt nach Bayreuth, um zu zeigen, wer man ist und dass man wer ist. Die Herren im kleinen oder großen Schwarzen, die Damen in greller Robe. Was bliebe zum Beispiel von der Grünen Claudia Roth, wenn nicht ihr Bayreuth-Auftritt in grell-lila wäre? Was von Sabine Christiansen, wenn nicht das Blumenpapier, in das sie mangels Robe eingewickelt war? Und wer wollte auf die Grandezza der Merkelin verzichten, die uns sonst die vorpommersche Gänseliesel im Hosenanzug macht, in Bayreuth aber die vorpommersche Gänseliesel in wallendem Taft und Chiffon. Und damit das richtig zur Geltung kommt, muss der Herr Sauer im schwarzen Zwirn danebenstehen. Bayreuth ist heilige Pflicht für die Spießer aller Gesellschaftsschichten. Da muss auch der Herr Professor durch.

Kanzleringatte

Und nun ist Angela Merkel Kanzlerin, und das Problem Sauer verschärft sich um ein Vielfaches. Muss der jetzt überall mit hin, obwohl er nicht will, wird er überall vorgezeigt wie ein seltsames und seltenes Exemplar? Was ist das überhaupt, ein Kanzleringatte?

Angela Merkel und Joachim Sauer. Im Osterurlaub. Ein deutsches Paar. Kernfest und auf die Dauer. Angela Merkel hat was von Helmut

Kohl. Immer derselbe Ferienort. Nur eben Ischia statt Wolfgangsee. Aber den kriegt sie irgendwann auch noch hin. Bloß: Das mit dem Herrn Sauer, das bleibt ein Problem. Was ist das – ein Kanzleringatte? Wenn jetzt der Schröder Kanzler geblieben wäre, hätten wir's einfacher. Dann tät noch das alte Rollenmodell gelten, also »Kanzlergattin« à la Doris Köpf. Das würde kanonisch. Frau Doris würde weiter regieren, würde weiter Agenden formulieren, Neuwahlen ansetzen, familienpolitische Direktiven per Interview ausgeben und überhaupt direkt im Kanzleramt und indirekt über die Medien die Richtlinien der Politik bestimmen. Alles wie gehabt, nur noch ein bisschen doller.

Und von daher, wenn man's recht betrachtet, ist ja auch die Rolle des Kanzleringatten längst vergeben. Aber eben informell: Frau Doris war ungewählte Kanzlerin, der Gerd war der gewählte Gatte. Das Ungewähltsein hat ihn so fasziniert, dass er gar nicht mehr loslassen wollte. Dieser Irrsinnsauftritt am Wahlabend: Der wollte auch mal ungewählt Kanzleringatte sein. Das hat ja eine gewisse Logik.

Das Problem Merkel ist ein anderes: Sie ist gewählte Kanzlerin mit einem ungewählten Gatten. Beide Rollen waren hierzulande noch nicht besetzt. Ja, gut, es gab mal eine Regierungschefin in einem Bundesland namens Schleswig-Holstein. Die ging dann bei RTL tanzen. Aber erstens ist ein Bundesland eben nur ein Land, und nicht der Bund, also nicht das ganze Land, und zweitens ist Heide Simonis sowieso ein anderes Kaliber als Frau Merkel. Wer die Heide nach ihrem Mann fragte, hat das selten unverletzt überstanden. Und das andere Modell bringt uns auch nicht weiter: Der Frau Thatcher ihr Mann in Großbritannien hatte die Aufgabe, stets einigermaßen angetrunken drei Schritt hinter der Lady zu stehen oder zu gehen und dabei ziemlich dämlich dreinzuschauen. Das ginge hierzulande nicht. Dämlich gucken dürfen bei uns nur Amtsträger. Gewählt oder ungewählt.

Das Merkel-Problem besteht vor allem darin, dass die Rolle des Kanzleringemahls noch nicht ausdefiniert ist. Auch Frau Angela hat darüber noch nicht nachgedacht. Bisher war der Herr Professor Joachim Sauer Fachmann für »Struktur, Dynamik und Reaktivität von Übergangsmetalloxid-Aggregaten« und einmal im Jahr Herr Merkel, verkleidet als »Phantom der Oper« in Bayreuth. Wie müsste er hinkünftig definiert werden?

Ja, eben. Also denken wir mal nach. Müsste der Herr Professor

Sauer als Kanzleringatte das liebe Männchen an ihrer Seite mimen? Sie morgens mit Küsschen verabschieden, wenn sie in Berlin zum Regieren geht, dann den Müll raustragen, Einkäufe machen, die Katze füttern, den Hund ausführen und ansonsten das übliche Damenprogramm absolvieren: Schulen und Kindergärten und Altenheime besichtigen und Kirchenbasare und Selbsthilfegruppen und Krankenhäuser und psychiatrische Stationen – den ganzen Sozialkram halt, den so 'n Politpartner abreißen muss. Nicht, dass wir ihm und ihr das nicht gönnen würden. Aber man kann es sich eben so schlecht vorstellen.

Ich stelle mir zum Beispiel Diplomaten und Protokollbeamte vor, die bei großen Staatsbesuchen immer das Damenprogramm zu entwerfen haben: Während die Großen der Welt miteinander parlieren, machen die Damen in Kultur und Sozialklimbim. Was macht derweil der Herr Professor Sauer als Kanzleringatte? Muss für ihn alles neu entworfen werden? Geht er solange in die Kneipe, wenn die First Ladies dieser Welt ihr normales Geschäft erledigen? Fragen über Fragen. Und ich bin überzeugt, dass diese Rollenunsicherheit bei der Wahl eine entscheidende Rolle gespielt hat.

So manchen Wahlbürger, so manche Wahlbürgerin vor allem wird in der Wahlkabine jählings der Gedanke durchzuckt haben: Was machen wir mit der Merkel ihrem Mann, wenn die Merkel Bundeskanzler ist? Und wenn wir kein gescheites Modell für den Kanzleringatten haben, darf es dann überhaupt eine Kanzlerin geben? Sind wir denn reif für eine solche Kulturrevolution, wenn die Entwürfe noch gar nicht da sind? Können wir es uns erlauben, solcherart Neuland zu betreten? Da war mächtig viel Zögern angesagt, und schon war es aus mit Schwarz-Gelb und dem Merkelschen Durchregieren.

Deshalb wär es schon besser gewesen, wenn wir uns auf eine Doppelkanzlerschaft eingelassen hätten. Ein Duumvirat-Feminat sozusagen. Für eine Übergangszeit, bis das mit dem Herrn Sauer geklärt ist. Dann können Gattin und Gatte einander befruchten, also jetzt geistig und gesellschaftlich gesehen, und bei der nächsten Wahl wären wir einen Riesenschritt weitergekommen. Und hätten Gerd Schröder nach einer entsprechenden Geschlechtsumwandlung zur Kanzlerin gewählt. Seine Freunde nennen ihn sowieso schon Gerda. Das hätte doch gepasst.

Stralsund

Eine Regierungschefin muss durch die Weltgeschichte reisen – das tut Angela Merkel mit besonderer Inbrunst. »Ich bin dann mal weg« – diesen Buchtitel hat Hape Kerkeling geklaut. Er ist das Regierungsmotto von Angela Merkel. Zuweilen allerdings muss sie auch zu Hause bleiben, unter anderem, um reisende Regierungschefs zu empfangen. George W. Bush zum Beispiel, der Deutschland im Juli 2006 heimsuchte. Und Angela Merkel kündigte an, sie wolle ihn nach Stralsund lotsen.

Was macht diese Merkel da bloß? Die hätte sich doch mal informieren können, was passiert, wenn der Bush in Europa einfällt. Im Februar vorigen Jahres war er in Brüssel. Ausnahmezustand. Anschließend in Mainz. Das war gar kein Zustand. Alles leergeräumt, verschweißt, verbrettert und vernagelt, die Innenstadt entvölkert. »The day after« am Tag selbst – so was macht 'ne Riesenstimmung. So ist das nun mal, wenn George Walker Bush zu Besuch kommt: Das ist Belagerung. Und seine Truppen sind beinharte Sicherheitsbeamte.

Okay: Stralsund ist was anderes als Mainz. Stralsund war schon mal belagert, im 30-jährigen Krieg von Wallenstein und dessen Sicherheitsbeamten – und die Stralsunder haben sich verbarrikadiert und den ganzen Spuk überstanden. Am 24. Juli 1628 musste General Albrecht von Wallenstein mit den Resten seiner ziemlich zerzausten Armee die Belagerung Stralsunds aufgeben und sich aus dem Staube machen. Am 14. Juli 2006 aber können die Stralsunder sich nicht verbarrikadieren. Weil Frau Angela ihren Busenfreund George eigenhändig reinlässt in die Stadt. Das ist Belagerung von innen. Und Frau Angela leistet Beihilfe, und das ist eine Straftat. Aber wo kein Kläger ist, ist auch kein Richter.

Und überhaupt: Wieso Stralsund? Als der olle Kohl sich noch kanzlermäßig durch die Republik wuchtete, da wurden die Mächtigen dieser Welt nach Oggersheim eingeladen. Ins Wohnzimmer. Und da gab's Saumagen mit anschließendem kollektiven Erbrechen. Das war schön zünftig und gemütlich. Und der olle Schröder lud gerne mal ins Reiheneckhaus nach Hannover und das dortselbst eingebaute Wohnzimmer. Da gab's dann Currywurst mit anschließendem kollektiven Pilstrinken. Aber Stralsund? Ist der Mittelpunkt von Angela Merkels Wahlkreis.

Mecklenburg-Vorpommern ist also ihre politische Heimat, privat aber kommt sie aus Brandenburg, hat eine Datsche in Templin, und der Lebensmittelpunkt ist ihre Wohnung in Berlin an der Museumsinsel. Dahin hat sie noch keinen eingeladen. Was, bitte, hat Stralsund zu bieten?

Und jetzt Obacht: Rein kulinarisch liegt Stralsund auf einer Höhe mit Oggersheim und Hannover. Denn der Bismarckhering – eine Stralsunder Spezialität – kann mit Saumagen und Currywurst allemal konkurrieren. In Stralsund ist viel Backsteingotik angehäuft, hier wurde der Taucheranzug erfunden, in der Nähe – in Peenemünde – wurde Hitlers Wunderwaffe V2 entwickelt, die »Gorch Fock« liegt vor Anker, Rügens Kreidefelsen ist um die Ecke, Gerhart Hauptmanns Hiddensee auch. Da ist also 'ne Menge deutscher Kultur versammelt, und das gönnen wir dem Bush, dass er das alles mal anschauen darf.

Ich glaube aber, dass unser aller Merkelchen diese Einladung gar nicht so freundschaftlich gemeint hat, wie das aussieht. Es gibt da einen Präzedenzfall. Im Jahre des Herrn 2001 hat sie Edmund Stoiber nach Stralsund gelockt und ihn durch Stadt und Umgebung geschleift. Das Ergebnis: Der arme Kerl wurde Kanzlerkandidat, Schröder wurde Kanzler, und jetzt ist sie am Ruder. Wenn die Merkel mit George Walker Bush fertig ist, rein stralsundmäßig, dann ist auch der fertig. Und Frau Angela übernimmt die Weltherrschaft. Und jetzt soll bloß keiner sagen, ich hätte nicht rechtzeitig gewarnt.

Potemkin und Trinwillershagen

Als Bush dann in Stralsund war, war alles gar nicht so schlimm. Weil die Verantwortlichen beschlossen hatten, dem Weltstaatsmann ein Stralsund vorzuführen, das mit Stralsund wenig zu tun hatte. Einschließlich der Erfindung eines Dorfes namens Trinwillershagen, das es zwar gibt, aber nicht so.

Fürst Grigorij Aleksandrowitsch Potemkin ist ein berühmter Mann. Nicht weil er im 18. Jahrhundert wichtigster Berater der Zarin Katharina war. Sondern weil man ihm nachsagt, er habe für eine Inspektionsreise seiner Zarin durch die Krim Dorfattrappen bauen lassen, um Wohlstand und Fortschrittlichkeit der Region vorzuspiegeln. Alles nur Hofklatsch, meinen viele Historiker. Vermutlich haben sie recht. Vermutlich waren die sprichwörtlich gewordenen Dörfer Potemkins so was Ähnliches wie der Bauzaun gegenüber dem Restaurant »Altes Bankhaus« in Stralsund. Woselbst Laura Bush, die First Lady der Vereinigten Staaten von Amerika, speisen darf. Damit ihr nicht der Bismarckhering im Halse steckenbleibt, wenn sie auf den Bauzaun schaut, wurde derselbe rausgerupft und rumgedreht. Latte für Latte. Und nun schaut Laura auf die schöne und frisch gestrichene Seite des Zauns. Und das ist doch keineswegs Vorspiegelung falscher Tatsachen, sondern lediglich eine leichte Aufhübschung der Wirklichkeit. Also Gastfreundschaft.

Wie uns überhaupt so richtig warm werden will ums deutsche Herz, wenn wir sehen, was so alles für George Walker Bush getan wird in und um Stralsund. Kein zweites Mainz, sagen die Stralsunder. Und schon müssen alle Autos raus aus der Innenstadt, werden alle Gullydeckel verschweißt, werden Läden und Kneipen verrammelt, müssen die Bürger Fenster und Türen geschlossen halten, das Maul sowieso. Ein 1300 Meter langer Stacheldrahtzaun ziert Bushs Hotel in Heiligendamm – es wird also richtig heimelig und gemütlich.

Höhepunkt der Gemütlichkeit: Stralsunder Bürger dürfen ran an den Bush. Rund tausend schärfstens ausgesiebte Menschen sorgen morgen dafür, dass der Herr Bush auf dem Marktplatz ein Bad in der Menge serviert bekommt. Wobei – na gut, hier darf man's sagen, es bleibt ja unter uns: Das sind Komparsen aus Polen und dem Baltikum, die während der Fußball-WM als gastfreundliche Deutsche eingesetzt waren und nun auf dem Weg nach Hause noch ein paar Euro Zusatzverdienst mitnehmen.

Etwas schwierig gestaltete sich die Vorbereitung des Grillfestes in Trinwillershagen. Du liebe Güte, wenn ein Dorf schon Trinwillershagen heißt, dann kriegt die US-Security die Krise. Okay, die 30-Kilo-Sau, die für Bush geröstet wird, ist keine Attrappe, sie wurde vom Landkreis Nordvorpommern amtstierärztlich untersucht: keine Trichinen. Aber das Dorf selbst. Das kriegst du ja nicht so schnell trichinenfrei. Respektive frei von mutmaßlichen Attentätern. Also haben die Amis das Dorf eins zu eins kopiert und mitten in die Einsamkeit nordvorpommerscher Waldungen neu hingestellt. Disneyland für George Dabbeljuh. Und weil das so gut gelungen ist, bleibt das Ding nach Ende des Bush-Besuchs da. Als Geschenk der US-Regierung an Nordvorpommern. Wenn er das noch hätte erleben können – dann würde Fürst Grigorij Aleksandrowitsch Potemkin blass vor Neid.

Die Schläferin

Die erste Amtszeit von Angela Merkel war gekennzeichnet von Krisen. Ja, gut, das sagten wir schon, aber man kann es gar nicht oft genug sagen. Am interessantesten war die innerparteiliche Krise. Nach knapp anderthalb Jahren Amtszeit wurde die Kritik an Merkel in der Union immer lauter: Wo bleibt das Unionsprofil in der großen Koalition? Friedrich Merz wirft im Februar 2007 das Handtuch, Wolfgang Bosbach, profilierter Innenpolitiker, denkt ans Aufhören, und auch andere konservative Politiker wundern sich, wo denn das Konservative bleibe. Wir haben die Antwort.

Angela Merkel ist eine Schläferin. Oder war eine Schläferin. Früher nannte man so was auch Perspektiv-Agentin. Also keine Spionin im romantischen Sinne, so 'ne Mata Hari für Arme im Geiste oder so was. Perspektiv-Agentin heißt: Die ist vor vielen Jahren ausgebildet worden, um die CDU und schließlich die ganze Union sozialdemokratisch zu unterwandern. Das ist alles von langer Hand geplant. Ihr Vater, der war ja Pastor, hatte als junger Mann in Hamburg Kontakt zur Nachkriegs-SPD, ich sage nur Kurt Schumacher. Und als die CDU die erste Bundestagswahl gewann, da sagte sich der Schumacher: Das wird ein paar Jährchen dauern, bis wir da wieder einen Fuß in die Tür kriegen. Also bekam der Pastor den Auftrag, in die DDR zu gehen. Das tat er 1954 nach der Geburt seiner Tochter Angela. Die wurde dann in der Täterää von der Untergrund-SPD zur spezialdemokratischen Unterwanderin ausgebildet und nach Abschluss der Ausbildung erst einmal zur Schläferin.

Der Rest ist bekannt: Deutsche Einheit, CDU-Karriere, Generalsekretärin, Parteivorsitzende, Kanzlerin. Und immer war da bei einigen das mulmige Gefühl: Die steht irgendwie für gar nix. Neue soziale Marktwirtschaft, ja schön, aber war heißt das? Turboliberale Beschlüsse auf Parteitagen, aber in der Praxis übelste Kompromisslerei.

Friedrich Merz hat als einer der ersten begriffen, was da abgeht. Aber da war es schon zu spät. Den hat sie ausgebootet, hat ihm den Fraktionsvorsitz genommen, hat scheinheilig den Säulenheiligen des Friedrich Merz, den Bierdeckel-Professor Kirchhof, ins Schattenkabinett geholt, um ihn dann von der Partei rausmobben zu lassen.

Und dann wurde durchregiert, wie sie's im Wahlkampf angedroht hatte. Immer schön sozialdemokratisch. Hartz IV geht weiter, die Autoindustrie wird geschützt, die Steuern für die Kleinen rauf, für die Großen runter – alles kernsozialdemokratische Politik, die sie da exekutiert, und das Christdemokratische bleibt auf der Strecke. Vom Christsozialen ganz zu schweigen. Der Sturz Stoibers ist natürlich auch eine Folge dieser Politik.

Und der war der letzte Anstoß für Friedrich Merz. Er hat eingesehen: Da ist nichts mehr zu machen. Der Bierdeckel hat keine Chance mehr, die Gesundheitsreform wird die von Merz gewollte Alleinherrschaft der Privatkassen verhindern, den »Orden wider den tierischen Ernst« hat er schon, er ist amtierender »Aalkönig« von Bad Godesberg – er kann nichts mehr werden in der CDU. Und anderen geht es nicht anders. Der Wolfgang Bosbach denkt ans Aufhören, der ist immerhin stellvertretender Fraktionsvorsitzender in Berlin. Stellvertreter von wem also? Von Angela Merkel. Eben.

Peter Müller im Saarland, Roland Koch in Hessen, Christian Wulff in Niedersachsen – bei allen sitzt die Enttäuschung tief. Ja, sicher, sie sind Länderchefs und dürfen sich jetzt um den Nichtraucherschutz kümmern. Aber Frau Angela bestimmt die Richtlinien der sozialdemokratischen Unionspolitik, jetzt ist sie auch noch Europa-Queen, macht fett und bräsig einen auf Autokanzlerin – die Jungs fragen sich, warum der Schröder überhaupt abgelöst wurde. Wir Insider wissen es.

Merkel und Fußball

Es gibt auch noch einen anderen Grund, warum Angela Merkel sich nicht um das konservative Profil der Union kümmern kann: Außer ihrer ausgedehnten Reisetätigkeit hat sie innenpolitisch noch ganz andere Probleme am Hals. Den deutschen Fußball zum Beispiel. Vor der Weltmeis-

terschaft 2006 in Deutschland holen die deutschen Kicker sich in Italien ein 1:4 ab, Bundestrainer Jürgen Klinsmann in der Kritik, Franz Beckenbauer meckert, weil Klinsmann den Workshop der WM-Trainer geschwänzt hatte. Mutti Merkel muss es richten.

Das ist mal wieder typisch. Die ersten hundert Tage war Angela Merkel im Ausland unterwegs, immer mit Champagnerglas auf dem Sonnendeck des Kreuzfahrtschiffs – und zu Hause bricht alles zusammen. Wann endlich wird sie sich um Deutschland kümmern, war die bange Frage von Reichenhall bis Rügen. Nun ist es so weit. Gestern hat sie sich in Berlin noch mal von diesem Franzosenpräsidenten die Pfote ablutschen lassen, und heute geht's richtig rund. Und wieder sucht sie sich 'ne Galanummer raus. Nichts mit Rente, Gesundheitsreform, Föderalismus, bloß nichts Schwieriges. Fußballgipfel im Kanzleramt. Ein Kaiser aus Bayern zu Besuch und ein Bäckerbube aus Stuttgart respektive Kalifornien. Und dann noch so 'n bisschen Funktionärsgesocks bei Frau Angela auf der Couch – super. Weil ja nur noch eine Frau aus dem ganzen Schlamassel rausführen kann.

Ich kann mir das schon so richtig vorstellen. Frau Angela, resolut, zu allem entschlossen, Schultern nach vorne, grimmiges Vorpommern-Lächeln auf den schmalen Lippen – und dann packt sie den Franz und den Jürgen bei den Ohrwascherln, zupft gar gröblich daran herum, die beiden quieken wie die Schweinchen, und Mutter Merkel ruft: Wollt ihr euch wohl wieder vertragen, ihr Lauselümmel? Da legen wir uns für die deutsche Einheit ins Zeug, dass die Schwarte kracht, und ihr spaltet die Nation mit eurem eitlen Gezänk?

Ja, aber, der Klinsi hätt' da schon dabei sein müssen, in diesem Wörkschopp, also das gehört sich nicht, raunzt der Franz. Paff, eine Backpfeife. Schweig still, Bub und sei artig. Und der Klinsi hebt zaghaft an: Wo ich doch bei der Mutter sein musste. Schadoff, eins auf die Fontanelle. Ruhe jetzt, brüllt die Mutter der Nation. Ab sofort sag' ich, wo's langgeht. Wir schicken die Weltmeisterschaftself zur Weltmeisterschaft, also die deutsche Frauen-Fußballnationalmannschaft, und ihr dürft Cheerleader spielen. Ende der Durchsage.

Ein enger Vertrauter flüstert ihr ins Ohr, dass die Regeln der FIFA das nicht hergeben, und dann sagt sie, dass sie nur einen Scherz gemacht hat, und dann lachen alle ganz erlöst, und Wolfgang Schäuble schaut auch kurz rein und meint, wenn deutsche Soldaten für die Sicherheit beim Fußball sorgen dürften, dann hätte es die Schlappe gegen Italien nicht gegeben. Ein Bataillon in den deutschen Strafraum, und kein Italiener schießt mehr. Erst recht kein Tor. Und da will die Ausgelassenheit gar kein Ende mehr finden.

Dann schießen alle noch auf die Torwand. Klinsmann trifft keinmal, Beckenbauer einmal unten rechts und Frau Angela das Adenauer-Porträt über ihrem Schreibtisch – und der Presse erzählen sie dann hinterher, dass es ein ernstes, aber schönes Gespräch in netter Atmosphäre war. Und am Ende lässt sie sich dann noch zur Fußballerin des Jahres wählen. Der Titel »Wort des Jahres 2005« für Bundeskanzlerin war ihr dann doch zu popelig.

Oettinger meint es nicht so

Als hätte sie mit Weltpolitik und internationalen Krisen und dem deutschen Fußball nicht genug am Hals, machen die Parteifreunde ihr immer wieder Kummer. Günther Oettinger, Ministerpräsident von Baden-Württemberg, sorgt zum Beispiel in einer Trauerrede auf Hans Filbinger für viel Stimmung mit der Bemerkung, dass dieser kein Nazi, sondern recht eigentlich ein Widerstandskämpfer gewesen sei.

Jajajaja, Abscheu und Empörung und das ganze Gedönse, das geht jetzt wieder los wie aus dem Hut gezogen. Ach, Leute, habt ihr's nicht 'ne Nummer kleiner? Der Oettinger ist doch gar nicht so. Ja, gut, der lässt schon mal 'nen dummen Spruch los, wenn er in Stimmung ist. Das ist so bei diesen Jungs von der schlagenden Verbindung, die meinen immer, wenn alles feierlich gekleidet ist und einer eine Rede redet, dann sind sie bei 'ner Kneipe auf'm Haus. Da lässt man dann schon mal 'n Spruch ab oder singt die erste Strophe des Deutschlandliedes und denkt nicht dran, dass die Loddels von der Presse dabei sein könnten.

»Weltmeister im Seitensprung« hat der Oettinger mal einen Freund vor Hunderten von Gästen genannt und bei einem Verbindungsabend den schönen Satz geprägt: »Wir sind in der unglaublich schönen Lage, nur von Freunden umgeben zu sein. Das Blöde ist, es kommt kein

Krieg mehr.« Versteht ihr, Leute: Der meint das nicht bös', der will nur dumm rumschwätzen.

Und er kann doch auch nicht damit rechnen, dass bei so 'ner schönen Trauerfeier, wo man mal unter sich sein will, so reaktionär-familiär, dass da wieder mal die ekelhafte Journaille rumhängt. Und überhaupt und unter uns: Er hat ja auch recht. Dass einer in der SA und in der NSDAP war, ja das macht ihn doch nicht zum Nazi. Das ist doch längst erwiesen, dass die meisten Parteimitglieder und sonstwie Nazi-Organisierten Widerstandskämpfer waren. Im Prinzip eine ganze Nation under cover, verstehste? Rein in den Dreck, pro forma mitmachen, pro forma Karriere machen und das System von innen her aushöhlen und besiegen. Ist am Ende ja auch gelungen. Und deshalb haben Leute wie Filbinger mit Recht als lupenreine Demokraten Nachkriegskarriere gemacht, und deshalb finden sie in aufrecht-lupenreinen Demokraten wie Günther Oettinger ihre verdienten Lobredner.

Ja, und dann die angeblichen Urteile. Meine Güte. Filbinger selbst war ja als Richter an Todesurteilen nur beteiligt. Irgendwie. Und er war da ja auch nicht frei in seinen Entscheidungen. Sondern stand mächtig unter Druck. Filbinger war Opfer, nicht Täter. Und kurz vor Kriegsende, wo er als Ankläger gegen einen Fahnenflüchtigen die Todesstrafe gefordert und die Exekution befehligt hat? Ja, das war in einem britischen Gefangenenlager, wo die Deutschen weiter Richter und Henker spielen durften. Da konnte man sich doch nicht blamieren. Jaja, Freunde, der Widerstand gegen die Nazis war vielfältig und ging manchmal verschlungene Wege.

Also bitte: Filbinger war kein Nazi, kein furchtbarer Jurist, kein Täter. Es gibt nur einen Täter, und das war Adolf Hitler, und wenn alles klappt, wird dem ja die deutsche Staatsbürgerschaft nachträglich aberkannt. In Braunschweig, wo sie ihm 1932 aufgezwungen wurde. Da wollen jetzt aufrechte Sozialdemokraten dafür sorgen, dass er sie wieder weggenommen kriegt. Und dann ist endgültig klar: Kein Deutscher hat sich schuldig gemacht, nur dieser Anstreicher aus Österreich, der aber genau genommen ein staatenloser Rumtreiber war und wie ein Rattenfänger unschuldige Deutsche verführt hat. So. Das musste doch mal wieder gesagt werden. Danke, Oettinger.

Alles in Ordnung

Bevor wir das vergessen: Einen Koalitionspartner hatte Angela Merkel auch. Abgesehen von der Schwesterpartei CSU, versteht sich. Die SPD machte in den vier Jahren großer Koalition vor allem dadurch von sich reden, dass sie nicht von sich reden machte. Bis auf Gesundheitsministe-rin Schmidt. Die gute Ulla aus Aachen fand es auf die Dauer langweilig, immer nur wegen ihrer verpatzten Gesundheitsreformen kritisiert zu werden, und ließ sich deshalb im Sommer 2009 im Spanienurlaub den Dienstwagen klauen. Auch um die Journalisten von den Skandalen der Koalitionspartner abzulenken.

Nun wird's aber langsam Zeit, mal die Luft rauszulassen. Immer dieses Empörungsgetue. Dabei ist alles total normal. Es gibt überhaupt keine Affären. Ulla Schmidt hat ihr Dienstauto privat genutzt – ja, und? Dat daref die, wie man in Aachen sagen würde. Spätestens seit Rita Süssmuth wegen intensiver privater Nutzung von Dienstwagen und Bundeswehrflugzeugen in Bedrängnis kam, ist die Sache geklärt: Seither gilt die geniale Definition, dass Spitzenpolitiker eigentlich nie privat unterwegs sind, weil sie keine Privatleute sind, weil privat und dienstlich identisch ist. Damit waren alle künftigen Affären sozusagen im Vorgriff erledigt. Darauf konnten sich später Hans Eichel und Rudolf Scharping und Johannes Rau und andere berufen, die Ärger wegen angeblicher Dienstwagen- und Flugaffären bekamen. Dass die gute Ulla ihre jüngste Spanienreise privat versteuert, ist nett, wäre aber nicht nötig gewesen.

Der Herr von und zu Guttenberg lässt Gesetzentwürfe von Anwalts-kanzleien schreiben – ja, und? Andere Minister holen sich die Jungs für teuer Geld ins Haus. Die bekommen entweder einen Zeitvertrag und werden vom Ministerium bezahlt. Oder man lässt sie ganz unver-blümt von den Firmen oder Wirtschaftsverbänden bezahlen, für die sie arbeiten. Dass der Herr von und zu Aufträge außer Haus gibt, wo er die Lobby doch im Haus haben könnte, ist ziemlich altmodisch und von daher eher sympathisch.

Und nun die Ackermann-Sause. Ja, und? Dass die Großen der Welt in Angela Merkels guter Stube mit Speis und Trank zugeschüttet wer-den, ist doch völlig in Ordnung. Guck mal: Wann hat denn der arme

Herr Ackermann mal die Möglichkeit, dreißig Freundinnen und Freunde aus Deutschland und der Welt einzuladen? Genau so lautete ja das Angebot der Kanzlerin. Frank Elstner, Friede Springer, Matthias Döpfner, Kai Diekmann, Frank Schirrmacher, dazu ein paar Banker und Topmanager waren da, Sir Simon Rattle war leider verhindert, Angela Merkels Gemahl auch, aber es war ein gelungener Abend, wie man hört. Und wer soll das denn bitte sehr bezahlen? Der bettelarme Ackermann doch nicht. Der hat 2008 nur noch 1,4 Millionen Euro eingesackt, im Jahr davor waren es noch fast 14 Millionen. Da muss der Steuerzahler doch einspringen. Und er tut es gern, wenn's für einen guten Zweck ist.

So, und jetzt wollen wir mal gemeinsam darüber nachdenken, warum die Leut' sich über derart total normale Vorgänge so aufregen? Die Antwort ist ziemlich einfach. Sie müssen sich über irgendwas aufregen, und dank der segensreichen Arbeit bestimmter Politiker und bestimmter Medien wird diese Energie in die richtigen Bahnen gelenkt. Solange die *Bild-Zeitung* und andere Schmuddelblätter die bundesweit schrille Empörung über Ulla Schmidt inszenieren, bleibt kein Platz, sich – sagen wir mal – über Herrn Althaus aufzuregen, der in seiner Eigenschaft als Skifahrer zuerst eine Frau totfährt und dann mit seinem Schmerz über dieses tragische Geschehen Landtagswahlkampf macht. Mit Hilfe von *Bild* und anderen Schmuddelblättern, versteht sich. Und solange man sich über die Ackermann-Sause und Guttenbergs Ghostwriter aufregt, ist man abgelenkt von möglicher Empörung über Hunderte von Milliarden Euro, die von unseren Regierenden den Urhebern der Finanzkrise in den Rachen geworfen werden. Damit sie wieder auf die Beine kommen und anschließend so weitermachen wie bisher. Also: Alles völlig in Ordnung, es läuft, wie es laufen soll, und das Publikum spielt genau die Rolle, die ihm zugedacht ist.

SMS-Merkel

Und immer wieder, je länger sie Kanzlerin ist, stellt sich dem politischen wie dem unpolitischen Beobachter die Frage: Wer ist das eigentlich, diese Angela Merkel? Wie tickt sie, was bewegt sie, was will sie, was will sie nicht? Allgemeine Ratlosigkeit.

Die ganz Schlauen nerven uns ja gerne und anhaltend mit dem Hinweis, dass die Regentin Physikerin ist. Oder mal war. Wobei »Physikerin« meist nicht ausreicht. Sie ist »Naturwissenschaftlerin«, wird bedeutungsvoll dahingehaucht. Als ob das irgendeine Bedeutung hätte außer der, dass sie möglicherweise ein bisschen tüddelig ist. Was ja nicht stimmt. Bloß woher kommt der Aberglaube, dass Naturwissenschaftlerin etwas Besonderes, gar Positives sei? »Untersuchung des Mechanismus von Zerfallsreaktionen mit einfachem Bindungsbruch und Berechnung ihrer Geschwindigkeitskonstanten auf der Grundlage quantentheoretischer und statistischer Methoden«. Das ist der Titel ihrer Doktorarbeit. Noch Fragen? Aber nein, die Damen und Herren Kollegen müssen unbedingt etwas hineingeheimnissen in die Tatsache, dass die Dame mit Technik umgeht. »Die Naturwissenschaftlerin ist ungebrochen technikaffin«, diesen granatenbescheuerten Satz durften wir im Berliner *Tagesspiegel* lesen. Was für ein Schmarren.

Anderes bringt uns auch nicht weiter: »Ich habe gewisse kamelartige Eigenschaften«, diese Selbstbeschreibung mag für einige Heiterkeit sorgen, bleibt aber irgendwie ohne Anschluss. Noch niemand hat sie nach dem Genuss von mehreren Gallonen Wasser tagelang durch die Wüste rennen sehen. Und ihr Ausspruch »Frauen sind wie Teebeutel. Du weißt nicht, wie stark sie sind, bis du sie ins heiße Wasser tauchst« ist auch weniger erhellend, als man hoffen könnte. Er stammt von Eleanor Roosevelt, wurde gerne von Margaret Thatcher zitiert und noch lieber von Hillary Clinton. Von der hat Angela Merkel das Zitat, und bis heute weiß keiner, ob sie weiß, was sie damit meint oder ob man damit überhaupt etwas meinen kann. Über unsere Vorpommern-Elfe selbst sagt also auch das nichts aus.

Natürlich ist alles ganz anders. Als Frau Angela aus der DDR in die Bundesrepublik entlassen wurde, war sie noch ein Kind. Jaja, an Lebensjahren war sie schon 45, also beinahe im Rentenalter, aber rein mädchenmäßig hatte sie einiges nachzuholen, sie kannte ja nur die FDJ. Also stürzte sie sich mit Begeisterung ins Teenagergetue. Aus diesem Grund hat sie doch das Girlscamp um sich aufgebaut. Eva Christiansen, Beate Baumann, Hildegard Müller – das waren die Mädels, die ihr zeigten, was man mit dem Mobiltelefon alles anstellen kann. Vor allem simsen, bis der Arzt kommt. War das ein Gegriffel und Gekicher und Gegicker und Gegacker, wenn die Püppis zusammensaßen und rumsimsten, dass die Daumen glühten.

Ja, und das war's. Dabei ist es geblieben. Wer auch immer mit ihr zu tun hatte, mal neben ihr saß oder ihr gegenüber, der weiß ein lustig Stücklein zu erzählen. Wie sie unter dem Tisch oder hinter dem Blumenstrauß oder zur Seite gedreht Tasten drückt und damit Politik macht. Interna aus Koalitionsverhandlungen – da sucht man immer nach dem, der in einer Pause mal schnell auf dem Klo telefoniert oder sonst wie was durchgestochen hat. Bald war klar: Ihr müsst nicht mehr suchen. Die Merkel macht das in aller Beisein. Das Handy im Schoß.

Und wenn's dann in der Hose von Volker Kauder oder Ronald Pofalla oder Norbert Röttgen vibriert, dann hat sie wieder einen Tagesbefehl gesimst. Dabei muss man eines sehen: Diese Mitteilungen arbeiten ja notgedrungen mit einem höchst restringierten Code. Brachiale Abkürzungen, Verballhornungen, Symbole, Piktogramme. »Acht Doppelpunkt Bindestrich Klammer zu« heißt kleines Mädchen, »Doppelpunkt Bindestrich Klammer zu Acht« heißt großes Mädchen. KGF heißt Knuddel ganz fest, KSSM Kein Schwein schreibt mir, LOL Lautes Lachen, 2G4U heißt Too Good für you und 2L8 heißt Too late – das ist die Welt der Dauerpubertierenden. Da muss sich dann auch keiner mehr wundern, dass die daraus resultierende Politik genau so aussieht: Smiley und Grins als zentrale Botschaft, Donald-Duck-Sprache als politische Kommunikation. Na, dann. N8. Gute Nacht.

Lob der Obrigkeit

Hin und wieder ist es dringend notwendig, die Obrigkeit auch mal zu loben. Als sie sich im Mai 2007 anschickte, endlich was gegen die dicken Deutschen zu tun oder gegen das Dicksein und Dickwerden der Deutschen, da waren unsere Regierenden nebst Volksvertretern Objekt von Spott und Hohn. Dem muss dringend ein Riegel vorgeschoben werden.

Jaja, natürlich ist das ziemlich ulkig: Unsere geliebte Obrigkeit beschließt, dass die Deutschen nicht mehr dick sein sollen. Ja, wunderbar. Gut, dass der Joschka Fischer nicht mehr im Kabinett sitzt. Dafür

Sigmar Gabriel, der Harzer Roller. Das musste dir mal reintun: Das Bundeskabinett beschäftigt sich mit den dicken Deutschen, tags drauf der Bundestag, woselbst ein Bundesminister namens Seehofer eine Regierungserklärung abgibt – eine Regierungserklärung! – und feierlich gelobt, das Wohlergehen der Bevölkerung zu erhöhen – das hat was von Kabarett. Und während mich das noch köstlichst amüsiert, kommen die deutschen Freiheitshelden und sprechen also: Hat die Politik nichts anderes zu tun, als den Bürger zu gängeln und ihm seinen Lebensstil vorzuschreiben? Gebt uns Freiheit, und wir werden schon das Richtige tun. Und wenn ich das höre, möchte ich die Obrigkeit in den Arm nehmen und sagen: Lasst euch nicht verbellen, ihr macht das ganz gut.

Sie gehen mir nämlich mächtig auf den Senkel, die Freiheitskämpfer, die für Abschaffung der Ladenschlusszeiten auf die Barrikaden gehen wie früher gegen die Anschnallpflicht im Auto. Die freie Fahrt für freie Bürger fordern und die Freiheit der Biergärten, freien Zugang zu Umweltgiften in Lebensmitteln, bloß keine Kennzeichnung von Inhaltsstoffen, freien Nikotinkonsum, keuche der Nachbar, wie er wolle, freien Alkoholkonsum, logisch, Reglementierungen allenfalls bei Jugendlichen, aber auch nicht so richtig gerne – denn Freiheit heißt für bestimmte Leute vor allem freier Konsum, weil eben angeblich der Markt alles regelt und die Menschen schon freiwillig auf das verzichten, was ihnen schadet. Sind die jetzt nur naiv oder schon richtig blöd? Oder eher böswillig.

Wie wäre es denn mit der Freigabe von Drogen? Denn wenn die nicht mehr so teuer sind, haben wir einen Großteil der Drogenproblematik vom Hals: Beschaffungskriminalität zum Beispiel, Drogenprostitution, Drogenmafia. Das ist ulkig: Da sind unsere Marktfanatiker plötzlich nicht mehr für die Freiheit des Marktes, da setzen sie auf staatliche Reglementierung, die zur künstlichen Verknappung von Gütern führt. Damit ist nämlich mehr zu verdienen.

Also Freunde, kommt mal wieder auf den Teppich: Mit Freiheit und Freiwilligkeit kommst du in bestimmten Bereichen nicht weit. Und wenn sich Leute gerne zu Tode fressen, zu Tode rasen, zu Tode saufen, zu Tode fixen wollen, dann will ich, dass die Gesellschaft das nicht bezahlen muss. Also ich. Geschäftsführender Ausschuss der Gesellschaft ist die dafür eingesetzte Obrigkeit, die wird dafür bezahlt, dass sie für Aufklärung sorgt und nötigenfalls für Regeln, für Verbote. Damit die Dummen nicht überhandnehmen und vor allem nicht die Geschäftemacher. So, das musste jetzt mal gesagt werden.

Berstende Neubauten

Dass die hohe Politik sich am allerliebsten mit Bauten beschäftigt, hatten wir wohl schon beiläufig erwähnt. Ob Bundestagsneu- oder -umbau, ob Schürmann-Bau oder Plenarsaal oder Reichstag mit oder ohne Verhüllung – immer wird besonders eifrig debattiert, wenn es um Gebäude für die Politik geht. Das ist in Berlin nicht anders, als es in Bonn war. Im Frühjahr 2009 war es besonders schön: Risse im Kanzleramt, Schäden an Parlamentsbauten, irgendwie bricht das politische Berlin zusammen.

Angela Merkel hat einen Dachschaden. Und deshalb muss sie weg aus dem Kanzleramt. Das wussten wir zwar schon, aber dieses Mal ist es anders gemeint. Wörtlich. Die Wintergarten-Dachverglasung im Kanzleramt hat sich gelöst, es tropft, und deshalb muss renoviert werden. Anfang März muss sie raus aus dem Kanzleramt und ein paar Wochen woanders regieren. Was für'n Unsinn. Die ist doch sowieso nie da. Die Ich-bin-dann-mal-weg-Kanzlerin.

Aber diese Schlagzeilen: Risse im Kanzleramt – mein Gott, das klingt so dramatisch, dabei ist das total normal. Wo gebaut wird, wird gepfuscht, wo viel gebaut wird, wird viel gepfuscht. Ist das etwa neu? Und besonders aufregend ist es auch nicht. Aber mit allerhöchstem Unterhaltungswert ausgestattet.

Ja, klar, das ist jetzt wieder die Stunde der Schlaumeier und Besserwisser. Haben immer schon alles gewusst oder geahnt. Pfusch am Bau, die können's halt nicht, von wegen deutsche Wertarbeit – na, und so weiter. Dabei ist das alles ganz anders. Das Ganze ist ein wunderbares Beispiel für Traditionspflege. Von wegen »Berliner Republik« und alles ganz anders als in Bonn. Nein. Berlin ist die Fortsetzung Bonns mit anderen, diesesfalls noch etwas unzureichenden Mitteln.

Der Bonner Standard war: Regierungs- und Parlamentsbauten sind erstens zehnmal so teuer wie veranschlagt, zweitens frühestens zehn Jahre nach vereinbartem Übergabetermin fertig, drittens sofort danach kaputt. Zum Beispiel die Mikrofonanlage im neuen Bundestag. Das alles wurde allerdings mühelos getoppt vom sogenannten Schürmann-Bau, einem neuen Abgeordnetenhaus, das unter der Ägide von Bundesbauministerin Irmgard Adam-Schwaetzer entstand, die mittlerweile den Adam abgelegt hat und nur noch Schwaetzer heißt. Der Schürmann-Bau, und das war die große, die innovative Leistung, wurde damals schon lange vor Fertigstellung geflutet. Weil keiner damit rechnen konnte, dass drei Schritt neben dem Rhein erstens Rhein- und zweitens Grundwasser in ein Fundament laufen könnte. Ein Prinzip, das auch jetzt wieder beim Einsturz des historischen Archivs zu Köln am Rhein zur Anwendung gelangte.

Also. So nett das auch alles klingt, was da in Berlin abgeht: Den rheinischen Standard haben die Berliner noch lange nicht erreicht. Aber es hat unbestreitbar hohen Unterhaltungswert. Im Kanzleramt rostet die Sprinkleranlage – ja, was soll eine Sprinkleranlage denn sonst tun? Sie sprinkelt, weil Frau Angela ständig zündelt, und dann werden sie nass, Anlage und Kanzlerin, und dann rostet sie. Die Anlage. Die Merkelsche ist rostfrei. Alles im grünen Bereich. Und dass sich das Dach eines Wintergartens löst, ja liebe Freunde, müssen wir denn tatsächlich nach Kalau pilgern, um diesen Vorgang zu verstehen? In einem Haus, wo so viel gelogen wird, dass sich üblicherweise die Balken biegen, lösen sich in Ermangelung von Balken eben die Dächer von Wintergärten.

Überhaupt: Glas! Man ist ja außer sich vor Entzücken darüber, mit welcher Virtuosität die für Bundesbauten Zuständigen Baufirmen und Handwerker beschäftigen, die zu Glas ein – sagen wir mal – eher gespanntes Verhältnis haben. »Auffällig ist eine Häufung von Schäden im Zusammenhang mit innovativen und großflächigen Glaskonstruktionen«, sagt das Bauministerium. Ach nee.

Das Glasdach des Bundesrats leckt, gläserne Oberlichter im Tunnel zwischen Paul-Löbe-Haus und Reichstag sind geborsten, weil oben dicke Staatskarossen drauf rumfahren, die großflächigen Fenster und Glastüren an Paul-Löbe- und Marie-Elisabeth-Lüders-Haus sind irgendwie zu schön für diese Welt, sie müssen »ertüchtigt« oder ausgetauscht werden. Die »Ertüchtigung der Glasfassade« – mit dem Roman könnte man 'nen Weltbestseller landen.

Großes Kino das alles. Was sind dagegen schon Belüftungsklappen, deren Antriebe sich auf Glasdächern befinden, die man nicht betreten darf. Werden die Antriebe halt nach innen gelegt. Für fünf Millionen Piepen. Was ist das bisschen Putz, das im Auswärtigen Amt von der Decke fällt. Es waren nur 120 Quadratmeter, sicherheitshalber ist die Decke gleich mit runtergefallen, also halb so wild. Und dass es in einem Abgeordnetenhaus durchs Flachdach reinregnet – was denn sonst? Vornehmste Aufgabe von Flachdächern ist es, den Regen reinzulassen. Wenn der ablaufen soll, baut man Spitzdächer.

Und dann der »Spontanbruch« einer Glasscheibe in der Kalthalle von Haus 3 des Jakob-Kaiser-Hauses. Da kann man mal sehen, wie tückisch und gemein so 'ne Glasscheibe ist. Bricht einfach spontan vor sich hin. Und das bleibt ja nicht bei einer Scheibe, das kennen wir doch, die Spontis rotten sich gerne mal zusammen und veranstalten ein Spontan-Berst-Happening. Also musste die Bundesbaugesellschaft alle Scheiben mit Splitterschutzfolie bekleben und zusätzlich ein Netz vor die Glasfassaden spannen. Seither ist ins Jakob-Kaiser-Haus eine Heimeligkeit eingekehrt, die sich kein Architekt, kein Bauherr, kein Glaser hätte träumen lassen.

Also: Sie sind auf gutem Weg, die Berliner, und dafür sollte man sie nicht schelten, sondern loben, bis das Glas bricht.

Versaute Ferien

Umfragen, Studien, Erhebungen – ein Quell ewiger Heiterkeit. Zu den schönsten Umfragen gehören solche, die das Verhältnis der Bevölkerung zu Politikern beleuchten sollen. So ganz privat, versteht sich. Und völlig unverstellt und unvoreingenommen. Im Sommer 2009 fragte Emnid rum, mit welchem Politiker die Deutschen gerne in Urlaub fahren würden. Das Ergebnis war ein Desaster.

Eine Riesenkatastrophe: 64 Prozent der Deutschen hassen Karl-Theodor von und zu Guttenberg. Na gut, vielleicht hassen sie ihn nicht unbedingt, aber sie wollen nichts mit ihm zu tun haben, zumindest nicht mit ihm in Urlaub fahren. Ja, wo kommen wir denn da hin? Den angeblich beliebtesten deutschen Politiker, wenn man den Umfragen glauben darf, wollen nur 36 Prozent mit in Ferien nehmen – wenn man den Umfragen glauben darf. Okay, das sind natürlich immer noch ziemlich viele Mitbürgerinnen und Mitbürger, die sich partout das Leben schwer machen und sich auch noch die schönste Zeit des Jahres versauen wollen. Ziemlich unbegreiflich.

Vermutlich wissen sie einfach nicht, was sie sich da antäten, wenn sie's denn täten. Also wer die Ursula von der Leyen gewählt hat, immerhin auch noch 29 Prozent, der rechnet sicher damit, dass die Oberbundesvielfachmutti gelegentlich ein lustiges Liedchen singt und auch mal ein Tänzchen hinlegt. So was tut die ja auch im richtigen Leben. Bei den 35 Prozent, die mit Angela Merkel verreisen wollen, weiß man aber gar nicht, was die reitet. Wer will schon mit einer vorpommerschen Landpomeranze durch Südtiroler Berge klettern und sich ständig erklären lassen, dass das, was man gerade tut, absolut alternativlos ist? Was denken sich die Leut' bloß, wie die Politiker privat sind?

Bei dem Herrn von und zu kann man es allerdings wissen. Der hat sich nämlich längst öffentlich geäußert zu seinen Urlaubsgewohnheiten. Er liest Platon, und zwar im altgriechischen Original. Um den Kopf frei zu bekommen. Wollen diese Menschen das wirklich? Wollen sie möglicherweise, dass der gute Karl-Theodor ihnen den Platon vorliest, etwa die Passagen, in denen von der Blödheit der Massen die Rede ist, von der Untauglichkeit der Demokratie, von den Vorzügen der Aristokratie und davon, dass eigentlich die Philosophen Könige sein müssten? Und das auch noch auf Altgriechisch. Man muss schon mächtig masochistisch veranlagt sein, um das zu mögen.

Vielleicht ticken unsere Mitmenschen aber auch ganz anders: Sie wollen den jungen Baron mal ungeschminkt und ungegelt und ohne schicken Zwirn einfach in Badehose sehen, um festzustellen, dass es mit dem auch nicht so weit her ist. Schön wär's. Viel wahrscheinlicher aber dies: Mit Karl-Theodor Freiherr von und zu Guttenberg ist die Inkarnation der Boulevardpresse in die hohe Politik eingetreten. Sie träumen ja doch gerne von Königen und Prinzen und Prinzessinnen und Fürsten und Grafen und dem ganzen anderen adligen Gschwerl. Die zig Millionen Mitbürger, die grüne und gelbe und sonstwie bunte Blätter lesen.

Und der Karl-Theodor ist so einer. Der bewegt sich eben ganz selbstverständlich auf adligem Parkett, gehört sozusagen zum Inventar von

Bayreuth, der Wiener Opernball ist seine zweite Heimat – der muss sich nicht verkleiden, um schnieke auszusehen. Der ist so. Und träumt nicht doch jede deutsche Mutti, gleich welchen Alters, gleich welchen Geschlechts, davon, einmal mit »Dein Dir Ergebener« angesprochen zu werden. So unterzeichnet der Freiherr nämlich gerne Briefe an Parteifreunde. Und möchte nicht ebendiese Mutti einmal, nur einmal »Gutti« zu ihm sagen können? Bei einem Glas Wein am Strand von – öh, Alicante?

So ist es wohl, und von daher werden wir und der Herr von und zu es dann doch verschmerzen können, dass 64 Prozent der Deutschen genau danach nicht streben. Es muss auch andere geben.

Treter und Zurücktreter

Das Jahr 2010 war von einigen bemerkenswerten Rücktritten gekennzeichnet. Ole von Beust, Margot Käßmann, Maria Jepsen, Roland Koch, Bischof Mixa, Oskar Lafontaine – da kann man schon von einer Rücktrittswelle reden. Ja, und dann Bundespräsident Köhler. Was ist da bloß los in und mit Deutschland?

Nein, nein, das Frollein Meyer-Landrut wird nicht Nachfolgerin von Horst Köhler. Und wir müssen auch aufs schärfste dem Gerücht entgegentreten, dass der vormalige Bundespräses zurückgetreten ist, nachdem Lena Meyer-Landrut oder LML, wie ihre Fans sagen, von mehreren CDU-Politikern fürs Bundesverdienstkreuz vorgeschlagen worden war. »Bevor ich der einen Orden umhänge, haue ich lieber ab«, soll er gesagt haben. Hat er aber nicht.

Den Köhler muss was anderes getreten haben, dass er meinte, jetzt ganz dringend zurücktreten zu müssen. War's die Merkel? Die hat ihn angeblich auf Knien gebeten, doch zu bleiben. Kann man im Kniestand jemanden treten? Wohl kaum. Aber vorher hat's schon einiges vors allerhöchste Schienbein gegeben. Aus der christdemokratischen und christsozialen Kulisse, sozusagen. Denn dass Kritik an Interviewäußerungen einen Präsidenten zum Rücktritt drängen könnte, das glaubt doch keiner. Der fühlte sich schon ziemlich geschubst. Ausgerechnet von den Leuten, die ihn erfunden haben. Schon vergessen?

Angela Merkel war es, die im Frühling 2004 – Arm in Arm mit Guido Westerwelle – den Horst Köhler zum Kandidaten machte. Gegen Edmund Stoiber, gegen die CSU, gegen Friedrich Merz, gegen die CDU-Rechte. Und wenn so einer dann von denen, die ihn zum Präsidieren getragen haben, fallengelassen wird, wenn ihm nur noch signalisiert wird, dass er allen ganz doll auf die Nerven geht – ja, dann tritt man eben. Und zwar zurück.

Vielleicht ist es ja auch eine Seuche. Schon bei Roland Koch wusste ja keiner so recht, warum der nun zurücktreten musste. Nur weil er mit sich selbst und seiner politischen Leistung hoch zufrieden und außerdem sehr gerne Ministerpräsident ist? Das hat er nämlich als Grund angegeben. Sehr originell. Wer oder was mag den zum Amtsverzicht geschubst haben? Vielleicht auch Angela Merkel? Weil ihm – genauso wie Horst Köhler – klar geworden war, dass er keine Chance mehr hat mit, neben, unter, gegen Merkel?

Vielleicht leben wir aber auch in einer Zeit, in der es völlig wurscht ist, warum einer irgendwas tut. Möglicherweise ist nach der neuen Unübersichtlichkeit die neue Beliebigkeit ausgebrochen. Man macht halt irgendwas, lässt es aber auch wieder sein, grad so, wie's kommt und geht. Wenn das die Begründung für die prinzipielle Begründungslosigkeit zeitgenössischer Politik wäre – ja, dann. Dann könnte man endlich auch die FDP wieder verstehen. Die in Nordrhein-Westfalen kategorisch weder mit Sozialdemokraten noch mit Grünen übers Regieren im Lande sprechen wollte. Weil die eben auch mit der Linkspartei sprechen wollten.

Wohlgemerkt: Nicht das Koalieren oder sonst wie Zusammengehen mit den Linken war der Ablehnungsgrund, sondern nur das Sprechen. Bis dahin geht's ja noch. Jetzt haben SPD und Grüne mit der Linkspartei gesprochen, und jetzt ist alles nicht mehr so schlimm? Die Absicht ist furchtbar, die Tat aber nicht? Eine ziemlich originelle Art des Umfallens, eine Kunst, in der die FDP in jüngster Zeit ja etwas aus der Übung gekommen zu sein schien.

Dass der Herr Pinkwart in Düsseldorf vom Herrn Westerwelle in Berlin umgeschubst wurde, ist ziemlich klar. Aber wer hat den Guido geschubst? Das kann doch nicht auch wieder die Merkel gewesen sein, die hat doch kein Interesse an einer Ampelkoalition in Düsseldorf. Oder ist sie von Rüttgers so genervt, dass sie zu allem bereit ist, nur damit der in NRW nichts mehr zu sagen hat? Will sie ihn gar zum Bundespräsidenten machen, musste Köhler deshalb zurücktreten? Man weiß so wenig.

Fahnenflucht

Überhaupt der Rücktritt von Bundespräsident Köhler – fristlos, so etwas ist noch nie dagewesen. Dann die Verabschiedung mit großem Zapfenstreich, die Köhler eigentlich nicht wollte, dann dringend angetragen bekam und schließlich über sich ergehen ließ. Da drängen sich doch Fragen auf.

Ich hätte da jetzt mal ein Problem. Und zwar wegen dem Militärischen. Der Bundespräsident ist ja eigentlich ein ziviler Staatsopa. Oder eher guter Onkel. Aber kein Soldat. Wieso wird dem der Zapfen gestrichen? Mit so was legt man normalerweise Soldaten zur Nachtruhe. Oder Verteidigungsminister. Okay, okay, auch andere Würdenträger haben Anspruch auf den gestrichenen Zapfen, Bundeskanzler zum Beispiel und Bundespräsidenten sowieso. Aber man darf sich doch mal wundern über die gar nicht mal schleichende, sondern völlig offene Militarisierung des Präsidentenamtes. Der ja auch einen Ehrensold bekommt. Ehrensold ist eigentlich eine Beigabe zu einem Tapferkeitsorden oder sonstigen militärischen Verdienstmedaillen. Alles andere heißt Gnadenbrot.

Das bei Bundespräsidenten ja nicht zu knapp bemessen ist. 17000 Euro im Monat bis zum Lebensende, also rund 200000 Euro im Jahr. Geben wir dem Köhler Horst noch zwanzig Jahre, dann sind das vier Millionen Piepen nur dafür, dass er mal Bundespräsident war. Was er ja irgendwie bleibt. Auch nach Dienstschluss wird er noch Bundespräsident genannt. Weshalb wir zurzeit einen amtierenden Bundespräsidenten haben, der aber bloß Bremer Bürgermeister und Bundesratspräsident ist, und vier ausgeschiedene Oberhäupter: außer Köhler noch Walter Scheel, Richard von Weizsäcker, Roman Herzog. Für die drei Jungs zahlen wir jetzt schon 1,2 Millionen im Jahr an Ehrensold. Plus Dienstwagen, plus Büro im Präsidialamt, plus Sekretärin. Da kommt ganz schön was zusammen.

Man könnte natürlich fragen, was die Burschen, die ja auch sonstwie pensionsberechtigt sind, mit 200000 Euro im Jahr und Dienstwagen und Büro und Sekretärin machen. Tun wir aber nicht. Das täte nach Neiddebatte riechen. Nein, wir bleiben beim Militärischen. Zapfenstreich und Ehrensold, das kriegt der höhere Soldat, wenn er sich ordentlich aufgeführt hat im Dienst. Immer schön das Vaterland nach vorne gebracht, immer schön bei der Fahne geblieben. Ach ja? Hotte Köhler nicht. Der ist von der Fahne gegangen. Klarer Fall von Fahnenflucht. Ziemlich strafbar. Man könnte auch mildernder Umstände halber von Entfernung von der Truppe reden. Die wird nach § 15 Wehrstrafgesetz mit Freiheitsentzug bis zu drei Jahren bestraft.

Nur: Der Fall Köhler ist kein minder schwerer Fall. Der hat sich nicht bloß von der Truppe entfernt. Denn dann hat man ja die Absicht zurückzukommen. Der bleibt weg. Das ist eindeutig Fahnenflucht, und das ist in § 16 Wehrstrafgesetz mit Freiheitsstrafe bis zu fünf Jahren bedroht. Die Höchststrafe ist immer dann fällig, wenn einer unbedingt vorsätzlich und mit besonderer krimineller Energie gehandelt hat. Ist bei unserem Bundeshotte der Fall. Knall auf Fall nämlich hat er sich davongemacht. Mit sofortiger Wirkung. Buchstäblich von der Fahne gegangen, vor der er gestanden hat, als er seine Flucht kundtat. Und was kriegt er? Statt Knast dicken Ehrensold, Dienstwagen, Büro, Sekretärin bis ans Lebensende. Gut, das ist auch eine Form von lebenslänglich, also könnte man es bei gutwilliger Auslegung als Strafe interpretieren. Bloß: Muss das wirklich so teuer sein? Ein Platz in einem Berliner Altenheim hätte es doch auch getan.

Käßfrau

Ja, und dann müssen wir uns natürlich noch ein bisschen näher mit Frau Käßmann beschäftigen. Und ihrem Rücktritt. Auch da sind einige Fragen offen. Aber hallo!

Wieso heißt die Frau eigentlich Mann? Und nicht Frau? Käßmann! Da fängt's doch schon mal an. So was prägt doch. Da fühlt man sich gleich verpflichtet, mannhaft dafür einzustehen, was man sich mal wieder eingebrockt hat. Anstatt frauhaft darüber wegzucharmieren. Was für'n Blödsinn. Mannhaft ist was ganz anderes. Da ist besoffen Auto fahren eine von vielen möglichen Lebensformen. Vor allem bei Promis. Hab' ich da den Namen Semmelrogge gehört? Höhö. Otto Wiesheu, wie wär's denn mit dem? Mit 1,75 Promille und einem Auto als Waffe einen Menschen ins Jenseits befördert und einen anderen schwer verletzt. Und der Lohn? Zwölf Monate Gefängnis auf Bewährung, 20 000 Mark Geldstrafe, Chef der Hanns-Seidel-Stiftung, Staatssekretär, Minister, Verkehrsminister, Vorstand der Deutschen Bahn, Bayerischer Verdienstorden, Verdienstkreuz Erster Klasse der Bundesrepublik Deutschland. So macht man das als Mann, Frau Käß. Als Frau – na ja.

Gut. Das Problem ist natürlich, dass sie 'ne Heilige ist. Gottchen, ja, das ist aber auch blöd. Da setzt sich die allerhöchste evangelische Kirchentante hackedicht ans Steuer, brettert bei Rot über 'ne Ampel und lässt sich auch noch erwischen. Das ist nicht nur ein Verkehrsverstoß und 'ne Schafsdummheit, sondern auch Sünde. Und man sündigt nicht, wenn man bei der Firma arbeitet. »Ich bin über mich selbst erschrocken.« Hat sie gesagt. Ja, super. Uns nützt das gar nichts, weil wir uns nach einem neuen Idol umsehen müssen. Als könnte man die im Supermarkt kaufen.

Und da beschleicht einen doch mählich der Gedanke, dass es da nicht mit rechten Dingen zugegangen sein kann. Entweder hatte der Antichrist seine Finger im Spiel, kann aber nicht sein, ich war nämlich gar nicht in Hannover. Oder es ist 'ne ganz popelige irdische Verschwörung. Wo war denn ihr Chauffeur? Wer saß denn da noch mit im Wagen? Hat ihr Ex vielleicht daran gedreht? Mein Gott, so als Pfarrer im Landeskirchenamt der Evangelischen Kirche von Kurhessen-Waldeck in Kassel – und dann 'ne Bischöfin zur Frau, die ihm den Laufpass gibt. Daran muss der ziemlich geknabbert haben. Jetzt ist auch sie nur noch Pastorin. Aha!

Naja, irgendwann wird mal rauskommen, dass der Papst dahintersteckt. Ja klar, Mensch. Dieses ganze Trara um übertriebene Kinderfreundlichkeit bei katholischen Gottesmännern, das geht dem unglaublich auf den heiligen Geist. Diese Schlagzeilen, immer das Wort Sex und Missbrauch im Zusammenhang mit der alleinseligmachenden Mutter Kirche – da musste ein Ablenkungsmanöver her. Und da hat der Heilige Vater einen Sendboten nach Hannover geschickt, der mit der Frau Käßmann ordentlich gebechert und sie anschließend ermuntert hat, in den Dienstwagen zu klettern und einfach mal bei Rot über die Kreuzung zu donnern. Gott befohlen, sozusagen.

Oder hat irgendjemand 'ne andere Erklärung? Die gute Margot ist Alkoholikerin, hört man's raunen. Falsch. Unsinn. Die richtige Alkoholikerin hört bei 1,54 Promille nicht auf, und wenn sie dann ins Auto steigt, nimmt sie erst mal 'n kräftigen Schluck aus der Wodkaflasche. Zum Abschmecken nach all dem Bier und Wein. Und dann erst aufs Gas. Derart professionelles Handeln hat man bei der frommen Dame freilich nicht beobachten können.

Schirme für alle

Wenn Angela Merkel einen Ehrentitel verdient hat, dann müsste er »Herrin der Schirme« heißen. »Herr der Ringe« gibt es ja schon, das ist auch was anderes. Die Schirme der Frau Merkel sind Rettungsschirme, eine relativ neue Erfindung, denn bislang waren uns eher Rettungsringe geläufig. Der Rettungsschirm aber wurde schon in der großen Koalition erfunden, als ein gewisser Peer Steinbrück Schatzkanzler von Königin Angela war.

Nee, da kann man jetzt mal gar nicht meckern. Unsere Regierenden sorgen wirklich rührend für uns. All diese Schutzschirme – ja, sicher, die sind erst einmal für die Großen, aber schon das nützt uns allen ungemein, weil die Schutzschirmindustrie einen fulminanten Aufschwung erlebt, und das bringt Arbeitsplätze. Darf man doch nicht vergessen. Arbeitsplätze. Und zwar in einem höchst innovativen Bereich. Diese Schutzschirme, die unsere geliebte Obrigkeit aufspannt, sind ja keine orbitalen. Also das ist wirklich 'ne naive Vorstellung. So von wegen Raumschiff Enterprise: Schutzschirm aktivieren, Schutzschirm ist aktiviert, ohoh, der böse Feind kommt trotzdem näher – Schmarren.

Die großkoalitionären Schutzschirme sind wie Regenschirme. Das hat der Steinbrück vor Weihnachten Kindern erklärt, denen er ein Märchen vorlesen sollte. Da hat er gesagt: Das müsst ihr euch so vorstellen, dass der Staat eine Art Regenschirm aufspannt, unter den wir uns dann alle stellen, damit wir geschützt sind vor dem, was da von oben auf uns runterprasselt. Und ich denk mir dann, dass diese Regenschirme von innen mit Geldscheinen ausgepolstert sind, damit die Banker und Autobauer und sonstige Heroen der Wirtschaft sich da nicht die Köpfe stoßen.

Und das ist doch eine ganz neue Technologie: Mit Milliarden Euro ausgeschlagene Regenschirme, die alles Üble von oben abhalten. Die Dinger musste man ja mal erst erfinden. Und vor allem musst du wissen, was da von oben kommt. Und von wem. Was für ein saurer Regen ist das denn, vor dem die deutsche Wirtschaft beschirmt werden muss? Ich stell mir das so vor. Wenn Kleinkinder im Sandkasten spielen, dann werfen sie ja mal gerne den Sand hoch und freuen sich wie Bolle, wenn der wieder runterkommt. Auf ihre Köpfe. Mit allem, was in dem Sand sonst noch drin ist. Hundedreck, Kippen, Heroinspritzen, Präservative – und Mutti und Vati freuen sich. So ist das auch mit der Wirtschaft. Die haben ziemlich viel Dreck produziert, juchzend hochgeworfen, und jetzt kommen Vater Staat und Mutter Merkel und spannen einen Schirm auf, damit die armen Kleinen nicht den ganzen Mist abkriegen. Sie wissen's ja noch nicht besser, und sie freuen sich so in ihrem Sandkasten.

Kapiert? Gut. Und wenn auf diese Weise alle Hosenscheißer im deutschen Wirtschaftssandkasten Schutz und Schirm genießen, dann sind auch wir dran. Uns trifft's ja nicht so schlimm. Und wenn die Wirtschaftsbosse so Riesenschirme brauchen, wie sie in der Außengastronomie üblich sind, dann reichen für uns die ganz kleinen Schirmchen, wie sie in der Außengastronomie üblich sind. Die kleinen, bunten Dinger, die in den obersten Bollen vom Eisbecher gepiekst werden. Oder in die Ananas beim Champagner-Cocktail.

Ja, du liebe Zeit, wovor sollen wir schon geschützt werden? Wir haben doch alle nicht gezockt, wir waren nicht im Kasino, wir haben keine faulen Derivate verickt oder gekauft, was haben wir schon zu verlieren? Unser Sparbuch, unser Oma ihr klein Häuschen, unsern Zweimannbetrieb. Was ist das schon? Da reicht im Zweifel auch ein an vier Enden verknotetes Taschentuch, das wir uns aufs müde Haupt legen. Da muss Mutter Merkel nebst Vater Staat nun wirklich nicht eingreifen.

Kampf den Konvertiten

Der Terrorist schläft nicht, daran ändert auch die Kanzlerschaft einer Frau nicht. Vermutlich hat die Tatsache, dass eine Frau über Männer herrschen darf, den zutiefst patriarchalischen islamistischen Terror noch besonders motiviert. Vor allem in Deutschland. Da brauchen wir inzwischen keine ausländischen Radikal-Muslime mehr. Unsere konspirieren im Sauerland. Und verhalten sich entsprechend einfältig.

Ja, glaubt ihr denn wirklich, mit solchen Kinkerlitzchen könntet ihr Vater Staat nervös machen? Okay, natürlich haben wir uns dran gewöhnt, dass der gemeine Bombenleger Abu oder Omar oder Osama heißt, sich in Bettlaken hüllt und am knielangen Bart zu erkennen ist. Jetzt heißt er eben Fritz. Fritz, der Taliban. Oder Daniel. Und fällt nur dadurch auf, dass er zu dämlich ist, das Internet richtig zu nutzen. Die haben doch wirklich geglaubt, gespeicherte E-Mails könnten nicht aufgespürt werden. Zu und zu niedlich. Ja, und dadurch, dass er nicht richtig Auto fahren kann. Mit aufgeblendeten Scheinwerfern in die Polizeikontrolle. Hallo, geht's denn noch?

Bloß: Das kann doch den wehrhaften Staat nicht schrecken, dass der Terrorist immer neue Verkleidungen sucht. Dann machen wir ab sofort eben Jagd auf Konvertiten. Wer Fritz oder Daniel heißt, wird schon mal sofort interniert. Ob urdeutsch oder alttestamentarisch, wir lassen uns von keinem Namen mehr blenden. Friseure bekommen ab sofort samt und sonders Berufsverbot. Zahnärzte auch. Zuerst sechs Monate Umerziehungslager, dann in einer öffentlichen Zeremonie feierliches Abschwören: Nie wieder Wasserstoffperoxyd benutzen. Von wegen Haare und Zähne bleichen. Alles potentielle Bombenbastler.

Hochgefährlich: alle Einwohner des Sauerlands. Das klassische Rückzugsgebiet. Ja, klar, das haben wir Eingeweihte natürlich schon immer gewusst. Meine Güte, das kann doch nichts werden. So'n eigenbrötlerisches Bergvolk am Rande der bewohnbaren Welt, schwärzer als die Nacht, katholischer, als der Papst erlaubt – was bleibt dem Sauerländer denn anderes, als zu konvertieren. Aber erstens hat uns das nie einer geglaubt, zweitens haben sie uns immer mit Heinrich Lübke getröstet. Dass aber der Friedrich Merz vor Jahren gestanden hat, dass er als langhaariger jugendlicher Moped-Rocker Brilon unsicher gemacht hat – darüber sind sie großzügig hinweggegangen. Hat in letzter Zeit einer was von Friedrich Merz gehört? Der hat sich in eine Tropfsteinhöhle zurückgezogen. Zum Konvertieren. Beinahe wie Osama. Das Sauerland abriegeln, Leute, aber subito.

So, und jetzt weiter im Text. Die hundsgemeine Sauerei des Konvertiten ist ja seine Unauffälligkeit. Nicht mal die Frau von Fritz hat gewusst, dass der auf einmal Taliban ist. Aber wir kommen ihnen auf die Schliche. Wer auf einmal kein Schweinefleisch mehr isst, keinen Alkohol mehr trinkt, sich von Drogen und Weibern fernhält – verdächtig. Die Bevölkerung wird zur besonderen Wachsamkeit aufgerufen. Eltern, Lehrer, Mitschüler, Gastwirte, Frittenbudenbetreiber, Diskothekenbesitzer – Obacht. Wer jählings oder mählich zur Abstinenz neigt, könnte dem Kommando »Tod den Schnitzeln« angehören. Sofort melden.

Noch gefährlicher sind natürlich die Pfiffigen unter den Konvertiten. Die auf keinen Fall auffallen wollen. Also weiter essen wie die Schweine, auch Schweinefleisch, saufen, huren, einen durchziehen – und dann heimlich zu Hause unter der Bettdecke den Koran auswendig lernen. Bürger, aufgepasst, sofort melden, wenn einer so auffällig unauffällig ist. Noch schlimmer: Muslime, die zum Christentum konvertieren. Oder zum Judentum. Alles Tarnung. Und dann: Besonders auf Brieftauben achten. Selbst der schlichteste Islamist hat ja inzwischen gemerkt, dass das Internet der unsicherste Kommunikationsweg ist. Brieftauben sind sicher. Das ist Super-Hightech im IT-Zeitalter. Also wenn ihr irgendwo einen Taubenschlag seht: Sofort melden. Wir kommen mit dem Flammenwerfer.

Lust am Untergang

Und als das Jahr 2009 dann zu Ende ging, stellten wir verblüfft fest: Die Schweinegrippe mit all dem turbulenten Impftheater und sonstigem Drum und Dran war eigentlich gar nichts. Auf keinen Fall eine Seuche, eine Epidemie oder Pandemie oder sonstige Demie. Und wir kamen uns irgendwie veräppelt vor.

Was für eine Katastrophe! Die Katastrophen bleiben aus. Hallo Schweinegrippe! Könntest du dich vielleicht mal ein bisschen zusammenreißen und uns wieder ordentlich Angst machen? Wir haben doch sonst nichts mehr auf der Welt. BSE, Sars, Vogelgrippe, alles, was uns jemals lieb und teuer war – weg. Irgendwie im allgemeinen Nichts verschwunden. Als hätten wir's so dicke wie in biblischen Zeiten. Da brachte der Herr mit Moses' Hilfe gleich zehn Plagen über die Ägypter. Darunter so hübsche Sachen wie Froschgewimmel, Viehpest, Blattern, Hagel, Heuschrecken. Ähnlich die sieben Plagen der Johannes-Apokalypse: Flüsse, Quellen und Meere werden zu Blut, die Sonne versengt Menschen und die Erde, schließlich das größte Erdbeben aller Zeiten, das alles vernichtet – ja, bitte, mehr davon.

Aber nein. Nichts davon. Wo, zum Teufel, ist meine geliebte Apokalypse geblieben? Die Schweinegrippe war doch wirklich ein guter Ansatz, da konnten wir uns ordentlich fürchten. Schlechter Impfstoff, zu wenig Impfstoff, das Ende der Welt schien nahe. Und jetzt? Irgendwie alles ganz anders, plötzlich haben wir zu viel Impfstoff und müssen Millionen Portionen ans Ausland verkaufen, damit wir nicht auf Millionen Schulden sitzenbleiben.

Und es kommt noch schlimmer: Der Geburtenrückgang geht zurück. Ja, geht's denn noch! Wie haben wir uns gelabt an der Feuerschrift an der Wand: »Die Deutschen sterben aus!« Weil vor allem die deutsche Akademikerin jenseits der dreißig sich der Fortpflanzung strikt verweigert. Alles Unsinn, sagt eine neue Studie: Die Geburtenraten steigen wieder, und die niedrigen Quoten der neunziger Jahre waren nur ein Übergangseffekt, weil viele Eltern immer später Kinder bekamen. Ihr habt nur die Statistik falsch verstanden. Und das heißt: Die demographische Katastrophe bleibt aus, auf die wir uns seit Jahren so verlassen haben. Wovor sollen wir uns jetzt noch fürchten?

Denn wenn die Deutschen weder aussterben noch hoffnungslos vergreisen, dann wird auch die Angst vor Überfremdung irgendwie schal. Ja, gut, die kann man immer haben, auch ohne jeden Anlass. Aber so richtig knackig ist das nicht mehr. Was bleibt uns also? Pest und Cholera, Erdbeben und Vulkanausbrüche, alles von vorgestern. Auch die Klimakatastrophe ist nicht mehr das, was sie mal war, seit Angela Merkel sich ihrer angenommen hat. Und nach der Verleihung des Kriegsnobelpreises an Barack Obama hat die Angst vor dem Krieg auch keinen rechten Sinn mehr. Tod, wo ist dein Stachel, Hölle, wo ist dein Sieg? Fragt die Bibel.

Ja, wo? Wohin sollen wir mit unserer Lust an der Apokalypse, wenn uns alles Stück für Stück wegbricht? Gut, die Bibel fragt nicht nur, die hat auch eine Antwort.»Und ich sah ein fahles Pferd. Und der darauf saß, dessen Name war: Der Tod, und die Hölle folgte ihm nach.« Da bleibt doch noch ein Fünklein Hoffnung auf eine ordentliche Apokalypse. Ich sage nur: 2012. Am 21. Dezember 2012 ist Weltuntergang. Zumindest nach dem Maya-Kalender. Bis dahin müssen wir uns mit gut organisierten Weltuntergängen in Film und Fernsehen begnügen.

Vielleicht kann man ja in der Glotze über die Feiertage *Outbreak* zehnmal wiederholen und *Armaggedon* und *The day after tomorrow*, und wer die Kraft hat, ins Kino zu gehen, der muss dreimal hintereinander Roland Emmerichs Film *2012* anschauen. Damit wenigstens ein bisschen Angst zurückkommt.

Das ist der Gipfel

Wenn man Kanzlerin ist, darf man viele bedeutende Dinge tun. Zum Beispiel internationale Gipfel bereisen und internationale Gipfel organisieren. Wie den G8-Gipfel 2007 in Heiligendamm. Zum Schutz desselben wurde ein zwölf Kilometer langer Stacheldrahtzaun errichtet, wurden Versammlungsverbote verhängt, von Demonstrationsverdächtigen Geruchsproben in bewährter Stasimanier genommen, sofern sie nicht vorsorglich inhaftiert wurden.

Ah ja, das läuft doch wirklich super. Also vor allem die Chaoten haben wirklich gut funktioniert. Man hatte nach den Razzien und den Festnahmen und der Geruchsprobenschnüffelei ja doch fürchten können, dass die Krawallos jetzt nicht mitmachen. Weil sie sich nicht so plump vom Staat anmachen lassen wollen. Aber nein, die Jungs und Mädels spielen brav ihre Rolle, treten pünktlich in Rostock zum Randalieren an. Zehntausende demonstrieren friedlich, der Schwarze Block macht Krawall – und schon reden alle nur noch vom Krawall. Der dann am nächsten Tag schön weitergeht – einfach perfekt, diese Regie aus Berlin. Interessante Frage: Werden die auch bezahlt von der Bundesregierung oder vom Bundeskriminalamt, oder machen die den Rabbatz freiwillig, weil sie ja auch einen schlechten Ruf zu verlieren haben?

Wie auch immer: Es klappt vorzüglich. Auch die inhaltliche Vorbereitung. Sinn und Zweck von Gipfeln ist, dass nichts rauskommt. Das muss man ja auch erst mal organisieren. Da lag unsere geliebte Regentin schon weit vorn mit dem Thema Klimaschutz, aber die Erfolglosigkeit war noch nicht gesichert. Erst als George Dabbeljuh vorige Woche erklärt hat, dass die USA und vor allem er persönlich die Sache mit dem Klimawandel in die Hand nehmen würden, war das Ding gegessen. Und damit wird auch dieser Gipfel alle Erwartungen erfüllen: Ein Riesentamtam um Nichts.

Vor allem können die Deutschen sagen, dass sie in dieser Disziplin absolute Spitze sind. Der Gipfel der Gipfelei sozusagen. Ein kilometerlanger und millionenteurer Zaun kesselt die Großen dieser Welt ein und hält die anderen von ihnen fern. Eine Art Hochsicherheitstrakt der Luxusklasse, in dem die Gipfelpolitiker flanieren, das schöne Wetter, das Wasser, den Strand genießen, die netten Menschen – also keine Demonstranten, keine Autogrammjäger, keine blöden, fähnchenschwenkenden Einwohner, sondern nette Polizisten und nette Polizeihunde und nette Polizeipferde. Es wird ein schöner, besonnter Kurzurlaub für die Obrigkeiten aus Fern und Nah, und am Ende gibt's eine Abschlusserklärung, in der nichts drinsteht.

Und dafür der ganze Aufriss? Blöde Frage. Einmal im Leben das Gefühl haben, nur das Gefühl: Die sind da jetzt alle drin, und man könnte, wenn man rankäme, den Schlüssel rumdrehen und wegschmeißen. Und würde nie wieder was hören und sehen von Herrn Putin und Herrn Bush und Herrn Blair und Herrn Sarkozy und so weiter und so fort. Allein dafür hat sich das ganze Theater allemal gelohnt.

Horror Vacui

Angela Merkel fand sehr bald mächtig Gefallen an der Gipfelei. Ohnehin ist sie gerne unterwegs und nicht so gerne zum Regieren in Berlin, und die immer größer werdende internationale Gipfeldichte kommt ihr wunder-

bar zupass. Im Frühjahr 2009 war es besonders schön. G20-Gipfel in London, die Queen bittet zum Empfang; NATO-Gipfel in Straßburg und Baden-Baden und anderes mehr. Sie brauchen es, unsere Regierenden, um den Horror Vacui zu besiegen.

Jetzt wollen wir mal ausnahmsweise das Meckern einstellen. Ja, sicher ist das ein bisschen merkwürdig, dass wieder ganze Ortschaften verlötet und Landschaften versiegelt werden müssen, nur weil die Großen dieser Welt wieder gipfeln müssen. Eine komische Vorstellung, sich irgendwo einzuladen und die Menschen, die man mit seinem Besuch belästigt, zu Geiseln seiner Sicherheitsparanoia zu machen. Aber erstens ist es nicht wirklich schlimm, dass Orte wie Baden-Baden und Straßburg mal für zwei Tage vom üblichen Publikum gesäubert werden.

Und zweitens und überhaupt geht das nicht anders. Die Weltenlenker jedweden Geschlechts sind genetisch so programmiert. Immer im Frühjahr müssen sie gipfeln. Oder im Herbst. Oder im Winter. Im Sommer nicht, da fallen sie über normale Bürger im Rahmen von Sommerreisen her. Aber ansonsten muss gegipfelt werden, was das Zeug hält. Ja, sicher hat das was Zwanghaftes, aber was willste machen. Der Weltpolitiker als solcher hält es bei sich nicht aus. Da ist nichts. Nur Leere.

Und Leere ist das Schrecklichste, wo gibt. Selbst die Natur fürchtet sich davor. Der Fachmann spricht von Horror Vacui. Die Natur schreckt vor leeren Räumen zurück, weshalb dieselben dazu neigen, Gas oder Flüssigkeiten anzusaugen. Bloß nicht leer sein.

Und beim Menschen ist das nicht anders. Er muss sie füllen, die Leere, egal womit. Stellt euch doch nur die Kanzlerin vor in ihrem großen Büro im großen Kanzleramt im großen Berlin. Gähnende Leere. Ein kurzer, scheuer Blick ins eigene Innere ist noch schlimmer. Gähnende Leere. Und das geht allen anderen auch so. Also müssen sie raus aus ihren Büros, ob sie nun rund, eckig oder oval sind, müssen rein in die Flugzeuge, müssen Aktion simulieren, die Neudeutsch *action* heißt. Action auf internationaler Bühne zur Ablenkung von innenpolitischer Murkserei zum Beispiel.

Die Regentin hat den Sinn dieser Übung früh erkannt. Auf internationalem Parkett bella figura machen, das täuscht Aktivität vor, das rettet in aller Regel vor kritischen Fragen nach Inhalten, gar Ergebnissen. Und vor allem: Bilder produzieren, das ist es. Von daher war das eine grandiose Woche für Angela Merkel und ihre Kumpels und Kumpelinnen vom Gipfel-Wanderzirkus. Zuerst Warmlaufen bei Opel in Rüsselsheim, Mittwoch nach London, Queen gucken, Donnerstag G 20-Gipfel, Obama treffen. Das gibt super Bilder. Freitag und Samstag NATO-Gipfel in Straßburg und Baden-Baden, da trifft sie Obama schon wieder, das gibt super Bilder, Sonntag EU-USA-Gipfel in Prag, da trifft sie Obama, was für super Bilder das wieder gibt – im Kanzleramt sind sie alle schier aus dem Häuschen.

Was bleibt? Der durchgeknallte Berlusconi drängt sich dämlich grinsend zwischen Obama und Medwedjew, damit er auch mal auf einem Bild zu sehen ist. Die zweite Lisbeth fasst Michelle Obama um die Hüfte, die revanchiert sich mit einem Griff ans Schulterblatt der Queen, Barack Obama begrabscht Angela Merkel, ebenfalls in Höhe Schulterblatt. Das sind die Bilder fürs Buch der Geschichte. Und wir erinnern uns alle an George Walker Bush, wie er von hinten Frau Angela überfällt und ihre Schultern massiert. War in Petersburg sonst noch was? Oder war es gar Heiligendamm? Nein, da war Bush zu blöd, sich Bier einzuschenken. Lief alles über. Das bleibt. Was ist von Helmut Kohl geblieben? Händchenhalten in Verdun mit Mitterrand, Strickjackengipfel im Kaukasus mit Gorbatschow. Die Strickjacke ist im Haus der Geschichte gelandet. Gipfelbeschlüsse landen im Papierkorb.

Volksverblödung

Bevor Angela Merkel zum zweiten Mal Kanzlerin wurde, musste natürlich ganz doll gewahlkämpft werden, vor allem aber umgefragt. Denn viel wichtiger als Wahlen sind die Befragungen von Wählern, wenn gerade keine Wahlen sind oder wieder mal welche anstehen. Die Ergebnisse gehen immer wieder zu Herzen.

Das ist doch überhaupt kein Wunder, dass den Volksparteien das Volk abhandengekommen ist. Das liegt nicht nur an der Zerrissenheit oder Fragmentierung der Gesellschaft, sondern auch und vor allem an der unendlichen Beliebigkeit des Volkswillens. Und dass wir die überhaupt kennen, liegt auch und vor allem an der institutionalisierten Volksaushorchung, vulgo Demoskopie. Die schlimmste Seuche des 21. Jahrhunderts.

Und da gibt es wie immer zwei Möglichkeiten: Entweder ist das Volk so saublöd, dass es weh tut. Oder es ist viel cleverer, als alle meinen. Denn wie kann man zum Beispiel ernsthaft auf die Frage nach der wirtschaftspolitischen Kompetenz von Guido Westerwelle antworten? Die kennt keiner, die kann zumindest der durchschnittliche Bundesbürger nicht kennen, weil wirtschaftspolitische Aussagen von Herrn Westerwelle in den vergangenen sechs bis acht Monaten nicht öffentlich geworden sind. Der redet immer mal wieder das Übliche über Steuern und darüber, dass er endlich regieren will. Das ist es aber auch.

Was denken die Menschen, wenn sie antworten? Zum Beispiel über die Beliebtheit von Politikern? Denken sie überhaupt oder plappern sie nur nach, was ihnen in Zeitung, Rundfunk und Fernsehen vorgeplappert wird? Guttenberg, Merkel, Leyen, Westerwelle ganz oben in der Beliebtheitsskala. Wobei vermutlich der größte Teil der Befragten nicht sagen kann, worin denn die große politische Leistung von Herrn Guttenberg bestehen soll. Oder was Angela Merkel in den letzten Monaten Großartiges geleistet hat, außer auf internationalen Konferenzen für gute Bilder und uneinlösbare Versprechen zu sorgen. Oder gar was Guido Westerwelle Tolles vollbracht hat. Dass die FDP als Partei des Turbokapitalismus mitten in der großen Kapitalismuskrise zweistellige Umfrageergebnisse einfährt, gehört ohnehin zu den schwer erklärbaren Verrücktheiten in diesen verrückten Zeiten.

Würden Sie Horst Schlämmer wählen, wenn er zur Bundestagswahl antritt? Hat Forsa gefragt. 18 Prozent sagen Ja. Und der Herr Güllner orakelt, dass die Menschen Sehnsucht nach profilierten Typen haben. Wenn die Schlaumeier von Forsa die Menschen fragten, ob sie denn Michael Schumacher wählen würden, dann käme der vermutlich auf 35 Prozent. Und was sagt uns das? Gar nichts. Außer: Wer viel fragt, kriegt viele Antworten. Wer viel Quark fragt, bekommt viele Quark-Antworten.

Welcher Politiker hat in den vergangenen Monaten besonders gute Arbeit geleistet? Eine bei Demoskopen sehr beliebte Frage. Zu einem Zeitpunkt, als der ein paar Monate aus der Politik abgetaucht war,

war die einhellige Antwort: Franz Müntefering. Fühlen Sie sich in der U-Bahn sicher? Nein, ganz unsicher, antworteten über 70 Prozent der Befragten. Überwiegend aus Gegenden, wo's keine U-Bahnen gibt.

Sind die Leute also nur bescheuert? Oder werden bei Umfragen grundsätzlich bescheuerte Leute gefragt? Es gibt eine andere Erklärung: Die Menschen wissen genau, was sie tun. Sie spielen mit dem Instrument Volksverblödung durch Volksbefragung. Was würden Sie wählen, wenn? Mannomann. Auf diese Frage gibt's normal nur eine Antwort: Geh mir aus der Sonne, du Spinner, auf »Was wäre, wenn?« antworte ich nicht. Aber weil die Leute Langeweile und sonst nichts zum Spielen oder auch Mitleid mit den telefonierenden oder klinkenputzenden Fragesklaven haben, geben sie halt eine Antwort. Irgendeine.

Und die Politiker freuen sich. »Was brauchen wir noch Wahlen, wenn wir Umfragen haben«, ist die Parole. Und die Umfrager freuen sich. Die Umfrageindustrie hat Dauerkonjunktur, da werden andere ganz neidisch. Und es ist ja auch schön, unter der Vorgabe, Trends zu ermitteln, dieselben ein bisschen zu steuern. Ja, gut, das kann auch mal schiefgehen. Bei der Bundestagswahl 2002 zum Beispiel. Frau Angela war Meinungskönigin. Und hat doch vergeigt. Da muss der Deutsche in seiner Eigenschaft als Befragungsvieh irgendwie die Nerven verloren und gelogen haben, dass sich die Balken biegen. Oder er hat die Volksaushorcher einfach reingelegt. In dem Falle würde ich mein Volk mal wieder so richtig lieb haben. Und um Wiederholung bitten.

Höhenflug und tiefer Fall

Die zweite Amtszeit von Angela Merkel ist geprägt von – ja, sicher von Krisen, aber das ist ja nun wirklich nichts Neues mehr. Nein, sie ist auch geprägt vom unaufhaltsamen Aufstieg eines jungen CSU-Politikers, der Bundeswirtschaftsminister werden musste, weil sein CSU-Kollege Michael Glos nicht mehr mochte, in dem Amt aber nicht besonders auffiel. Und der dann Verteidigungsminister werden musste, weil Franz Josef Jung sich noch dümmer anstellte, als er aussieht. Der Höhenflug des jungen Adligen scheint seither nicht mehr aufzuhalten zu sein. Was ihm selbst schon ein wenig unheimlich wird.

Das muss man ihm lassen: Der schmucke junge Freiherr kennt die griechische Mythologie. Und ist bescheiden genug, das nicht raushängen zu lassen. Früher hat er ja mal damit geprahlt, dass er im Urlaub Platon liest. Im Original. Ja, gut, damit macht man vielleicht Mädels wie die Freifrau an, aber keine bajuwarischen Wähler. Das lässt er also inzwischen sein und tut nur ganz gelassen kund: »Ein gewisser Absturz hätte bei mir längst kommen müssen. Weil er bislang nicht gekommen ist, kann er stündlich kommen.« Brav, Guttenberg, setzen, Zwei. Klar, worauf er anspricht: auf Ikarus. Nein: Ikaros sagt der Altgriechler. Und Daidalos. Daidalos und Sohn Ikaros waren auf Kreta gefangen, der Papa erfand Flügel für sich und den Filios, äh Filius, mit denen sie übers Wasser in die Freiheit flattern konnten. Ikaros wurde übermütig, flog zu hoch, zu nahe an die Sonne ran, das Wachs der Flügel schmolz, er stürzte ins Meer. Seither ist klar: Auf jeden Höhenflug folgt ein tiefer, tiefer Fall.

Beispiele gibt es zuhauf: Barack Obama in den USA, Tony Blair in Großbritannien, Nicolas Sarkozy in Frankreich – ja, gut, keine staatlich geprüften Heilsbringer wie der Obama, aber doch schon Höhenflügler, von denen man erwartete, dass sie ihren stolzen Nationen zu neuem Glanze verhelfen würden. Das gilt in allen Lebensbereichen. Felix Magath und Schalke 04 oder Bayern München und der Holländer, Hartmut Mehdorn und die Bahn, Ron Sommer und die Telekom, Klaus Zumwinkel und die Post – alle ganz oben gewesen, alle ziemlich tief gefallen. Und das Prinzip gilt natürlich auch für die Niederungen der deutschen Politik. Guido Westerwelle – was für eine Karriere vom glänzenden Generalsekretär eines mickernden Vereins namens FDP zum strampelanzugtragenden Vorsitzenden einer immer stärkeren Partei zum strahlenden regierungsverantwortungs-hoffnungstragenden Vizekanzlerkandidaten. Und seit er nicht mehr nur Kandidat ist – ein Absturz nach dem anderen. Bodenlose Tiefen.

Und so was Ähnliches wird Karl-Theodor Freiherr von und zu und drüber und drunter auch irgendwann blühen, wenn das ikarische Gesetz greift. Das heißt: Bei ihm könnte es dann doch ein bisschen anders laufen. Wegen Frau Stephanie. Stephanie für alle Fälle. Denn es ist ja nicht der Freiherr alleine, dem zurzeit ein Höhenflug ohnegleichen an den Hals geredet wird – die Paarbildung macht dieses Mal den Unterschied. »Die fabelhaften Guttenbergs. Paarlauf ins Kanzleramt.« Titelt der *Spiegel* und nicht etwa die *Blöd-Zeitung*. Die schreibt von »Deutschlands Power-Paar Nr. 1«, von der »schönen Ministergattin«, von »Deutschlands heimlicher First Lady«. Die zunächst höchst siegreich gegen zu viel nacktes Fleisch im Showgeschäft zu Felde zog und nun mit schmuddeligem Fernsehformat im Schmuddelfernsehsender RTL II zur Jagd auf »Pädokriminelle« bläst.

Das ist die einzige Möglichkeit, den Gemahl vor dem Fluch des Ikaros zu retten, ihn der schicksalhaften Unausweichlichkeit von Höhenflug und tiefem Fall zu entreißen. Denn wer sich mit den Mächten der Schmierenjournalismus verbündet, der hat eine echte Chance, immer ganz oben zu bleiben. Solange er diese Mächte nicht durch hoffärtiges Benehmen vergrätzt. Siehe Gerhard Schröder. Aber der hatte auch nur eine *Bild-Zeitungs*-Doris und keine RTL-II-Stephanie.

Führungsstil

Auch in ihrer zweiten Amtsperiode ist Angela Merkel von Kritik nicht verschont. Sie kommt – wie in der ersten – weniger aus der Opposition, sondern vielmehr aus den eigenen Reihen. Meist geht's um das Konservative, das die Konservativen vermissen, fast so häufig aber um Helmut Kohl. Also um das, was Angela Merkel vor allem von Kohl gelernt hat: Streitigkeiten in der Partei und in der Koalition lässt man laufen, bis klar ist, wohin es laufen wird, und dann setzt man sich an die Spitze der Bewegung. An diesen Führungsstil können sich die eigenen Leute immer noch nicht gewöhnen.

Jetzt hört mir bloß auf mit Führung, die Merkel muss führen, sie muss ein Machtwort sprechen, sie muss auf den Tisch hauen – habt ihr's nicht 'ne Nummer kleiner? Die Deutschen sind ein Tausendjähriges Reich lang einem Führer nachgelaufen, das muss doch mal reichen. Da ist mir einer wie der Steffen Heitmann tausendmal lieber. Sie erinnern sich? Das ist dieser lächelnde Reaktionär, der nach dem Wunsch Helmut Kohls Bundespräsident werden sollte. Von dem erfuhren wir 1993, dass er überhaupt keine Probleme mit politischer Führung habe, weil er immer geführt werde. Nämlich von ganz oben, vom Himmlischen Vater. Genau so ist die Sache dann auch ausgegangen. Führung – das ist was fürs politische Poesiealbum, für Seminare bei evangelischen und katholischen und sonstigen Akademien.

Geistig-moralische Führung hatte uns Helmut Kohl bei der Wende 1982 versprochen. Gottlob hat er die Finger davon gelassen. Politische Führung hieß für ihn, die Reihen zusammenhalten und alles so organisieren, dass er seine Macht nicht verliert. Damit hatte er genug zu tun. Das Koalitionschaos zu seiner Zeit in Bonn und danach in Berlin unter Schröder und Merkel zeigt doch, dass Führung vor allem darin besteht, dass der eine den anderen an der Nase herumführt, vor allem die Bundesregierung die Bevölkerung, dass alle durcheinanderreden und gleichzeitig ein Machtwort fordern. Aber wer Machtworte sprechen will, muss Macht haben. Deutsche Kanzler haben Richtlinienkompetenz. »Die Richtlinienkompetenz des Kanzlers ist unteilbar«, so ließ sich Kohl einstens vernehmen. »Der Ärger, den er hat, ist ja auch unteilbar.« Gut gesprochen.

Bloß: Helmut Kohl ist das Musterbeispiel eines Zauderers. Nicht unbedingt aus Schwäche, sondern aus Kalkül. Er hat die anderen machen lassen, hat geschaut, in welche Richtung die Karawane sich bewegt, und hat sich dann an die Spitze der Bewegung gesetzt. Und unser Merkelchen? »Schweigen kann auch Stärke in der Politik sein«, flötet sie. Siehstewohl. Ganz wie Kohl. Der hat nur einmal schnell entschieden, hat zugegriffen, nämlich als der Mantel der Geschichte vorbeiflatterte und ihm die deutsche Einheit schenkte. In dem Punkt war Gerhard Schröder wie Helmut Kohl. Schröder war nämlich im Prinzip gar kein Basta-Kanzler. Er hat genau wie Kohl darauf geschaut, wie Stimmungen und Mehrheiten sich entwickeln, und hat sich dann in den Mainstream eingeschmiegt. Bis auf das eine Mal. Bei den Hartz-Reformen.

Die hat er im sprichwörtlichen Sinne ohne Rücksicht auf Verluste gemacht. Der Machtverlust war die Quittung dafür. Jaja, früher, früher war alles anders. Bei Konrad Adenauer. Der war der einzige, der Politik mit der Brechstange machen konnte. Der hat seinem Außenminister Heinrich von Brentano kurz nach dessen Ernennung zuerst mal verboten, über die Ost-West-Frage anders zu reden als der Kanzler. Zack. Das war 1955. Und als nach der Bundestagswahl 61 die FDP mehr Einfluss in der Außenpolitik wollte, Brentano aber dagegen war, konnte der nach einer Besprechung im Kanzleramt in den Mitternachtsnachrichten des WDR hören, dass er kein Außenminister mehr ist. Noch mal Zack. So ging das bei Adenauer. Jetzt stellt euch vor, der Westerwelle oder der Guttenberg erfährt aus dem Radio, dass die Merkel ihn von der Kabinettsliste gestrichen hat. Noch Fragen? Na, also.

Millionen für Manager

Millionenabfindung für Manager, die Banken und Unternehmen an die Wand gefahren haben – das regt die deutsche Öffentlichkeit mehr und mehr auf. Selbst Spitzenpolitiker, heftigst mit der Bewältigung der internationalen Finanzkrise beschäftigt, hacken inzwischen auf Managern rum, der Bundespräsident nicht ausgenommen. So geht das nicht weiter.

Schluss. Aus. Ende der Fahnenstange. Die Kanzlerin muss endlich ein Machtwort sprechen. Oder der Bundespräsident – ach, der hackt ja neuerdings auch auf den deutschen Spitzenmanagern rum. Ja, sind denn alle total verrückt geworden? Wollt ihr's auf die Spitze treiben? Wollt ihr, dass unsere Wirtschaftsführer auf die Straße gehen oder in die USA? Gut, auf der Straße würden sie sich nicht zurechtfinden. Wenn man nur in dunklen Limousinen durchs Leben huscht, käme man sich mit Transparent und Megaphon doch etwas verloren vor. Und in den USA scheint kein Bedarf an deutschen Managern zu bestehen, sonst wären ja schon welche rübergegangen, um dort ein Vielfaches von dem zu kassieren, was hier für sie übrig bleibt.

Auch von daher ist es schlicht und einfach eine Riesensauerei, wie man hierzulande mit diesen Leuten umgeht. Ich möchte deren Job nicht haben. Denn die Zeiten sind vorbei, in denen ein Vorstandsjob einer auf Lebenszeit war. Keiner kann sich lange an der Spitze halten, der Verschleiß ist immens, das ist wie bei einem Spitzenfußballer, mit 35 Jahren ist man raus. Ja, gut, Herr Piëch und Herr Wiedeking sind etwas älter, aber das Prinzip gilt. Also ist es völlig normal, wenn die in ihrer aktiven Zeit richtig fette Kohle abkochen. Was sind schon zehn, fünfzehn, zwanzig Millionen Euro im Jahr. Wenn Porsche zum Beispiel im nächsten Jahr keine Gewinnsteigerung hinkriegt, dann bleiben die Vorstände auf ihren Festgehältern sitzen. Da kriegt dann der

Porsche-Chef gerade mal 'ne knappe Million, die anderen bleiben deutlich drunter.

Risiko über Risiko: Den variablen Teil von Managergehältern machen häufig Aktienoptionen aus. Und wenn's an der Börse kriselt? Dann schnurrt ein Zehn-Millionen-Paket schnell mal zu zwei, drei Millionen zusammen. Kann mir einer erklären, wie ein Spitzenmanager mit drei Millionen Euro auskommen soll? Zusätzlich zum Festgehalt, versteht sich. So viel kostet in aller Regel die Jahresmitgliedschaft in einem südafrikanischen Golfklub – zum Teufel noch mal, wo leben die denn, die über angeblich zu hohe Managergehälter meckern.

Risiko über Risiko: Da muss nur so 'n popeliger Minderheitsaktionär kommen, dem die Nase des Vorstandsvorsitzenden nicht passt, schon landet jener auf dem Arbeitsamt. Oder auf dem Altenteil. Deshalb müssen ja auch die Abfindungen so hoch sein. Relativ hoch, versteht sich. Nehmen wir Werner Seifert, den Chef der Deutschen Börse. Der musste gehen, weil er ständig mit Anteilseignern aneinandergeriet. Dafür kann er doch nichts, da kann man doch nicht von schlechtem Management reden.

Zehn Millionen Euro Abfindung soll er bekommen haben. Ja, und? Wenn er die mit drei Prozent verzinst, dann hat er im Jahr 300 000 Euro im Portemonnaie. Kann mir einer erzählen, wie man davon anständig leben soll? Also muss er ans Eingemachte ran, das Vermögen wird immer kleiner, die Verzinsung auch – Altersarmut ist das Ende der Geschichte. Habt ihr daran mal gedacht, ihr Schlaumeier, die ihr alles zu viel findet, zu hoch, zu überdimensioniert?

Und im Übrigen und überhaupt: Das alles geht euch einen feuchten Schmutz an. Managergehälter und -abfindungen werden von Unternehmen bezahlt, nicht von der Öffentlichkeit. Das Kapital entscheidet darüber, wer wie viel davon bekommt. Das ist das Grundgesetz des Kapitalismus. Wer das ändern will, ist ein Feind unserer Wirtschaftsordnung, damit der Verfassung und gehört eingesperrt. So. Auch das musste endlich mal gesagt werden.

Griechenland verkaufen

Dass die internationale Finanzkrise nicht nur mit Banken zu tun hat, mit Versicherungen, mit Rentenfonds und anderen Geldverschleuderungsinstituten, das lernte der einfache Mann auf der Straße spätestens, als Griechenland faktisch bankrott war. Vorschläge, wie Griechenland zu retten sei, gab es zuhauf. Einer der schönsten kam von deutschen Politikern: vom CDU-Mittelständler Josef Schlarmann und dem FDP-Finanzexperten Frank Schäffler. Griechenland soll Dinge versilbern, die es nicht unbedingt braucht. Unbewohnte Inseln zum Beispiel.

Der Grieche an sich ist dumm und faul und korrupt und schlitzohrig und verschlagen und überhaupt. So weit die übliche Analyse. Allein: Der Grieche an sich führt uns zur Zeit aufs anmutigste vor, wie fabelhaft das System funktioniert, das wir als Kapitalismus schätzen und lieben gelernt haben. Guck mal: Dass man mit Aktien rummacht, dass man Wetten abschließt auf Aktien, die man gar nicht hat, dass man ganze Firmen ruinieren kann mit dieser Zockerei – daran haben wir uns längst gewöhnt. Aber dass man auf die Pleite eines Landes wetten kann, indem man zum Beispiel massenhaft Kreditversicherungen kauft, das haben uns die Big Shots der internationalen Finanzmafia erst am Beispiel Griechenland so richtig schön gezeigt. Und weil das so schön ist, greifen die Spekulanten jetzt mal eben das Britische Pfund an. Die Briten sind höher verschuldet als Griechenland, da kann man mit Wetten auf das abstürzende Pfund mal eben ein paar fette Taler machen. Wunderbar.

Ja, und jetzt? Jetzt kommt der Deutsche. Und sagt dem Griechen, was zu tun ist. Denn der Grieche in seiner unendlichen Beschränktheit meint, die Zocker leimen zu können. Mit einer Ouzo-Anleihe. Ja, okay, die heißt nicht wirklich so, aber die Jungs an den Börsen sind so unglaublich witzig, dass sie gleich diesen putzigen Namen erfunden haben. Für eine griechische Staatsanleihe, die an den Börsen platziert wurde. Ja, super.

Leute, das ist doch alles pillepalle. Die Griechen sollen sich endlich von ihrem alten Plunder trennen, um zu Geld zu kommen. Das haben Politiker von CDU und FDP vorgeschlagen. Firmen, Gebäude, Inseln – die haben doch genug davon. Naja, ob jetzt irgendeiner 'ne griechische Firma kaufen will, ich weiß nicht. Aber Gebäude – oh ja. Ich sage nur Parthenon, Erechtheion, die ganze Akropolis von Athen, Delphi, Epidauros, Mykene – alles verscherbeln. Ihr habt doch genug alte Steine rumliegen. Irgendein US-Millionär macht lauter antike Disney-Worlds draus, und ihr könnt noch ein bisschen von den Eintrittsgeldern profitieren. Im Lizenzverfahren.

Und Inseln verhökern, nicht nur antike Steinbrüche. Ja, gut, die deutschen Politiker haben an unbewohnte Inseln gedacht, aber das ist zu kurz gesprungen. Unbewohnte Inseln sind ja deshalb unbewohnt, weil's da nicht viel zu bewohnen gibt. Da können reiche Leute bescheidene Hütten für ihre Kleinfamilien hinstellen und maximal zwölf bis zwanzig Bedienstete beschäftigen. Das rechnet sich weder volks- noch betriebswirtschaftlich.

Nein, da muss die ganz große Lösung her. Rhodos, Kreta, Mykonos, auch alte Steine, dazu schöne Strände, viel gutes Wetter – wenn die Griechen das versilbern, ist der Staatshaushalt auf einen Schlag saniert. Und, wie gesagt, laufende Einnahmen durch Lizenzgebühren. Die hätten ausgesorgt bis in alle Ewigkeit. Und müssten nicht jeden Sommer wieder versuchen, ihr ganzes Land abzuflämmen, um sich mit der Prämie der Feuerversicherung wieder ein paar Monate über Wasser zu halten – ich meine, nicht mal das kriegen die doch hin.

Also: Nur die deutsche Lösung kann helfen, das kennen wir doch, am deutschen Wesen soll die Welt genesen, denn wenn das nicht funktioniert, kommt es womöglich zum Äußersten. Nana Mouskouri hat nämlich angeboten, zur Rettung ihres Landes auf ihre Rente als ehemalige Europaparlamentariern zu verzichten, solange die Finanzkrise dauert. Rührend. Das Problem: Damit sie in der Zeit nicht am Hungertuch nagt, geht sie wieder auf Tournee. Mit »Weiße Rosen aus Athen«. Und darauf würden wir gerne verzichten.

Spekulanten

Finanzkrise und Wirtschaftskrise haben einschneidende Folgen gehabt. In aller Regel für die Steuerzahler und nicht für die Verursacher. Sie haben aber auch zu Ergebnissen geführt, die so nicht vorhersehbar waren: Die Menschen haben angefangen, über das nachzudenken, was ihnen bislang selbstverständlich erschien. Und haben dabei wie üblich übertrieben. Zum Beispiel beim Nachdenken über die Rolle von Spekulanten. Da müssen wir mal wieder auf den Teppich zurückkommen.

Jetzt wollen wir uns mal ein bisschen zusammennehmen, wollen aufhören, immer gleich reflexartig auf den armen Spekulanten rumzuhacken, bloß weil irgend so 'ne Volkswirtschaft über den Jordan zu gehen droht, wollen uns auf unsere abendländischen Tugenden besinnen und mal ausnahmsweise wieder mit dem Denken anfangen. Was ist denn ein Spekulant, was ist Spekulation? Nach kurzem Nachdenken wissen wir es wieder: Spekulation kommt von *speculari*. Das ist das lateinische Wort für Ausschau halten, spähen, genau hinschauen, besonders tief blicken, auch nachdenken, nachsinnen, grübeln. Der Spekulant ist der Mann, der über geistige Probleme grübelnd nachdenkt. So steht's im Grimmschen Wörterbuch. Der Spekulant will wissen, was die Welt im Innersten zusammenhält. Er ist ein Betrachter, ein Späher, ein Seher, der weit und tief blickt und entsprechend denkt. Der sich versenkt in die Betrachtung von Ich, Gott und Welt und schließlich zum Mystiker wird, dessen Spekulieren in religiöse Versenkung und Verzückung mündet. Wollt ihr solche Menschen wirklich schelten? Sie sind eine Bereicherung für uns alle, sie machen die Welt und uns tief und weit, abgeklärt und weise.

Zwar finden wir kaum noch Mystiker heutzutage, selbst wenn wir sie suchen sollten. Aber im kaufmännischen Bereich hat sich doch noch etwas von der guten alten, zuhöchst humanistischen Tradition des Spekulierens erhalten. Wo alles rechnet und berechnet, kalkuliert und fakturiert, da spekuliert der Spekulant. Setzt auf das Mögliche, ja das Unwahrscheinliche, während der kaufmännische Spießer sich in den Wonnen des Normalen suhlt, im Bereich der an Sicherheit grenzenden Wahrscheinlichkeit, wie es so schön heißt. Der Spekulant aber liebt das Spielerische, er ist recht eigentlich nicht nur Philosoph, sondern auch Künstler. Er denkt das Undenkbare, er spintisiert, er wettet, er setzt auf den Zufall – und wenn er gewinnt, freut er sich. Das hat auch was erfrischend Kindliches.

Ja, gut, manchmal hilft er dem Zufall und dem Glück auch nach. Wer wollte ihm das verdenken, schließlich geht's um etwas. Weshalb wir jetzt des Näheren vom Spekulanten an der Börse sprechen wollen, darauf wartet der geneigte Leser schließlich. Aber was ist denn schlimm daran, wenn der Spekulant sich mit anderen Spekulanten zusammenschließt und sagt: Lasst uns doch mal gemeinsam darauf wetten, dass der und der Kaufmann, die und die Firma, diese oder jene Volkswirtschaft bald in die Knie gehen? Lasst uns ein wenig damit spielen, lasst uns Zweifel säen, auf dass unsere Prophezeiung sich erfülle und wir reich ernten. Was ist daran falsch, bitte sehr?

Denn am Ende, hochgeschätzte Damen und Herren, hat der Börsenspekulant doch auch noch eine sozialhygienische Funktion. Er spielt ja nicht mit funktionierenden Objekten herum, er wettet ja nicht auf das Siechtum von Gesunden. Griechenland zum Exempel ist schwer krank, hoch verschuldet, hat Jahr um Jahr übelste Misswirtschaft betrieben. Da riecht's schon nach Fäulnis. Und da schreitet der Spekulant ein. Ja, wollt ihr denn den Aasgeier schelten, die Hyäne, den Schakal, den Kojoten? Aasfresser suchen das Kranke, um es wegzuschaffen. Das ist alles. Sie machen nicht das Gesunde krank. Raben, Krähen, Käfer, Schmeißfliegen – auch sie haben eine helfende, eine heilende, eine säubernde Funktion in Gottes Schöpfung. Und genauso sorgen die Spekulanten im Wirtschaftssystem dafür, dass dasselbe von Kadavern oder solchen, die es bald sein werden, befreit und gereinigt werde. Wollt ihr sie darob schelten, liebe Freunde? Ach, lasset ab von eurem frevelhaften Tun und lobt stattdessen die gute Ordnung, in der auch der Spekulant seinen Platz hat.

Guidologie

Ach ja, auch in der zweiten Amtszeit Merkel gibt es einen Koalitionspartner. Der heißt FDP. Deren Vorsitzender heißt Guido Westerwelle. Und beide sind seit Bildung der schwarz-gelben Koalition in einem Tempo zur nationalen Lachnummer geworden, dass es einen gruseln mag. Wir müssen deshalb mal erklären, was das für einer ist. Der FDP-Vorsitzende und Außenminister und Vizekanzler Guido.

Großartig. Riesig. Phänomenal. Wie der das macht, wie der das immer wieder hinkriegt, dass alle über ihn reden. Und über seine FDP, versteht sich. Dabei könnte er ein schönes Leben haben. Ordentlich in der Weltgeschichte rumgurken, um Genschers Flugmeilenrekord zu erreichen oder gar zu brechen, auf internationalem Parkett schicke Anzüge zu gelben Krawatten zu tragen und auch sonst bella figura zu machen – was muss es einen Außenminister scheren, dass er auch noch Vizekanzler und auch noch FDP-Vorsitzender ist? Nur: Das hat nicht so richtig funktioniert. Die Abteilung internationales Parkett und bella figura hält Angela Merkel besetzt, nach seinen Antrittsbesuchen nahm kaum noch jemand Notiz von Jet-Set-Guido. Gar nicht gut. Also musste er was tun.

Nicht, dass ihn die Lage der Koalition im Allgemeinen und die seiner Partei im Besonderen wirklich interessierten – das hat er hinter sich gelassen. Er wohnt längst in anderen, höheren Sphären. Aber das umfassende Desaster von Schwarz-Gelb in Berlin kam ihm ganz gut zupass, um sich selbst mal wieder angemessen zu platzieren. Sonst tut's ja keiner. Und allen, die glaubten, den guten Guido partout nicht verstehen zu wollen oder zu dürfen in diesen munteren Tagen und Wochen, sollen hier die Grundzüge der Guidologie in homöopathischer Dosierung expliziert werden.

Wie mache ich auf mich aufmerksam, das ist Dreh- und Angelpunkt seiner Überlegungen. Blau-gelber Spielanzug und Guidomobil und die 18 auf den Schuhsohlen geht nicht mehr, weil ja qua Amt die Seriosität über ihn gekommen ist. Den »Orden wider den tierischen Ernst« hat er schon vor Jahren verliehen bekommen, das einzig Vergleichbare hat dieses Jahr Angela Merkel bekommen, nämlich den »Deutschen Medienpreis« – da blieb als Event nur noch der Politische Aschermittwoch. Da schimpft man üblicherweise auf den politischen Gegner, und da es davon ziemlich viele gibt, droht Verzettelung. Also lautete die Parole: Für Aufregung sorgen und die genau so platzieren, dass am Aschermittwoch alle nur noch über Guido reden. Hat funktioniert. Perfekt.

Wie so was funktioniert? Regel eins: Kampf gegen angebliche Denk- und Sprechverbote. Man wird doch wohl noch sagen dürfen, egal was, und wenn das in diesem Lande schon nicht mehr möglich ist, dann ist das Ende nahe. Regel zwei: die Märtyrer-Pose. Ich, der tapfere Guido, bin unentwegt im Dienste der Wahrheit unterwegs, die von allen anderen unterdrückt werden soll, ich werde beschimpft, verglimpft, verunglimpft, wie auch immer, weil ich und nur ich sage, was keiner sich zu sagen traut. Regel drei: Nichts ist so dämlich, dass man daraus nicht eine politische Kampagne machen kann. Deshalb möglichst viel dummes Zeug reden, damit die anderen sich aufregen, um ganz erstaunt zu tun nach dem Motto: Was haben die bloß alle!

Viel Inhalt braucht man dann nicht mehr. Als Labsal für die wunde freidemokratische Seele reicht die Formel: Alles, was mir nicht passt, ist Sozialismus. Das entspricht dem intellektuellen Format von Marktradikalen. Dann braucht man noch was fürs übrige Publikum, und da ist dem guten Guido was ganz Geniales eingefallen: Die Diskussion um Hartz-IV-Armut bei Kindern mit spätrömischer Dekadenz zu vergleichen. Riesig. Natürlich ist das historisch falsch und logisch unsinnig, aber das macht nichts. Schon fühlen sich alle Hobby-Historiker aufgerufen, über das Spätrömische an sich zu räsonieren, über Sauf- und Fressgelage, über Brot und Spiele – und er hat das erreicht, was er wollte: Man redet über ihn. Den Bundes-Guido.

Einen würdigen Nachfolger hat er auch schon gefunden. Der bekannte und allseits beliebte Gesangskünstler Bushido hat erklärt, er wolle zwecks Übertritts in die Politik eine eigene Partei gründen und sodann Bürgermeister von Berlin werden. Und das hat er irgendwie mit dem alten Rom begründet. »Ein Politiker ist die Stimme des Volkes, so wie im alten Rom, als der Senat sich mit Caesar getroffen hat.« Schon blättern wieder alle in ihren Geschichtsbüchern und stellen fest: Als der Senat sich einmal mit Caesar getroffen hat, war der hinterher tot. So finden selbst Geschichten mit schwierigen Anfängen ein glückliches Ende.

Guido spricht kein Englisch

Für besonders viel Heiterkeit sorgte der designierte Außenminister, als er sich bei einer Pressekonferenz in Berlin weigerte, die Frage eines britischen Kollegen auf Englisch zu beantworten. Weil man in Deutschland eben mal Deutsch spreche. Spott, Hohn und öffentliche Häme waren die Antwort. Der Mann kann wohl kein Englisch. Was für ein Unsinn.

Jetzt macht mal halblang: Der Mann hat doch recht. Schließlich weiß keiner besser als unser aller Guido, wie Guidos Englisch klingt. Ziemlich pennälerhaft. Er kann zwar Englisch, also das übliche Schulenglisch, aber er spricht es wie einer ohne Gehör. Wie ein Erstklässler. Und damit wäre dann ratzfatz Schluss mit dem neuen Selbstbild des Herrn Westerwelle, der sich feierlichst aufbläht zum Riesenstaatsmann, gravitätisch schreitend und sprechend, ein Kilo Würde in jedem Knopfloch und allerschwerste Verantwortung fürs Vaterland im tränenschweren Blick. Schrrrupps, wäre das alles wieder zusammengeschnurrt auf den Schulbuben Guido im Matrosenanzug. Also: völlig richtige Reaktion.

Obwohl: Wirklich souverän ist das nicht. Denn eigentlich ist er ja am Ziel seiner Träume. Westerwelle wird Genscher. Vizekanzler und Außenminister. Er könnte doch ganz gelassen sein, wenn er daran denkt, wie das war, als Genscher Außenminister wurde. Eine große Freude war das nämlich. Nicht nur, dass der kein bisschen Englisch sprach. Er machte sich daraus auch noch so wenig, dass er in seinen Anfängen auf internationalem Parkett für viel Heiterkeit sorgte. Indem er mit den paar Brocken, die er kannte, um sich warf ohne Ansehen von Freund und Feind. Schlechtes Englisch mit sächsischem Akzent – wonnevoll.

Oder denken wir an Helmut Kohl. Dessen unglückliche Liebe zur deutschen Sprache und sein gelegentlich täppisches Auftreten ihn schon als Oppositionsführer zu einer Witzfigur gemacht hatten. In der Heimat. Als er Kanzler war, wurde er auch noch im Ausland belächelt. Obwohl er kein Englisch konnte, meinte er auf Auslandsreisen oder vor ausländischen Besuchern in Bonn immer mal wieder englische Häppchen unters Volk bringen zu müssen – das erreichte gelegentlich Lübkesche Dimensionen.

Gar nicht zu reden von Konrad Adenauer, der im Unterschied zu Heinrich Lübke zwar ein bisschen Englisch konnte, dessen rheinischer Singsang dem Ganzen aber eine Färbung gab, die zum Köstlichsten zählt, was je von deutscher Zunge in Ausländisch parliert wurde.

Und jetzt mal Klartext: Weder Konrad Adenauer noch Heinrich Lübke noch Helmut Kohl haben Karriereprobleme gehabt, weil sie sich in Fremdsprachen lächerlich gemacht haben. Und Hans-Dietrich Genscher schon mal gar nicht. Er war einer der erfolgreichsten deutschen Außenminister, vor allem aber der dienstälteste. Na, bitte. Also, lieber Guido: Wenn man schon Genscher sein will, dann auch richtig.

Dann auch englisch genschern, was das Zeug hält, irgendwann gewöhnt sich das Publikum daran, ganz wie beim großen Vorbild. Moment mal, da stimmt doch was nicht. Hat denn schon mal jemand den Genscher englisch sächseln hören? Eher nicht. Er hat's zwar getan, aber er hat sich – zumindest anfangs – nie von einem Mikrofon erwischen lassen. War schließlich ein Fuchs, der Sachse.

Das ist es also. Westerwelle macht's nicht nur wie Genscher, sondern auch wie Angela Merkel. Die konnte ja nun so gut wie gar kein Englisch, bevor sie Kanzlerin wurde, die hat aber heimlich ziemlich kräftig geübt und erst dann englisch in Mikrofone gesprochen, als es einigermaßen ging. Der Guido macht uns also nicht nur den Hans-Dietrich, sondern auch noch die Angela. Hätte man sich ja irgendwie denken können.

Guido mobil

Als er dann Außenminister war, war irgendwie alles wieder gut. Er durfte in der Gegend herumgondeln wie früher Genscher und jetzt Merkel und sich bezaubern lassen vom Flair der weiten diplomatischen Welt. Was er ausgiebig tat und tut.

Irgendwie ist er ja süß, unser aller Guido. Wie er da neben dem französischen Außenminister saß im prunkvollen Außenministerium zu Paris und sozusagen von innen strahlte und fast Tränen in den Augen hatte, als er stammelte: »Es ist einer der schönsten Säle, in dem man in seinem Leben jemals eine Pressekonferenz abhalten kann.« Das isses. »Jemals im Leben« ist das Zauberwort. Wer hätte sich träumen lassen, dass der kleine Guido mal so richtig in die große Welt darf. Ja, wer wohl. Er selbst hat das geträumt. Sein Leben lang.

Und nun sitzt er da in edlem Fauteuil vor damastenen Tapeten und güldenen Säulen, von zuckrigen Putten umschwebt, und spricht davon, dass ihm dies eine Herzensangelegenheit sei. Der Besuch in Paris, versteht sich. Aber gemeint ist natürlich das Ganze. Der will keine Politik mehr machen, der will reisen, reisen, reisen. Glanzvolle Auftritte vor glanzvollen Kulissen. Endlich Hans-Dietrich Genscher sein und redundante bis unverständliche oder auch unsinnige Sätze vor sich hinmurmeln, die dann von einer Schar von Interpreten als große Politik gedeutet werden.

Dass die Umfragewerte der FDP heute um drei Prozent gepurzelt und auf einem Jahrestief gelandet sind? Juckt ihn nicht mehr. Er ist bei sich angekommen. Das Gezänk um die Steuerreform, die Gesundheitsreform? Nicht mehr sein Bier. Er ist jetzt Weltpolitiker. Und steht irgendwie völlig entrückt neben sich und kann noch immer nicht glauben, dass der Traum Wahrheit geworden ist.

Weshalb er klein angefangen hat mit seiner Weltreise. Zuerst kleinlaute Töne in Polen, dann Tulpenpflücken in Amsterdam, nein, stimmt ja nicht, Den Haag ist ja die holländische Hauptstadt, und holländisch ist auch falsch, es heißt niederländisch, das muss das kleine Guidolein jetzt alles lernen. Nach Frankreich hat er dann noch Belgien und Luxemburg besucht, immer auf Augenhöhe mit den Kleinen, hat eine Zeitung geschrieben. Die sind ja so gemein.

Wie die Merkelsche. Die hat das alles so arrangiert, dass der kleine Guido ihr immer hinterherdackeln muss. Sie ist zuerst nach Paris gedüst, dann durfte Westerwelle. Dann ist sie nach Washington, da darf der Guido erst heute hin, wenn Mutti Merkel schon wieder zurück ist. Will sagen: Außenpolitik macht die Regentin, der Außenminister darf allenfalls hinterherzockeln. Aber das stört ihn nicht, weil Politik eben ab sofort Nebensache ist. Westerwelle will nur noch Genscher sein, und das heißt Vielflieger. Genscher hat in achtzehn Dienstjahren als Außenminister 913 Dienstreisen gemacht. Da muss der Guido sich ganz schön ranhalten.

Erstens was die Dienstjahre anbetrifft, das könnte schon mal eng werden. Heutzutage wird nicht mehr so lange regiert, das ist irgendwie out. Und das heißt zweitens, dass er von Stund an nichts anderes mehr tun darf als fliegen. Damit er wenigstens prozentual irgendwie auf Genscher-Niveau kommt. Wenn er also zum Beispiel nach vier Jahren wieder abgewählt wird, müsste er bis dahin 202,88 Dienstreisen absolviert haben. Pro Jahr 50,72.

Mit anderen Worten: Ab sofort ist unser aller Guido nur noch unterwegs und in Deutschland noch weniger zu sehen als die Ich-bin-dann-mal-weg-Kanzlerin. Das ist ja nun auch nicht das Schlechteste.

Kraft-Sprüche

Wegen des großen Erfolgs seiner Dekadenz-Sprüche legte Westerwelle bald nach. Junge und gesunde Empfänger von Sozialleistungen sollten zu zumutbarer Arbeit verpflichtet werden – etwa zum Schneeschippen. »Wer sich dem verweigert, dem müssen die Mittel gekürzt werden.« Der Winter war hart im Jahre 2010. Was einige Politiker veranlasste, Westerwelle beizupflichten oder zumindest ähnliche Vorschläge zu machen. Wie die nordrhein-westfälische Regierungschefin Hannelore Kraft, die Langzeitarbeitslose für gemeinnützige Arbeiten in Altenheimen oder Sportvereinen einsetzen will. Freilich nur die Arbeitslosen, die absolut unvermittelbar sind für den Arbeitsmarkt. Den Zusatz wollen wir aber nicht mehr hören. Er würde uns aus dem Konzept bringen.

Irgendwie ist es ja rührend, wie unsere Damen und Herren Politiker sich um die Arbeitslosen kümmern. Vor allem um die Langzeitarbeitslosen. Was da für Ideen entwickelt werden, damit's den Jungs und Mädels in und rund um Hartz IV weder langweilig noch ungemütlich wird. Mit so was sorgt man für Stimmung im Land, und weil die SPD dem fabelhaften Herrn Westerwelle bislang nur den abgehalfterten Kaltduscher Sarrazin entgegensetzen konnte, waren die Kraft-Sprüche aus Nordrhein-Westfalen Rettung in höchster Not.

Nun sind das alles mehr oder weniger Erziehungsmaßnahmen. Schneeschippen und Straßefegen und Vorlesen und so was. Denn die Grundidee ist, dass Langzeitarbeitslose prinzipiell faul und arbeitsscheu sind, ja gut, das ist nun mal das intellektuelle Niveau vieler Politiker, und dass die Politik die Aufgabe hat, sie einer nützlichen Beschäftigung zuzuführen. Nützlich beschäftigt sind sie da, wo was zu tun ist, was keiner tut. Auf Deutschlands Straßen und Plätzen zum Beispiel. Die sind nach dem harten Winter so im Eimer, dass eine Gemeinde in Thüringen vor lauter Verzweiflung schon die Schlaglöcher an zahlungsfähige Bürger verkauft. Blühender Unsinn. Arbeitslose an die Schlaglochfront, und Deutschland ist in wenigen Wochen wieder glatt poliert und lochfrei.

Und jetzt komm mir keiner mit dem Argument: Da nehmt ihr doch den normal Arbeitenden die Arbeit weg, schafft also noch mehr Arbeitslose. Schmarrn. Die normal Arbeitenden tun's ja nicht, die machen die Straßen nicht wieder schön, weil die Kommunen kein Geld haben. Und Arbeitslose kosten ja nix. Ja, das ist natürlich 'ne Milchmädchenrechnung, aber unsere Politiker sind nun mal Milchmädchen. Tun wir ihnen den Gefallen.

Auch sonst gibt's reichlich Arbeit. Zum Beispiel bei der Bahn. Da gab's früher Streckengänger, das waren Jungs mit kleinen Hämmerchen an ganz langen Stielen, die sind immer an den Bahngeleisen langgegangen, haben an Schienen und Weichen rumgeklopft, und wenn was nicht in Ordnung war, wurde das repariert. Die Streckengänger wurden abgeschafft, weil die Bahn an die Börse musste. Arbeitslose, ran an die langen Stiele, und schon geht's der Bahn wieder besser, von der Berliner S-Bahn ganz zu schweigen. Schwimmbäder schrubben, Parkbäume abbürsten, Autos und Fahrräder von Gehwegen fernhalten – eben alles, was keiner tut, sollen die machen.

Alles ist möglich, es gibt keine unzumutbare Arbeit. Bei Thilo Sarrazin die Heizung runterdrehen, Guido Westerwelles Gehirn enteisen, der Hannelore Kraft aus dem Grundgesetz vorlesen – geht alles. Und für die arbeitslosen Akademiker, die sich fürs Grobe zu fein sind, kann man auch angemessene Beschäftigung finden. Ordentliche Gesetze machen, die nicht nach zwei Monaten zurückgenommen werden müssen oder regelmäßig in Karlsruhe scheitern. In Berlin tut das keiner, also her mit den Hartz-Vierern. Korruption bekämpfen, endlich mal ein Gesetz gegen Abgeordnetenbestechung machen, Steuerflüchtlinge anketten, der Finanzmafia das Handwerk legen, die Arbeitslosigkeit bekämpfen – alles Aufgaben, die liegen bleiben, weil die Politik so viel damit zu tun hat, Arbeitslose sinnvoll zu beschäftigen. Wenn wir damit durch sind, sind die meisten Politiker arbeitslos. Aber mit dem Problem müssen sie dann selber fertigwerden.

Häufchenstreife

Und weil solche Debatten so schön sind, ging's immer munter weiter. »Statt Stütze auf Häufchen-Streife.« Diese Meldung sorgt Anfang April 2010 bundesweit für Aufsehen. Die Berliner Grünen-Abgeordnete Claudia Hämmerling hatte vorgeschlagen, dass Arbeitslose in Berlin Hunde-

haltern beim Kot aufsammeln über die Schulter schauen sollten, um die Bürgersteige der Hauptstadt sauberer zu halten. Ein Vorschlag, der aufs schärfste zu begrüßen ist.

Ach, hätten sie doch nur mal alle auf Kurt Beck gehört. Der ja ein rundum unterschätzter Politiker war und ist, vor allem aber in dieser Frage:»Wenn Sie sich waschen und rasieren, haben Sie in drei Wochen einen Job.« Mit diesem väterlichen Rat an einen herumpöbelnden Arbeitslosen hat der rheinland-pfälzische Ministerpräsident im Dezember 2006 Geschichte gemacht. Der Mann hat sich, nachdem er wieder einigermaßen nüchtern war, gewaschen und rasiert, und er hat einen Job. Als Musikmanager. Ja, gut, es hat länger als drei Wochen gedauert, und es war auch nicht direkt Kurt Beck, der ihm weiterhelfen konnte. Aber dessen Hinweis war das Entscheidende. Wenn doch nur alle Langzeitarbeitslosen so einsichtig wären, dann hätten jetzt alle einen Job. Meine Güte, das bisschen Waschen und Rasieren kann doch nicht so schlimm sein.

Vor allem müssten sie sich nicht ständig anhören, was andere, weniger talentierte Politiker sich für sie ausdenken. Jeden Morgen bei einer Behörde zum Gemeinschaftsdienst melden, kollektives Spargelstechen, Schneeschippen, Straßen reinigen, in Altenheimen vorlesen, in Sportvereinen helfen – an guten Ratschlägen zur Beschäftigung von Hartz-Vierern fehlt es ja nicht. Auch nicht an konkreter Lebenshilfe: Heizkosten sparen, kalt duschen, dicke Pullover anziehen und bei fünfzehn, sechzehn Grad Zimmertemperatur das gesunde und wertstoffreiche Essen verzehren, das man für 4,28 Euro pro Tag erwerben kann. Thilo Sarrazin war es, der all diese Vorschläge machte, eben jener Sarrazin, der auch erklärt hat, er würde für fünf Euro jederzeit arbeiten gehen. Klar. Der Mann ist Jahrgang 45, der hat die schlechten Zeiten ganz doll und intensiv erlebt, musste zum Dank dafür sein Leben lang nicht arbeiten: von der Uni zur Friedrich-Ebert-Stiftung zum öffentlichen Dienst – immer schön im warmen Schoß von Vater Staat von den schlechten Zeiten geträumt. Damit er seine reichen Erfahrungen mal an die faulen Hartz-Vierer weitergeben kann.

All das müsste eben nicht sein, wenn die Arbeitslosen allesamt auf Kurt Beck gehört hätten. Und das haben sie jetzt davon: immer neue

Vorschläge, wie man sie beschäftigen kann. Denn man kann sie ja nicht sich selbst überlassen. Der jüngste Vorschlag der grünen Tante aus Berlin gehört dabei zu den pfiffigsten. Hundehaufen wegmachen hat sie nämlich nicht gesagt – das wäre erstens diskriminierend und zweitens arbeitsplatzvernichtend. Denn der Berliner Köterkot wird ja weggeräumt. Von der Berliner Stadtreinigung. Täglich fünfzig Tonnen. Die will man denen ja nicht wegnehmen. Nein, die Arbeitslosen sollen auf Häufchenstreife gehen, sollen sich auf die Lauer legen und darüber wachen, dass Hundebesitzer die Haufen ihrer Lieblinge selbst wegräumen. Wenn nicht, gibt's Anzeigen. »So können wir zwei Fliegen mit einer Klappe schlagen. Arbeitslose bekommen eine neue Beschäftigung – und die Berliner eine neue Stadt«, jubelt die Dame.

Genau so ist es. Wir brauchen eine neue Kultur der Denunziation. Was früher der Blockwart war, ist heute der Kotwart. Und was ist mit öffentlichem Urinieren, Spucken, Alkohol trinken, Kaugummi wegwerfen, überhaupt wegwerfen? Das ist alles ziemlich ekelhaft, und um die Bekämpfung des Ekelhaften geht es der grünen Abgeordneten. Da braucht es Kontrolle, Überwachung, Ahndung. Und die Arbeitslosen, die auf diesem Wege wieder was zu tun haben, bekommen endlich das Gefühl, nützliche Glieder der Gesellschaft zu sein. Was will man mehr?

Sarrazin

Auf diese Weise war das Feld bereitet für den Topact. All diese rührend ums Gemeinwohl bemühten Politiker waren eine Art Vorgruppe für den Auftritt des Stars: Thilo Sarrazin und sein Buch Deutschland schafft mich. Ab dafür. *Die öffentliche Inszenierung dieses Werks war ganz große Kunst.*

Grandios. Genial. Gigantisch. Glückwunsch nach München, an die Strategen der Deutschen Verlags-Anstalt. Die ein Problem hatten. Sie wollten ein Buch herausbringen, in dem nichts Neues stehen würde. Nichts als die gesammelten Banalitäten und blöden Sprüche, die ein gewisser Herr Sarrazin abgelassen hat. In Interviews, Aufsätzen, Vorträgen. Im Juni waren sie mit einem Versuchsballon kläglich gescheitert. Da hatte Sarrazin in einem Vortrag verkündet: Deutschland wird »auf natürlichem Wege durchschnittlich dümmer«. Und zwar wegen des schwachen Bildungsniveaus vieler Zuwanderer.

Die Reaktion in der Öffentlichkeit war maßlos. Maßlos enttäuschend für Autor und Verlag. Keine Aufregung, kein Sturm der Entrüstung, nur mehr oder weniger genervtes abwinken. Da war Holland in Not. Respektive München.

Also haben die Jungs und Mädels sich ein Strategiespiel ausgedacht: Wie bringe ich deutsche Spitzenpolitiker dazu, ein Buch zu rezensieren, das sie nicht gelesen haben? Von Dutzenden von Journalisten und unzähligen Internet-Bloggern und Leserbriefschreibern mal abgesehen. Das Rezept: Das Buch wird am 30. August in Berlin vorgestellt, vorher dürfen keine Rezensionen erscheinen. Also keine ausführlichen inhaltlichen Auseinandersetzungen, nur Reaktionen auf die Appetithäppchen in *Spiegel* und *Bild*. Hat funktioniert. Ein Riesenzirkus ging los, eine illustre Schar von Rezensenten trat auf den Plan: Angela Merkel, Sigmar Gabriel, Wolfgang Schäuble, Andrea Nahles, Claudia Roth, Cem Özdemir, Gesine Lötzsch, Sahra Wagenknecht – und so weiter und so fort. Mit von der Partie natürlich Zeitungen, Radio, Fernsehen, Onlineportale – sie alle reihen sich ein in eine der größten und vor allem erfolgreichsten Medienkampagnen unserer Zeit. Kriegen die jetzt alle Geld vom Verlag? Denn der Wert der Kampagne ist unschätzbar, er geht in die Millionen.

Was haben sie nun herausgefunden, Sarrazins willige Helfer? Dass er ein Rassist ist, der die »enorme Fruchtbarkeit der Muslime« als Bedrohung unserer Kultur empfindet. Dass er ein an gedanklicher Schlichtheit kaum zu übertreffender Sozialdarwinist ist, der mangelnde Bildung für Dummheit hält und behauptet, dass Begabung sich vererbt, weshalb Kinder von ungebildeten Migranten eben auch dumm sind. Wobei die Dummheit der Eltern auch Ergebnis von Inzucht ist.

Ja und? Lass ihn schwätzen, könnte man sagen. Müsste man sagen. Das geht aber nicht. Weil man doch am allgemeinen Schwadronat unbedingt teilhaben muss. Um dazuzugehören, versteht sich. Schließlich geht's doch um Integration, die liegt uns allen am Herzen, und davon verstehen wir auch alle was. Ja, bloß: Es geht nicht um Integration. Es geht um den Untergang einer Nation namens Deutschland, für den sechs Prozent der Bevölkerung verantwortlich sind. Die restlichen

94 Prozent sind die Opfer. Und deshalb kann dieser Untergang nur verhindert werden, wenn die Einwanderung der Muslime gestoppt wird. Und das Problem mit den hier schon wohnenden Muslimen soll sich nach Sarrazins Meinung biologisch lösen. Zu Deutsch: Wenn die sechs Prozent gestorben sind, dann geht's den 94 Prozent wieder besser. Und weil man darüber dringend ein Buch schreiben und damit Millionen verdienen muss, bedurfte es des medialen Kasperletheaters, an dem wir alle gerne teilgenommen haben. Verlag und Autor werden es uns sicherlich danken.

Kein Bier für Hartz IV

Es dauerte nicht allzu lange, bis die Kampagne für den Sarrazinismus durchschlagende Erfolge hatte. Zunächst für den Autor und den Verlag: Er ist Millionär, der Verlag auch ein bisschen reicher. Dann aber auch für die Politik: Schon im September 2010 verfügte die Bundesregierung, dass aber nun Schluss sein müsse mit der spätrömisch-dekadenten Fettlebe von Hartz-IV-Empfängern. Kein Geld mehr für Bier und Tabak. Basta.

Das haben sie nun davon. Oder um es klassisch auszudrücken: »Das eben ist der Fluch der bösen Tat, dass sie, fortzeugend, immer Böses muss gebären.« So spricht Friedrich Schiller, der olle Zitatenschuster. Und was meinen wir zwei? Unsere geliebte Obrigkeit, versteht sich. Und deren Drogenverhalten. Nein, deren Verhalten zu Drogen. Die Regierenden unterscheiden nämlich sehr fein zwischen legalen und illegalen Drogen. Was schon mal ein Fortschritt ist, nachdem es hierzulande jahrzehntelang üblich war, Alkohol und Nikotin und anderes todbringendes Zeug als Genussmittel zu propagieren und die Drogen erst bei Haschisch anfangen zu lassen.

Genussmittel kann man natürlich niemandem verbieten, und weil die Hartz-IV-Konstrukteure immer genau ausrechnen, was von den 359-Euro-Regelsatz wofür ausgegeben werden darf, kommen in diesem Katalog eben auch Genussmittel vor. 11,58 Euro für Tabak, 7,52 Euro für Alkohol. Und daran kam die liebreizende Frau Ursula, die als Arbeitsministerin für die neuen Hartz-IV-Sätze zuständig ist, lange Zeit nicht vorbei. Ja, gut, sie nannte das immer anders. Sie sagte, wofür es keine Kohle gibt: für Luxusgüter wie Pelzmäntel, für Glücks-spiele und für illegale Drogen. Auf legale Drogen – also Alkohol und Nikotin – hatte auch der Langzeitarbeitslose nach wie vor ein Anrecht.

Das ist 'ne selbstgebaute Falle: Wäre man ehrlich hierzulande und würde alle Drogen Drogen nennen, dann könnte man alle Drogen ver-bieten und müsste kein Geld für Bier und Schnaps und Wein und Zi-garetten, Zigarren und Tabak ausgeben. Oder man könnte alle Drogen legalisieren und müsste dann auch für Haschisch und Crack und Koks und Heroin bezahlen. Ein Teufelskreis. Damit ist das eigentliche Pro-blem aber noch gar nicht benannt. Wer kontrolliert eigentlich, ob der Hartz-IV-Empfänger von den 359 Euro tatsächlich genau 7,52 Euro im Monat für Alkohol ausgibt und 11,58 Euro für Tabak? Was ist denn mit einem Nichtraucher, der gerne mal mehr als sechs Bier im Monat trinkt? Darf der innerhalb des Bereichs »legale Drogen« einfach um-schichten? Oder gehört das schon zum Missbrauch? Und was ist mit dem Pfiffikus, der die 10,33 Euro, die Vater Staat monatlich für »Beher-bungs- und Gaststättenleistungen« vorsieht, einfach aufs Alkoholkon-tingent draufschlägt?

Fragen über Fragen. Die jetzt damit beantwortet werden, dass man Alkohol und Zigaretten nicht mehr zum Existenzminimum rechnet und stattdessen 2,99 Euro mehr für Mineralwasser in den Regelsatz einbaut. Nur: Was ist damit gewonnen? Das Grundproblem ist doch auf keinen Fall gelöst. Der anständige Bürger, der morgens aufsteht, seine Frau schlägt, zur Arbeit geht, nach Hause kommt, die Kinder schlägt, fernsieht, Bier trinkt, schlafen geht – also der klassische Ver-treter der nicht denkenden und deshalb schweigenden Mehrheit, der Normalbürger, wie ihn sich die Hartz-IV-Beschneidungspolitiker vor-stellen, der weiß doch ganz genau, dass die Hartz-Vierer die *ganze* Kohle in Schnaps umsetzen. Oder in Flachbildschirme.

Spätestens jetzt muss jedem klar sein: Legale Drogen heißen doch deshalb legal, weil sie nur den legalen, also den ordentlichen Bürgern zustehen. Arbeitslose sind ja irgendwie illegal. Denn warum sind die arbeitslos? Weil sie faul sind, weil sie dumm sind, weil sie dem Arbeit-geber weggelaufen sind und überhaupt. Und so jemand darf sich weder den Krebs in die Lungen rauchen noch sich um den Verstand saufen. Das steht nur den legalen Bürgern zu. Wieso ist der Sarrazin da bloß nicht draufgekommen?

Bärenjagd

Nun muss aber dringend nochmal des anderen Koalitionspartners der Regentin gedacht werden, der CSU. Die sich in der ersten Amtszeit von Kanzlerin Merkel etwas verschämt auf sich selbst zurückzog. Hatte doch Edmund Stoiber, der Berlin mal so richtig aufmischen wollte, nach dem Wahlsieg den Schwanz eingekniffen und auf einen Kabinettsposten verzichtet. War halt alles zu mickrig für ihn. Stattdessen beschäftigte er sich mit dem Transrapid zum Münchner Flughafen und mit Bruno. Bruno war ein Bär, der – von Österreich kommend – in Bayern sein Unwesen trieb, das heißt Schafe und Hühner verzehrte. Weshalb sich der Regierungschef persönlich um ihn kümmern musste.

Der Bajuware an sich ist ja gerne ein bisschen deppert. Was weiter nicht stört, dieweil das als Folklore durchgeht und uns Restdeutschen allerlei Kurzweil bietet – insofern ist alles im lodengrünen Bereich. Zu und zu putzig, wie sich der Voralpler über gerissene Schafe grämt – wirklich gerissen sind die doofen Schafe nämlich gar nicht, sonst würden sie sich nicht reißen lassen vom Ursus arctos, der doch eigentlich Vegetarier ist und nur ab und zu mal Blut säuft. Ja, wär's der Ursus horribilis, der auch unter dem Namen Grizzly auftritt, dann wär's schon zum Fürchten. So aber bleibt alles mitteleuropäisch mittelmäßig und – irgendwie nett. Richtig nett zum Beispiel, wie der Bajuware den Braunen immer wieder laufen lässt, rüber zum Österreicher, dem er alleweil alles Gute an den Hals wünscht. Dortselbst, in Tirol, wurde 1898 der letzte Bär geschossen. Von einem Grafen Constantin Thun. Dessen Heldentat von einem Zeitgenossen so festgehalten wurde: »Dieses edle Bären-Biest positiv getödet ist, denn Graf Thun hat mit viel Mut einen Meisterschuß gethut!«

Das wäre freilich des Guten zu viel getut, wenn der Tiroler von der anderen Seite auch dieses Mal meisterschießen dürfte. Weshalb der tüchtige Finne eingeflogen werden muss, in Begleitung von Peni, Taiku, Jeppe, Jimmy und Atte. Das sind nicht etwa Pisa-Spitzenreiter, sondern Elchhunde. Die freilich auf wundersame Weise am bürokratischen Furor des Österreichers scheitern – schließlich lässt kein Jagdpächter dieser Welt irgendwelche dahergelaufenen Bärenfänger in sein Revier, solange er noch ein paar Euro am Bären verdienen kann. Oder glaubt einer, dass Fernsehteams und Illustrierten- und sonstige Fotografen kein Eintrittsgeld bezahlen müssen, wenn sie dem Bären folgen wollen? Das wäre das erste Mal, dass der Österreicher was umsonst hergibt.

Irgendwie läuft das alles so, wie so was laufen muss im Sommerloch. Hm. Und da müsste es doch selbst dem letzten Hinterwäldler wie Schuppen aus den Haaren fallen: Wir haben doch noch gar kein Sommerloch. Offiziell wenigstens nicht. Der Deutsche Bundestag zu Berlin hat noch zwei Sitzungswochen zu absolvieren, der Bundesrat ist auch noch zugange, es soll sogar noch eine Bundesregierung geben, was aber ein bislang heftigst unbestätigtes Gerücht ist – merkt ihr was?

Bruno, der Problembär, ist nichts weiter als ein Ablenkungsmanöver. Die Frau Merkel und der Herr Müntefering und ihre fröhliche Jungschar wollten sich auf keinen Fall auf das Massenaphrodisiakum Fußball-WM alleine verlassen. Die ja schon ganz gut dafür sorgt, dass über die Wade der Nation geredet wird und nicht über Steuern, Gesundheitskosten, Kongo-Einsatz und andere Glanzleistungen der Berliner. Aber was machen die Fußballverächter? Die könnten ja auf die Idee kommen, sich mit Merkels Murks-Truppe zu beschäftigen und allzu laut die heiße Luft anprangern, die da in Berlin unentwegt produziert wird. Für die hat Angela Merkel Bruno, den Problembären ins Rennen geschickt. Und der turnt nun so lange zwischen Deutschland und Österreich hin und her, bis tatsächlich der Sommer ausgebrochen ist und der Deutsche als solcher auf Mallorca oder am Baggersee schwitzend darüber nachgrübelt, warum »seine« Fußballer trotz eifrigen Bemühens doch wieder weitergekommen sind als verdient. Dann darf Bruno wieder zurück in seinen Zirkus. Und auch die bayerischen Schafe haben ihre Ruh.

Zurücktreten bitte

Als das mit Bruno, dem Bären, dann erledigt war, für Bruno tödlich, versteht sich, ging es Edmund Stoiber an den Kragen. Irgendwie hatten seine Untertanen, vor allem aber seine Parteifreunde, die Nase voll von ihm, keiner wusste genau, warum. Eine schöne Landrätin machte ihm massiv Ärger, Stoiber reagierte ziemlich angefressen und musste weg. Aber wohin?

Was ist denn das bloß für ein Theater? Stoiber soll zurücktreten, nicht wieder antreten, zur Seite treten, übertreten – was denn noch alles? Und warum bloß, um Himmels willen. In Deutschland tritt man nicht zurück, in Bayern schon mal gar nicht. Ein deutscher Politiker wird zurückgetreten. Konrad Adenauer hat hier, wie auch sonst, Maßstäbe gesetzt, Ludwig Erhard hat es ihm nachgetan, selbst Willy Brandt ist nicht selbst abgetreten, sondern von Herbert Wehner und anderen weggeschubst worden. Der deutsche Politiker tut nichts freiwillig, er lässt sich gerne bitten. Erst recht zum Rücktritt. Franz Josef Strauß, Edmund Stoibers großes Vorbild, musste nach der *Spiegel*-Affäre geradezu aus dem Bundeskabinett getragen werden – was seiner weiteren bundespolitischen Karriere keineswegs geschadet hat. Max Streibl, Stoibers Vorgänger, wurde von Stoiber und dessen Seilschaft brutal und eiskalt aus dem Amt gemobbt – man kennt es halt nicht anders. Und deshalb kommt er auch nicht auf die Idee, dass ein Politiker sich auch von selbst aus dem Amt verabschieden kann.

Dass er gehen will, steht ja längst fest: Die Flucht aus Berlin, die ständigen Störmanöver in der großen Koalition (zuerst zustimmen, dann ablehnen), die überdeutliche Vorbereitung einer neuen Karriere als Comedy-Star mit launigen Reden über Transrapid und Problembären – so viele Zaunpfähle gibt es ja gar nicht, mit denen der Eduard noch hätte winken können. Was soll er denn noch machen? An den Starnberger See fahren, dorthin, wo König Ludwig II. ins Wasser gegangen ist? Neuschwanstein kaufen? Sich öffentlich für die Christiansen-Nachfolge bewerben? Die Granden der CSU müssen endlich merken, dass sie am Zug sind. Die Burschen aus München dürfen sich doch nicht von so einer Landpomeranze aus Fürth zeigen lassen, wie man so was macht.

Kreuth ist traditionell der Ort der CSU-Verschwörungen. Früher mal gerne gegen die Schwesterpartei CDU, wenn's sein muss aber auch gegen die eigenen Leute. Hic Rhodus, hic salta, hier ist Rhodos, hier springe, hätte der alte Lateiner Strauß gerufen, also hier und jetzt müssen die Jungs in der CSU-Führung springen und dürfen nicht weiter zaudern. Sie haben's doch bisher gar nicht so blöd angestellt, haben immer schön hoch und heilig geschworen, dass sie wechselweise vor und hinter dem Chef stehen, wenn er angegriffen wird. Und zum großen, würdigen Finale müssen sie sich dann schön um ihn herum aufstellen, damit einer den Dolch aus dem Gewande ziehen kann, ihn zu meucheln. So macht man so was, und nur diese Methode ist einem großen Staatsmann angemessen, alles andere würde Stoiber nicht akzeptieren können. Und wenn er den politischen Mord nach Cäsarenart hinter sich hat, kann er erhobenen Hauptes nach Brüssel gehen und ein hohes Tier bei der EU werden. Frau Angela wird's schon richten.

Blumen hinrichten

So ähnlich kam es dann auch: Edmund Stoiber wurde zum freiwilligen Rücktritt genötigt und ging nach Brüssel, um dort der Entbürokratisierung auf die Sprünge zu helfen. Was für eine Karriere. Der als wandelnder Aktenordner in die Geschichte eingegangene große Staatsmann sorgt als One-Dollar-Man in Brüssel dafür, dass weniger Akten produziert werden. Wo wir ihn in Deutschland doch so nötig gebraucht hätten.

Es gibt viele Gründe, weshalb wir Edmund Stoiber vermissen. Als Ministerpräsidenten, als Parteivorsitzenden, als Landes- als Bundespolitiker, als Politiker überhaupt und im ganz Allgemeinen. Vor allem aber fehlen uns, kaum dass er nach Brüssel abgedackelt ist, seine sprachlichen Innovationen. Das »Feuerwerk an Worthülsen«, das er mal erfunden hat, um zu zeigen, dass man auch aus dem reinen Nichts, der absoluten Leere noch Funken schlagen kann. Wer spricht wie er »hinter vorgehaltener Hund, öh, Mund«? Wer außer ihm käme auf die Idee, in die »gludernde Lot, in die gludernde Flut, in die lodernde Flut« zu sprühen. Wo ist der Mann, der auch noch die »fludernde Glot« erfände, die nicht einmal Stoiber eingefallen ist?

Denn Stoiber wusste Bescheid. Über alles. »Ich rede nicht wie der Blinde von der Salbe, von der weißen Salbe«, so beschied er Zweifler. Und so kannte er sich nicht nur in der großen Politik aus, sondern auch im Alltag seiner Wähler. Weil er irgendwie alles in einer Person war. »Ich weiß, was es bedeutet, Mutter von drei kleinen Kindern zu sein.« Ja, eben.

Wie sollen wir verwinden, dass so ein Mann uns abhandengekommen ist? Ein wenig Trost, aber auch nur ganz wenig, spendet uns die Gewissheit, dass er zu Hause in Wolfratshausen, nach getaner Aktenfresserarbeit in Brüssel, immer wieder zu sich selbst finden kann.

»Ich hab's mir angewöhnt«, so sprach der Meister, »dass ich jeden Tag in der Früh in den Garten schau und vielleicht eine Blume hinrichte.« Das nützt vordergründig zwar nur ihm und der örtlichen Gärtnerei, aber uns tröstet diese Gewissheit über den schlimmsten Verlustschmerz hinweg.

CSU wieder schwanger

Und weil es so viel Spaß macht, die eigenen Vortänzer zu pieksen, ging's in der CSU nach dem Abschuss von Stoiber gleich weiter. Günther Beckstein wurde bayerischer Ministerpräsident, Erwin Huber CSU-Vorsitzender, sie vergeigten 2008 grandios die Landtagswahl und wurden abserviert. Horst Seehofer wurde Doppelnachfolger. Und ein paar Monate später jagten mal wieder Gerüchte durch die Republik, Seehofer mache noch immer oder schon wieder mit der Mutter seines unehelichen Kindes rum, obwohl er der Liebschaft öffentlich abgeschworen hatte, und schon wieder sei was unterwegs. »Seehofer muss für klare Verhältnisse sorgen«, fordern CSU-Politiker. Wie schön.

Na, endlich. Ein Aufatmen geht durch die Republik, bundesweit fallen den Menschen dicke Steine von den Herzen, dass es nur so rappelt und poltert. Sie ist vorbei, die dunkle Zeit, das Grau-in-Grau von Krise und Krisenbewältigung, endlich gibt's wieder was zu Ratschen und zu Tratschen in der Politik, das bunte donnernde Leben hat uns zurück. Jaja, über den Hochzeiter Boris Becker konnte man sich auch eine Weile fröhlich machen, aber so was steht in den üblichen Klatschspalten, das gehört sich für den seriösen Journalismus und fürs seriöse Publikum nicht. Die Seitenspringerei eines Spitzenpolitikers aber ist per definitionem ein Politikum. Also können auch wir endlich mal wieder so richtig vom Leder ziehen.

Dabei ist ziemlich wurscht, ob der Seehofer Horst tatsächlich weiter seiner Berliner Buhlerei nachgeht und ob diese nun wiederum Frucht trägt. Interessant ist einzig die Inszenierung, und die ist nun wirklich vom Allerfeinsten. 2007, als das mit der Berliner Geliebten rauskam, war doch jedem klar, wer da gepetzt hatte. Günther Beckstein und Erwin Huber, die wollten den Konkurrenten Seehofer ausstechen. Und vielleicht hat ja ganz hinten in den Kulissen noch ein ganz anderer die Strippen gezogen: Edmund Stoiber. Stellt euch vor, der Stoiber Edi lanciert Seehofers gefährliche Liebschaft und lässt es so aussehen, als wären Beckstein und Huber die Verräter. Alle drei weg vom Fenster. Könnte er gedacht haben. Ergebnis: Stoiber, Beckstein und Huber sind weg vom Fenster, Seehofer ist Nachfolger von allen dreien in einer Person.

Er hat reumütig aufs Berliner Gspusi nebst Nachwuchs verzichtet, ist bußfertig nach Ingolstadt respektive München zurückgekehrt, und fertig ist die Laube. Und dann geht's, wie's immer geht: Wenn mal Gras über die Geliebte gewachsen ist sozusagen, dann kann man doch an alte Gewohnheiten anknüpfen, zumal ja – vor allem in Krisenzeiten – ständig Berliner Termine anstehen. Da ist ja dann auch nachts einiges zu erledigen. Also folgt Kapitel zwei: Vor der Europawahl kommen die nächsten Heckenschützen und munkeln, dass der Seehofer schon wieder oder immer noch, und zwar mit dem gleichen Ergebnis. Ob Beckstein und Huber und Stoiber immer noch als Munkler tätig sind? Denn selbst wenn's für die Europawahl nicht mehr gewirkt hat, für die Bundestagswahl ist die Story genau richtig platziert. Hut ab, Gesellen, gut gezielt.

Der Laie fragt sich natürlich: Warum macht der Seehofer das, wenn er's wirklich macht? Also rummachen mit einer Geliebten, in Ordnung. Aber schon wieder ein Kind machen? Ganz einfach. Der Mann ist katholisch, war auch schon mal zur Audienz beim alten Benedikt in Rom, und der hat ihm das Verhüten verboten. Dumm gelaufen. Und sonst? Und sonst versucht Horst Seehofer Franz Josef Strauß zu sein. Strauß hatte in seiner Zeit als Bundesfinanzminister eine Affäre mit Uli, einer Abiturientin, 35 Jahre jünger als er. Die Sache wird 1966 ruchbar, Marianne Strauß fährt nach Bonn, redet mit Franz Josef und rettet die Familie und seine Karriere. Wunderbare Inszenierung. Danach war's aber durchaus nicht völlig zu Ende zwischen Franz Josef und Uli. Es ging nur heimlicher zu als vorher. Das muss der Horst noch üben. Ansonsten macht er den Strauß schon ziemlich gut. Und wir haben eine Freude am bunten Treiben. Darauf kommt's am Ende schließlich an.

Wie alles nicht endet

»Ach, ja, ja, so seufz' ich immer. Denn die Zeit wird schlimm und schlimmer.« Diese allgemein und zeitlos gültige Wehklage in Wilhelm Buschs *Der heilige Antonius von Padua* ist natürlich auch in unserer Zeit überaus gängig und beliebt. Früher war alles besser. Die Politiker, die Politik, die Ereignisse. Nichts Interessantes mehr, nur noch Dünnpfiff, immer die alte Leier. Alles geht den Bach runter, alles verflacht, verludert, vor allem die Sprache der Politik.

Mit Verlaub, das ist alles kalter Kaffee, lauter dummes Zeug. Ja, sicher, die Zeiten eines Helmut Kohl sind vorbei. »Jetzt geht der Zweifelwurm durch Bonn«, an dieses Monument eines politischen Satzes kommt heute kein Politiker mehr heran. Und die über allen Wassern schwebende Weisheit des folgenden Ausspruchs ist auch für immer dahin: »Es ist kein Zufall, dass die Römischen Verträge in Rom abgeschlossen wurden.« Ganz zu schweigen von Erstaunlichem wie diesem: »Wir haben ja eben die Autobahnbrücke eingeweiht. Sie wird dazu beitragen, dass die Menschen leichter und schneller zustande kommen.« Das ist groß, und es bleibt unerreicht.

Aber das rechtfertigt keineswegs das allgemeine Gejammere. Die Menschen sind an ihrem Elend selbst schuld. Weil keiner mehr richtig zuhören kann. Weil keiner den kleinen Dingen lauschen mag, in denen so viel Großes steckt. Wenn unsere über alles geliebte Regentin zum Beispiel sagt, dass nunmehr die notwendigen Voraussetzungen ergriffen werden müssen, dann passiert erst mal gar nichts. Weil keiner richtig hinhört. Nach einer ziemlich langen Schrecksekunde aber kommen die Oberstudienräte und brüllen: Nein, Frau Merkel, man ergreift Maßnahmen und schafft Voraussetzungen, aber man ergreift keine Voraussetzungen. Ja, »man« vielleicht nicht. Aber Frau Angela schon. Sie will mit diesem kleinen, verhuschten, sprachschöpferischen Akt zart darauf hinweisen, wie zupackend ihre Politik ist, wie sie die Grenzen von Physik und Logik scheinbar mühelos überwindet – zu Nutz und Frommen der Menschen in diesem Lande, versteht sich.

»Deshalb heißt es Barrieren auch zu erniedrigen« – bei diesem luziden Satz der Frau Merkel haben wir doch alle die kleine Barriere vor Augen, die abends zu Mutti kommt und schluchzt: »Sie haben mich heute wieder alle so erniedrigt, Mami, ich geh da nicht mehr hin.« Ohne diesen Anstoß von ganz oben hätten wir uns über dieses soziale Problem doch überhaupt keine Gedanken gemacht. Und wir wollen ihren Vize nicht vergessen, der es auch ganz schön drauf hat. »Ich kann die Krokodilstränen in dem Zusammenhang nicht mehr hören.« Genau! Ist Ihnen das denn nicht auch schon aufgefallen, dass die Krokodile in letzter Zeit so leise weinen, so zarte Tränen vergießen, dass dieselben gar nicht mehr zu hören sind? Welch filigrane Beobachtung.

Ja, sicher, außer Helmut Kohl steht uns auch Edmund Stoiber nicht mehr zur Verfügung, und ein Großmeister wie Franz Müntefering macht jetzt auch lieber mit einer jungen Frau rum als mit der politischen Sprache. »Sie haben sich hier ein Nest ins Ei gelegt, das wird Ihnen noch ein bisschen weh tun« – dieser Satz sitzt. Ein Ei ins Nest legen, das kann jeder, aber ein Nest ins Ei, das ist sprachlich wie sachlich so innovativ, da horcht man auf. Und wenn er spricht »Dieses Missverständnis muss man diskutieren, damit's nicht entstehen kann«, dann driften wir ab in mystische Tiefen. Ein Missverständnis ausräumen, ja. Aber es diskutieren, damit es nicht entstehen kann, obwohl es schon da ist? Ohne Zweifel ein großer Verlust, dass der Weise der sauerländischen Tropfsteinhöhle nicht mehr zu uns spricht.

Aber die Aktiven sind auch nicht ohne. »Der Gipfel ist nicht den Bach runter, aber er ist auch nicht über den Berg.« Mit dieser großen Sentenz regte Jürgen Trittin unsere Vorstellungskraft über alle Maßen an. Was passiert, wenn der Gipfel den Bach runtergeht? Begräbt er alles unter sich? Und wenn er über den Berg ist, der Gipfel, wie sieht dann der Abstieg aus? Das ist es doch: Unsere Politiker – welcher Couleur auch immer – sind unentwegt bemüht, Neues zu schaffen, Ungewöhnliches, das dann eben auch einen sprachlich ungewöhnlichen Ausdruck finden muss, der über das Nullachtfünfzehngeschwätz weit hinausgeht.

Claudia Roth sprach einmal von der großen Koalition, »die wie eine Käseglocke politische Auseinandersetzungen wegkleistert«. Okay, üblicherweise deckt eine Käseglocke alles zu. Aber eine kleisternde Käseglocke, das ist doch noch mal was anderes, ein qualitativer Sprung, den man so nicht für möglich gehalten hätte. Und wir? Machen uns lustig. Wenn ein Künstler neue Weisen des Sehens, Hörens, Erlebens eröffnet, dann liegt ihm das Publikum zu Füßen, und die Journaille jubelt. Der Politiker an sich ist dagegen ein durch und durch verkannter Künstler. Sprach- und Sprechkünstler.

Auch und gerade Angela Merkel. Wenn sie sagt »Der Staat muss Gärtner sein und darf nicht Zaun sein«, dann ist doch damit ein deutsches Sprichwort aufs allerfeinste um seinen normalen Verstand gebracht. Und wir ahnen, dass man weder den Zaun zum Gärtner noch den Bock zum Staat machen darf. Und für solche schöpferischen Leistungen sollten wir unsere Politikerinnen und Politiker weder schelten noch auslachen. Sondern loben und preisen für und für.

Peter Zudeick
Tschüss, ihr da oben

Vom baldigen Ende des Kapitalismus. 240 Seiten.
Klappenbroschur

Auf dem Höhepunkt der Debatte über unverschämte Managergehälter und die Gier der Reichen zeigt sich: Der jahrtausendealte Disput über Gerechtigkeit und Ungerechtigkeit in dieser Menschenwelt ist wieder aktuell. Die schnelle Abfolge von Immobilienkrise, Finanzmarktkrise, Automarktkrise, Weltwirtschaftskrise hat nicht nur dafür gesorgt, dass Karl Marx wieder senkrecht im Grabe steht, sondern auch dafür, dass wir wieder über die Wirtschaft als solche, den Menschen als solchen und die Gesellschaft als solche nachdenken müssen. Reicht es denn nicht allmählich mit dem systematischen Gemurkse, das uns schon so lange Zeit »die da oben« – die Wirtschaftsbosse, die Politiker, »der Staat« – als Normalität verkaufen? Ist jetzt nicht, wie so häufig in den vergangenen Jahrhunderten, die Zeit gekommen, »Tschüss, ihr da oben« zu rufen und die Sache wieder selbst in die Hand zu nehmen?

11/1003/01/R